Das Abändern Der Vögel Durch Einfluss Des Klima's

Gloger, Constantin Lambert

Das

Abändern der Vögel

durch

Einfluss des Klima's.

Nach

zoologischen, zunächst von den europäischen Landvögeln
entnommenen Beobachtungen dargestellt, mit den entsprechenden
Erfahrungen bei den europäischen Säugthieren verglichen,

und

durch Thatsachen aus dem Gebiete der Physiologie, der Physik
und der physischen Geographie erläutert.

Von

Dr. CONSTANTIN LAMBERT GLOGER

zu Breslau,

Mitgliede der kaiserl. Leopoldinisch - Carolinischen Akademie der Naturforscher, der schlesischen
Gesellschaft für vaterländische Cultur, und der naturforschenden Gesellschaften zu Halle
und Görlitz.

Breslau 1833.

In Commission bei August Schulz und Comp.

Gedruckt in der Akademischen Buchdruckerei zu Berlin.

Semper enim aves ad ea loca, ubi ipsae exclusae sunt, ad prolificandum rever-
tuntur; ideoque climatis effectu, per plures generationes continuato, etiam colores mu-
tare possunt. —

PALLAS, *Zoographia rosso-asiatica.*
P. II, pag. 185, spec. n. 295. —

PATRE · SVO

A CAROLO DARWIN

LEGATVM ACCEPIT

FRANCISCVS DARWIN

Vorwort.

Indem der letzte Bogen dieses unter meinen Augen gedruckten Buches vor mir liegt, werde ich, vornemlich durch den Inhalt der Vorrede, auf den Gedanken geleitet, es könne der Sache nützen und zum Frieden dienen, wenn ich zwar ohne Wissen, doch hoffentlich nicht wider den Willen des Verfassers, in wenigen Worten mich hier zu dem Antheil bekenne, den er mir zuspricht und die Wünsche an den Tag lege, welche die Bedeutung des Gegenstandes mir hervorzurufen scheint. —

Wer eine grofse zoologische Sammlung zu verwalten hat und die Verpflichtung lebhaft empfindet, sie dem Unterricht der studirenden Jugend förderlich einzurichten, also jeden Gegenstand an den ihm gebührenden Platz, keinen ohne möglichst scharfe Namenbestimmung aufzustellen, dabei auch die Veränderungen, welchen alle Thiere nach ihren verschiednen Lebens-Zuständen unterworfen sind, innerhalb des Art-Begriffs nachzuweisen, der kann, zumal wenn er, soweit es Nomenclatur und Terminologie betrifft, in den strengeren Grundsätzen der älteren Schule erzogen ist, um so weniger einer überhand nehmenden Vervielfältigung der Arten zugethan sein, wenn ihn sein Beruf als Lehrer auf Zusammenfassung und Verallgemeinerung der Lehrsätze hinweiset. Je reicher die Sammlung nach und nach wird und je gröfser die Zahl der Objecte, die ein lebhafter Verkehr im Laufe der Zeit auch aufser derselben zur Betrachtung darbietet, desto häufiger ergeben sich Berichtigungen aufgestellter sogenannter Nominal-Species und desto mehr wächst das Mifstrauen gegen die zahlreichen Annahmen solcher Art, die die neuere Zeit geliefert hat und noch liefert. Erwägt man nun dazu, was aus der systematischen Form einer Thier-Klasse, z. B. der Ornithologie, und aus dem systematischen Verzeichnifs einer grofsen Vögel-Sammlung werden müfste, wenn man, wie es die Consequenz doch erfordern würde, dieselbe Schärfe der specifischen Characteristik, die sich bei Unterscheidung der europäischen Vögel-Arten geltend machen will, auch auf alle aufsereuropäische anwenden wollte, so erscheint die Aengstlichkeit wohl gerechtfertigt, mit welcher das Berliner Museum solchen neueren Bestrebungen bisher gefolgt ist und mit welcher es, ohne dem Verdienst irgend zu nahe zu treten (denn jede neue Annahme wird geachtet und der neue Name, wenn auch unter einem Zeichen bescheidenen Zweifels, dem Object beigefügt,) hauptsächlich auf Vollständigkeit zum Nachweis der Uebergänge hinausgeht, um der wissenschaftlichen Prüfung Stoff und Mittel zu bieten.

Unter den zahlreichen jüngeren Freunden, gegen welche ich in meinen Vorträgen oder in vertraulicher Unterhaltung und im Briefwechsel diese Ansichten ausgesprochen habe, hat Niemand mit wärmerem Eifer und mit mehr Beruf aus früherer Bildung den angeregten Gegenstand aufgefafst, als der Verfasser vorliegender Schrift, dem ich für ein zehnjähriges fleifsiges Forschen viel mehr anerkennenden

Dank zu erstatten habe, als daſs es der Erklärung bedürfte, wie sehr ich den Hauptsachen nach mit den Sätzen einverstanden bin, die er hier vertheidigt, deren Form und Ausführung aber sein untheilbares auch nur von ihm selbst zu vertretendes Eigenthum bleibt; wie gern ich namentlich in Beziehung auf S. XIII der Vorrede hier wiederhole, daſs mir die von ihm bewerkstelligte Zurückführung einiger von mir selbst als neu angenommener Arten auf die Grundformen, denen sie angehören, nicht anders als sehr willkommen gewesen ist.

Besonders aber hat es mir erfreulich sein müssen, den streitigen Gegenstand, der bisher nur auf dem engen Terrain einzelner concreter Fälle verfochten und angegriffen ward, auf das offene Feld einer umfassenden wissenschaftlichen Untersuchung gebracht und somit den Antheil entfernt zu sehen, den Unwesentliches, Zufälliges und Persönliches in jedem Streite gewinnen, der um Einzelnheiten geführt wird. Die versöhnliche Wirkung, die ich mir von dieser Schrift versprechen zu können glaubte, als sie mir von dem Verfasser zuerst mitgetheilt ward, hat mich hauptsächlich dazu bestimmt, ihre Herausgabe nach Kräften zu fördern. Ich durfte um so mehr diese Wirkung erwarten, als ich kurze Zeit vorher die Freude gehabt hatte, die persönliche Bekanntschaft des Herrn Pastor Brehm von Renthendorf zu machen, der sich bisher hauptsächlich im öffentlichen Widerspruch mit Herrn Dr. Gloger befunden, und der mir bei vielfältigen Zusammenkünften in unserm Museum einen eben so lebhaften Eifer für die Wissenschaft als ein bereitwilliges Entgegenkommen zu erkennen gab, so daſs wir uns bei aller Verschiedenheit einzelner Ansichten und Überzeugungen doch sehr bald über gewisse Gesichtspunkte verständigten, auf deren Feststellung es ankommen werde, um die Entscheidung so mancher Zweifel und Widersprüche herbeizuführen. Eben diese Punkte fand ich nun in dem Manuscript des Herrn Dr. Gloger zur Sprache gebracht und, wenn auch hauptsächlich in der Richtung unsrer eignen Ansichten durchgeführt, doch jeder anderweitigen Beleuchtung nahe gerückt. Dies läſst mich, wohl mit Recht, hoffen, es werde die vorliegende Abhandlung nicht allein formell berichtigend und real erweiternd dem Studium der Ornithologie dienen, sondern auch dazu beitragen, daſs die Discussion fortan (was leider nicht immer der Fall war) den ernsten und ruhigen Ton annehme, den die Würde des Gegenstandes erheischt. Das Resultat mag dann ausfallen, wie es will, so kann es nicht anders als dem Studium förderlich sein, und man wird dem Verfasser dieser Schrift immer das Verdienst beimessen dürfen, den interessanten und von unsrer Zeit dringend geforderten Untersuchungen über die gegenseitigen Beziehungen der Erdkunde und beschreibenden Naturgeschichte nach einer neuen Richtung die Bahn gebrochen zu haben.

Lichtenstein.

Vorrede und Einleitung

nebst

wissenschaftlichen Vorschlägen.

—————

Die klimatischen Varietäten, denen hier überhaupt und in Bezug auf ihr Entstehen aus den gewöhnlichen Artsformen, eine besondre Behandlung gewidmet ist, waren vorzüglich bei den Vögeln ein, seiner Bedeutung nach zwar von den meisten Zoologen bereits früher mit mehr oder weniger Bestimmtheit richtig geahnter, aber doch wegen der fühlbaren Unzulänglichkeit der damaligen Erfahrungen noch lange nicht gehörig zu würdigender Gegenstand bald des Zweifels, bald einer versuchsweisen, in der Folge durch Andere mit Recht bekämpften Aufstellung vermeinter Species. Sie waren ein Gegenstand, der auch wohl, wenn es sich um Bestimmung von Art oder Varietät nicht im Allgemeinen, sondern im besonderen Falle handelte, eben wegen unzureichender und zuweilen anscheinend widersprechender Erfahrungen einen und denselben Ornithologen (je nach Verschiedenheit der Zeiten und der Umstände) zum sehr verzeihlichen Schwanken zwischen beiden Ansichten, zum Übergehen von der einen zur andern, bewog. — Hier leuchtete Pallas vor. Er hielt, schon vor dem Anfange des laufenden Jahrhunderts, den bestimmten und durch vielfache, unter verschiedenen Klimaten gemachte Erfahrungen ihm aufgedrungenen Gedanken an die Entwickelung solcher Abänderungen in Folge äufserer Einflüsse mit Entschiedenheit fest (*). Seine *Zoographia* vollends zeigt: dafs er mit einer

(*) Wie alt und naturgemäfs überhaupt, wie rein unabweislich, ein Gedanke der Art sei, zeigt sogar schon der älteste aller wahren

Aufmerksamkeit, welche für den damaligen ersten Anfang stets der höchsten Anerkennung werth bleiben wird, die interessanten Erscheinungen beobachtete und zu würdigen suchte, welche sich ihm in dieser Hinsicht darboten; obgleich allerdings auch wieder seine Wanderungen und Verbindungen noch lange nicht hinreichen konnten, um ihn über Alles in dem Grade aufzuklären, dafs es ihm hätte gelingen können, auch gerade in allen einzelnen Fällen immer das Rechte zu treffen. — Im Verlaufe des letzten Jahrzehents hat sich nicht allein die Mehrzahl der Ornithologen, namentlich der deutschen, dieser Ansicht der Dinge immer entschiedener, und noch mehr als sonst, zugewandt; sondern es haben sich auch mehrere der achtungswerthesten Stimmen (*) öffentlich und sehr bestimmt, manche wiederholt, dafür erklärt; die meisten mit dem Wunsche: durch Jemand, der Gelegenheit zu hinreichenden Erfahrungen und Untersuchungen hierüber gehabt, dieselben in einer geordneten Zusammenstellung als ein systematisch verarbeitetes Ganzes zur allgemeinen Kenntnifs gebracht zu sehen. —

Es war übrigens bereits bei der ersten, vor nun beinahe 8 Jahren von mir entworfenen Anlage eines »Handbuchs der Naturgeschichte der Vögel Europa's mit besonderer Rücksicht auf Deutschland« ein gern genährter Gedanke, die klimatischen Abänderungen darin aufzunehmen. Dieser Absicht folgte nothwendig das Bestreben, die Wahrnehmungen über diesen Gegenstand alle nach Möglichkeit ins Klare zu bringen: Ein

---

Naturforscher, einer der scharfsinnigsten und scharfsichtigsten Geister aller Zeiten, und nach Verhältnifs der seinigen vielleicht der umfassendste, den je die Erde trug: Aristoteles. — Vergl. seine *hist. animal.*, *lib.* 8, *cap.* 27 - 28 *edit.* Schneid., *cap.* 28 - 29 *vulg.*]

(*) Unter andern besonders Bruch, Faber, Naumann, zuletzt noch Michahelles; unter den nicht-deutschen vor allen früh, oft und motivirt Temminck. —

damals angefangenes und bis heut mit Vorliebe fortgesetztes Suchen nun hat auf praktischem Wege allmählig zu den Resultaten geführt, wie sie in jenem Buche selbst mit specieller Ausführlichkeit aufgestellt sein werden, in vorliegender Abhandlung aber unter allgemeinere Gesichtspunkte so zusammengefaßt sind: daß hier die speciellen concreten Fälle als die einzelnen Belege für das, aus ihnen abstrahirte, raisonnirende Ganze aufgeführt erscheinen (*). Doch wäre es unmöglich gewesen, zu allen diesen Ergebnissen zu gelangen, wenn nicht Herr Geheime Rath Lichtenstein, mit dem lebhaftesten Interesse auch namentlich für diesen Zweig des ornithologischen Wissens eingenommen, den ausgedehnten Handels- und Reiseverkehr, welchen das unter seiner Leitung stehende zoologische Museum unterhält, schon so lange dazu benutzt und alle Kräfte aufgeboten hätte, um ganz vorzüglich auch in dieser Richtung auf Vervollständigung der ihm anvertrauten Anstalt hinzuwirken. Indeß haben diese Bemühungen auch einen Erfolg gehabt, welcher macht: daß hiermit das Berliner Kabinet gegenwärtig wohl allen übrigen weit vorausgeeilt ist; daß daher auch eine umfassende Bearbeitung dieses Gegenstandes, nach seinen speciellen und allgemeinen Beziehungen, hinsichts der beobachteten (ornithologischen) Thatsachen nur von dort aus möglich scheint. Alle

---

(*) Auch war diese Abhandlung ursprünglich als Einleitung zu jenem gearbeitet. In Betracht jedoch, daß ein Handbuch der Art, in seiner räumlichen Ausdehnung beschränkt, nur den Zweck haben sollte, sichere Thatsachen zusammenzustellen, ohne darzulegen, wie sie gewonnen wurden, und ohne die aus ihnen entwickelten Theoreme auseinanderzusetzen, schien es besser, dieselbe als ein für sich bestehendes Werkchen in die Welt treten zu lassen. Ein Entschluß, zu dem sowohl der Rath befreundeter älterer Forscher, als die Erwägung des Umstandes führte: daß die Verhandlung, in einem Handbuche der Ornithologie niedergelegt, nur dem kleinen zugleich mit letzterer vertrauten Theile der Physiologen und Physiker, deren specielle Fächer sie doch nahe berührt, bekannt werden würde.

die (zu ihrer Zeit zu erwähnenden) Verbindungen desselben haben zwar, eine jede, mehr oder weniger dazu geleistet; aber auf keinem anderen Wege ist so viel hierzu geliefert, so viel fruchtbarer Stoff zur Bearbeitung hergestellt worden, wie durch Hemprichs und Ehrenbergs Reise. Nur der rastlose, ja fast unbegreifliche Fleiſs solcher wissenschaftlichen Sammler konnte in wenigen Jahren so viel mit für einen Gegenstand, wie der hier besprochene, leisten. — Aller dieser Stoff nun, woher er immer gekommen sein mochte, und welcher entweder für gegenwärtiges Werkchen, oder für das nachfolgende gröſsere brauchbar war, wurde mir von dem Director der Anstalt, meinem hochverehrten Lehrer, mit der freundlichsten, wohlwollendsten Liberalität und ohne die geringste Einschränkung zur wissenschaftlichen Benutzung gestellt. Nirgends sah ich hierbei eine irgend beengende Ausnahme in Anwendung gebracht; vielmehr ist mir, im Gegentheile, allenthalben sehr häufig, entweder von ihm selbst, oder auf seine gütige, von freien Stücken genommene Veranlassung, bei meinen Arbeiten und für dieselben sogar noch mehr geboten und gewährt worden, als ich gebeten oder auch nur zu wünschen gedacht hatte. So sah ich mich durch die ausgezeichnetste Gefälligkeit in den Stand gesetzt, einen Stoff behandeln zu können und zu dürfen, der, nach allem amtlichen und wissenschaftlichen Proprietätsrechte fremdes Eigenthum, nur durch freundliches Übereinkommen und Abtreten zu diesem Zwecke an mich übergehen konnte.

Was das Verfahren hierbei betrifft, so war die genetische Methode überall, bei der Untersuchung sowohl, wie bei der Darstellung, zu befolgen: weil sie dort die allein richtige bleibt, hier die am leichtesten überzeugende ist. Das Haupt-Bemühen blieb also stets dahin gerichtet, solche Veränderungen von ihrem ersten, feinsten Ursprunge an, Schritt vor Schritt bis zum äuſsersten Extreme zu verfolgen. Die Endpunkte liegen häufig so weit aus einander, daſs Derjenige, welcher nur sie, und nicht auch die Zwischenstufen sieht, gar leicht so lange an einem innigen Zusammenhange beider zweifeln kann, bis er mit Überraschung die vollständigen Beweise desselben vor Gesicht hat. — In den bei Weitem meisten Fällen glückte es mir nicht bloſs, selbst zu sehen: sondern sehr oft konnte ich gleichzeitig ganze Reihen, und zwar nicht selten höchst reiche, mehrfach vollständige, untersuchen; hierunter auch öfters mehrere jener so instructiven Stücke, welche nicht bloſs den allmähligen, sondern sogar den plötzlichen, gleichsam im Gewaltschritte hervortretenden Übergang einer Varietät in die andere zeigen. Nur da, wo die Sache als hinlänglich gewiſs erschien, wird denn auch die Äuſerung darüber eine völlig bestimmte sein. Noch wird es nämlich in manchen einzelnen Fällen der Folgezeit überlassen bleiben müssen, uns vollends genügend über Abänderung und Art aufzuklären; d. h., uns volle Gewiſsheit darüber zu verschaffen: ob dieses oder jenes Wesen einer bekannten Art als Abänderung unterzuordnen sei, oder ob es doch eine von ihr verschiedene, selbständige Art bilde. (*)

(*) Je öfter sich schon unter einerlei Himmelsstriche Arten vorfinden, welche, obgleich ganz entschieden selbständig, doch Zweifel gegen ihre Selbständigkeit durch eine auffallende Aehnlichkeit mit anderen erregt haben, so lange, bis ausgedehntere Erfahrungen ihn hoben; um so weniger kann es wohl billig in Verwunderung setzen, wenn ein gleicher Fall sich unter verschiedenen Klimaten ereignet. Der Inbegriff von Art (species) ist und bleibt einmal ein solcher, für den sich keine kurze, mit Einem Satze zu bezeichnende, rein-theoretische Definition herstellen läſst: weil sich kein absolutes und für alle Fälle ostensibles Maaſs, weder in Betreff der Form und des Umfanges, noch gar der Farbe und der Lebensäuſserungen, auffinden oder angeben läſst. Fern davon übrigens, den guten alten theoretisch-praktischen Begriff hiervon im Mindesten wankend zu machen, dient unsere Methode, klimatische Abänderungen aufzustellen, vielmehr gerade nur noch zu mehrerer Befestigung desselben;

Da, wo einmal auf fremde Auctorität hin eine Nachricht über
klimatische Abänderungen aufgenommen wurde, bei welcher
mir überhaupt Selbstansicht oder doch eine hinreichende
eigene Erfahrung mangelte, und wo vielleicht diese selbst
in eine theilweise Nichtübereinstimmung mit jener gerieth,
wo ich einer abweichenden Ansicht mich nicht erwehren
konnte; — einen solchen Fall wird man, namentlich in
jenem erwähnten gröfseren Werke, wenn nicht der Name
des Gewährsmannes genannt ist, schon an dem unbestimmter
gehaltenen Tone von einem völlig gewissen ebenso unterscheiden können, wie das ungewissere Einzelne vor dem
entschieden Ausgemachten kenntlich gemacht ist. (*) Stets bilden dort die Bemerkungen über klimatische Verschiedenheiten, von welchen die Angaben in dem beschreibenden
Verzeichnisse am Ende gegenwärtiger Abhandlung ein gedrängter Auszug sind, der leichteren Übersicht wegen besondere Anmerkungen unter dem Texte; und sie gehen stets
in so fern von den Erscheinungen in unserem Vaterlande
als Grundtypus aus: dafs dasjenige von ihnen, was bereits

---

und die Bestimmung desselben hält sich, selbst nach ihrer jetzt nöthigen Erweiterung, doch unabänderlich in den alten Gränzen des all-
bewährten Lehrsatzes: »Was sich (im freien Naturzustande) jemals
zusammen paart, (nicht blofs ein oder das andere Mal durch
besonderen Zufall eine wüste, ungeregelte Begattung eingeht,) gehört stets zu Einer Art.« Vergl. S. 134.

(*) Sollte sich späterhin irgend Etwas, was aus fremder Angabe
entnommen ist, wo eigne Erfahrung fehlte, vielleicht nicht bewähren: so wird man dafür billig nicht den Verfasser verantwortlich
machen. Jeder hat nur das streng zu vertreten, was er selbst gesehen haben will, ist auch zu tadeln, wenn er an sich verdächtige oder
ganz unwahrscheinliche Dinge auf Anderer Bericht ohne Kritik und
Einschränkung annimmt. Nicht so im entgegengesetzten Falle. Viele
unrichtige Dinge hatten sehr lange allgemein gegolten, ohne dafs man
nachher die Schuld auf sonst Jemand aufser dem ersten Berichter-
statter zu schieben sich berechtigt gehalten hätte. Wie lange wurde
es nicht z. B. geglaubt: dafs die Kinder der Neger weifs geboren
würden; u. dergl. mehr.

für Deutschland in einzelnen Fällen mit gilt, immer auch schon in der eigentlichen Beschreibung erwähnt wird, (sobald diefs nicht, bei Geringfügigkeit an sich, mit zu grofser Weitläufigkeit verbunden war.) Ein bequemer numerischer Überblick der klimatisch variirenden Arten ins Gesamt wurde ganz einfach dadurch erreicht: dafs die sich damit befassenden Anmerkungen, so, wie die variirenden Arten in dem dieser kleinen Schrift angehängten beschreibenden systematischen Verzeichnisse derselben, eine durch das Ganze fortlaufende Zahlenbezeichnung erhielten (*).

Dagegen habe ich bei der Darstellung derselben sonst nicht ohne Grund jene, zwar in ähnlichen Fällen meist gewöhnliche und dem Anscheine nach genaue, in der Wirklichkeit aber, näher besehen, eher verwirrende und einer zweckmäfsigen Gedrängtheit widerstrebende Methode vermieden: das Ganze so nach Zahlen oder Buchstaben zu spalten, dafs die stufenmäfsigen Abänderungen unter Varietät 1, Var. 2, Var. c, d u. s. w. getrennt, in einer Reihe, aufgeführt würden. Ein solches Verfahren, obgleich meistens recht gut anwendbar bei Ausartungen, erscheint hier nicht gut angebracht, vielmehr doppelt unzweckmäfsig; und zwar wird es immer unzweckmäfsiger, sächlich wie räumlich, je gröfser die Anzahl und je mannichfacher die Kreuzung der Varietäten wird. Zuerst unbequem und undeutlich, weil einer Seits eine ordentliche Sonderung derselben von einander doch nicht möglich ist: und weil dabei anderer Seits die Characteristik jeder Nummer immer nur auf das Exemplar pafst, von welchem sie entnommen ist, auf andere aber gerade immer um so weniger anwendbar wird, je

---

(*) Man sieht hieraus: dafs, soweit die Erfahrungen gegenwärtig reichen, ihre Gesamtzahl bei den Landvögeln allein schon ein volles Dritttheil aller Arten überhaupt beträgt. Um wie viel höher aber wird dieselbe sich erst in der Folge zeigen! —

besser sie als solche ist, d. h., je genauer sie sich an jenes
einzelne Stück hält; dann räumlich-unökonomisch, weil es
Alles ohne Noth ins Einzelne zieht, und somit Vieles mehrfach wiederholt werden muſs, was sich besser mit Einem
Male ganz im Allgemeinen abmachen läſst. Wird hingegen,
wie es dort geschehen ist, der Ursprung und das entwickelte Extrem jedes einzelnen Punktes, welcher eine
Veränderung erleidet, angegeben; dann paſst die Bestimmung auf alle Exemplare mit allen Kreuzungen.

Um durch die typographische Einrichtung die Übersicht des Ganzen, namentlich der Regeln und Beispiele, zu
erleichtern, sollten letztere mit anderer Schrift gedruckt
werden. Mehrere Umstände beim Drucke zwangen jedoch,
hiervon abzugehen, und die Einrichtung zu treffen, daſs
bloſse gebrochene Klammern [ ] diese Absonderung bewirken, welche auch so die Sache hinreichend verdeutlicht. —
Übrigens ist es nicht Zufall gewesen, wenn hin und wieder,
wo die Wahl der Beispiele sonst gleichgültig gewesen wäre,
solche Arten hierzu genommen worden sind, über welche
vordem zum Theile andre Ansichten bestanden und Streit
herrschte; denn auf diese Weise lieſs sich mit dem allgemeineren Zwecke, Beispiele für einen vorgetragenen Satz
zu geben, noch ins Besondere der einer kritischen Erörterung
über frühere Meinungen verbinden. Daher der Umstand,
daſs manche Arten (*) mehrmals als Beispiele aufgeführt
wiederkehren.

Genauere, mehr aufs Einzelne eingehende Erörterungen,
und Untersuchungen über einige Arten im Speciellen, so
wie die Aufstellung mancher mitbeweisenden Analogieen aus
der Klasse der Säugthiere und zum Theile selbst mit Beziehung auf das Pflanzenreich, wurden, um den Zusammen-

(*) Wie unter andern die gemeine Krähe, (deren specifische Trennung in Raben- und Nebelkrähe zuerst und sehr gründlich Naumann d. j. bekämpfte,) der Haussperling, der Wasserpieper.

hang der fortlaufenden, eines aus dem andern entwickeln-
den Verhandlung nicht zu sehr zu unterbrechen, unter die
Zusätze verwiesen.

Das kurz beschreibende Verzeichniß der klimatischen
Varietäten der europäischen Landvögel, als ein Nachtrag zu
jedem Werke über Europa's Ornithologie zu betrachten,
enthält unter den Synonymen alle Namen derjenigen dahin
gehörenden vermeinten Species, welche mir als solche bekannt geworden sind (*). Bei der reichen Literatur, welche namentlich die Königl. Bibliothek zu Berlin darbot,
dürften mir nur wenige entgangen sein. (**) — Es kann
nun aber billig, und soll natürlich nicht bloß, sondern es
wird hoffentlich auch, vollends bei der Art, wie diese An-
führung geschieht, Niemanden als Vorwurf erscheinen, wenn
daraus hervorgeht: daß er eine oder die andere klimatische
Varietät überhaupt aus Mangel an Übergangsexemplaren für

(*) Hierbei fühle ich mich in Bezug auf die Ansichten und das
Verfahren des Hrn. Geheimen Rath Lichtenstein eben so ver-
pflichtet, wie ich es in Beziehung auf mich für erlaubt und zugleich
für sehr ehrenvoll halte, zu erklären: daß es auf die ausdrück-
lichste Zustimmung und selbst den Wunsch des Hrn. G. R. L. geschehen ist, wenn auch alle von ihm früher, zum Theile schon vor
langer Zeit, einstweilen provisorisch (und den Vorschriften von
Linné's trefflicher *Philosophia botanica* gemäß, um sie nicht aus
dem Gesichte zu verlieren), unter dem vorläufigen Namen von Arten
im zoologischen Museum zu Berlin aufgestellten klim. Varietäten
hierunter mit aufgeführt werden: (und zwar, indem ein verständliches Vorzeichen [?] den Sinn und die Umstände andeutet, in welchem
und unter welchen das Aufstellen zu seiner Zeit geschah;) — um, wo
es etwa nöthig sein sollte, Meinungen zu berichtigen, welche sich
bei dem häufigen Besuche der reichen Sammlung durch fremde Ornithologen gebildet haben könnten.

(**) Doch muß ich bedauern, daß bei meiner letzten Anwesen-
heit daselbst (im August und September 1831) zwei Werke von
Wichtigkeit noch lange nicht vollständig eingegangen waren: Gray's
Illustrations of Indian zoology, und Gould's *Birds of the Himalaya mountains.*

eine eigene Art gehalten habe. Nur wer systematisch, d. h.
aus Grundsatz, durchweg alle klimatische Varietäten zu Arten erhoben sehen wollte, ihr Entstehen durch Klimaeinfluſs
aufs heftigste (*) bestritt, und durch keine Gegenvorstel-
lung über das Irrthümliche seiner Ansicht zu belehren war,
wird eine Anwendung dieser gerechten, entschuldigenden
Rücksicht nicht für sich in Anspruch nehmen können. (**)

(*) Und zwar mit einem Argumente, welches die gänzliche Un-
kunde in aller allgemeinen Naturwissenschaft, Physik und Physiologie verräth: »indem man nicht einsehe, wie es (das Klima) wirken
»solle, und man sich mit jeder Annahme einer solchen Wirkung in
»ein Labyrinth verirre!!« —

(**) Daſs demnach die Abhandlung hin und wieder etwas polemisch gehalten ist und polemisch gehalten werden muſste, wird allen
Denen erklärlich sein, die bekannt sind mit diesem neuesten theilweisen
Wesen und Treiben der Ornithologie in Deutschland: welches endlich dahin kam, alle Species in 3, 6 und noch mehrere, ja in 9-12,
zu zersplittern. — (Für solche Leser aber, welche hiermit nicht bekannt sind, die ausdrückliche Erklärung: daſs meine Polemik nur
diese Richtung verfolgt, mit jeder andern hingegen streitige Einzelheiten im versöhnlichsten Geiste mit beider Seits freundlichem Entgegenkommen zu diskutiren wünscht.) — — Wer nämlich entweder
eine neue Ansicht aufstellt, oder, wie es hier der Fall ist, eine ältere
und allseitig bewährte, aber noch unvollständig durchgeführte neu
und weiter begründet, der muſs und soll mit allen überhaupt vorhandenen, begründeten oder grundlosen, bekannt sein; und er soll
die letzteren würdigen, wenn er sich gedrungen sieht, ihre Verwerf-
lichkeit auszusprechen. Man kann dafür freilich, wie bekannt, auch
bei Beobachtung aller Ruhe und wissenschaftlichen Ernstes, harte
Schmähreden ernten von einer empfindlichen Selbstliebe, die schon
jeder Widerspruch, jeder Zweifel gegen ihre Unfehlbarkeit verletzt
und Beweise vollends erbittern, vorzüglich, wenn ein Jüngerer sie
aufstellt. Aber dieses Schelten könnte doch nur einen gewissenlos
Furchtsamen abhalten, da, wo er es für nöthig hält, zum wahren
Besten der Sache die Wahrheit zu sagen und, wenn es die Umstände
erfordern, auch wieder zu sagen. Je mehr der Gegner in seinen Er-
wiederungen Recht, Anstand und gute Sitte verletzt, selbst gegen
die Wahrheit fehlt und die offene Absicht, zu kränken, verräth:
um so ruhiger kann man bleiben, und zur Antwort — das Schwei-

Es ist etwas Anderes, mit Absicht ein längst allgemein an-
erkanntes, stets und überall bewährtes Princip verkennen,
um nur nicht sein Unrecht eingestehen zu dürfen; und
ein ganz Anderes, bei der practischen Durchführung desselben Princips wegen Unvollständigkeit der nöthigen, vielfachen Mittel theilweise in der Anwendung von speciellen
Regeln irren, welche man eben defshalb nur erst dunkel
ahnen kann, aber, auch durch das sorgfältigste Abstrahiren
aus den noch unzureichenden Erfahrungen, noch nicht klar
zu erkennen vermag. Beide Fälle sind, als dem Willen und
Wesen nach total verschiedene, streng zu unterscheiden.

Die, nicht selten prosphonetisch gehaltene Dictions-
weise mag vielleicht in dem Verfasser den jungen, lebhaft
für seinen Gegenstand interessirten Mann verrathen, welcher noch im sechsten Lustrum steht. Doch wird dadurch
hoffentlich weder Person, noch Sache verlieren. —

Werden wir einmal erstens die Art und Weise,
wie, dann die Umstände, unter welchen, und die
Grade, in welchen besonders die einzelnen Farben u. s. w.
durch klimatische Einflüsse verändert werden, kennen, und
zweitens die Gegenden, welche das Variiren zum Theile
nach einer, zum Theile sogar nach beiden Hauptrichtungen
zugleich begünstigen; so dürfte es in Zukunft bei rechter
Vorsicht und ernstlichem Willen in der Regel leicht werden, neue, noch kommende Entdeckungen richtig zu wür-

gen wählen. Erkennen ja doch Alle den Streiter an den Waffen,
seinen Werth und den Werth seiner Sache an der Art, wie er
sie verficht. Daher würde man, wenn man über unverdiente
Schmähungen vor den Augen der gebildeten Welt überhaupt des
Trostes bedürfte, den besten schon in dem Gedanken finden, bei
allen Gebildeten und Verständigen die Überzeugung voraussetzen zu
dürfen: dafs es Umstände giebt, unter welchen man gegen Beleidi-
gungen unempfindlich sein darf und mufs.

digen, und dadurch einen bisher so oft bemerkten, so
wesentlichen Nachtheil für die Wissenschaft,
das Aufstellen blofser Nominal-Species nämlich,
von dieser Seite auf Grund unserer neueren Erfahrungen
zu vermeiden: um so die noch tiefere Verwirrung des Ganzen verhüten zu helfen, welche dadurch bereits entstanden
ist. — Diefs ist die formell-berichtigende Seite der
hier behandelten Verfahrungsweise. —

In der frühesten Zeit der beginnenden wahren Systematik und einer wahrhaft scientifischen Nomenclatur durch
Linné und seine Schüler sehen wir, aus Mangel an Erfahrungen durch Lebens-Beobachtung, sehr gewöhnlich
junge und alte Vögel —, und da, wo eine wesentliche
Geschlechtsverschiedenheit Statt findet, oft auch wieder
männliche und weibliche, jede als verschiedene Arten
hingestellt. Als späterhin Bechstein, der ältere Naumann und andere Practiker, durch anhaltende Forschungen
im Freien belehrt, diesen Übelstand beseitigten; so blieben
doch immer wieder noch eine beträchtliche Zahl blofser
Verschiedenheiten nach der Jahreszeit als vermeinte Species
aus der älteren Periode in den Systemen zurück: bis endlich vorzüglich Temminck, indem er zuerst die doppelte
Mauser so vieler entdeckte, den oft so aufserordentlichen,
häufig blofs durch diesen zwiefachen Gefiederwechsel be-
wirkten Unterschied zwischen Frühlings- und Herbstkleid
zeigte, und somit gar manche, hiernach mit Unrecht in die
Artenreihe eingeschobene Wesen auf ihren wirklichen Werth
reducirte. Ihm nachfolgend, suchten andere Ornithologen
im Einzelnen vollends zu Ende zu führen, was er erst
angefangen, und doch auch (Ehre seinem Fleifse und Ta-
lente!) zugleich schon beinahe vollbracht, überall aber
lebendig angeregt hatte. Doch selbst er behielt, noch
lange nicht hinreichend von Erfahrungen über das klimatische Abändern überhaupt geleitet, und öfters durch Lücken

im Einzelnen missleitet, nicht bloss mehrere klimatische
Varietäten als Arten, wie früher, bei; sondern er stellte
auch selbst noch mehrere andere neuerdings, wiewohl zum
Theile sogleich mit männlich-aufrichtigem Zweifel, als
solche auf. — — So blieb es der neuesten Zeit vorbehal-
ten, mit mehr oder weniger Bestimmtheit den Zusammenhang der Dinge zu ahnen, dessen Darstellung hier nun in
dem Lichte versucht ist, in welchem ihn mehrjährige,
ganz vorzugsweise darauf abzielende Untersuchungen und
solche Erfahrungen erscheinen lassen, die wir im vollsten
Einklange mit den entschiedensten Wahrnehmungen der
physikalischen Geographie und Atmosphärologie stehen
sehen. Eben so gut nun, wie wir wohl alle rasch genug
die kleine Kunst gelernt haben: auch völlig erwachsene
junge Vögel ganz unbekannter Arten fast immer mit grosser
Sicherheit nicht für alte anzusehen, sondern schnell ihre
Jugendlichkeit zu erkennen; (*) mindestens eben so gut

(*) Anmerk. Da jedoch in schwierigen Fällen, wo auffallende Al-
tersveränderungen durch so langsame Übergänge erfolgen, wie bei den
meisten grösseren Raubvögeln, es leicht geschieht: dass manche schon
lange festgestellte Regeln oder Beispiele entweder übersehen, oder
wegen des Mangels an Zwischenstufen nicht nach Umständen berücksichtigt werden; so hat sich noch in der neuesten Zeit erst der
nämliche Irrthum in Betreff des Verkennens von Jung und Alt, wie
früher, bei einer Vogelgattung wiederholt, über welche man sogar in
älteren Zeiten in minder entschieden falscher Ansicht befangen war.
(Diese zu erregen, mag indess auch die Seltenheit der Vögel dieser
Gattung in unseren Gegenden, und ihre geringe Anzahl in Sammlungen, nicht wenig beigetragen haben.) —

Des ausserordentlichen Formunterschiedes vergessend, welcher
z. B. auch das Gefieder junger Staare vor dem der älteren auszeich-
net, haben nämlich einige Ornithologen neuerlichst bei den Geiern
(VULTUR) junge Vögel als specifisch verschieden von den alten angesehen. Mausernde Exemplare jedoch, wie unter andern das hiesige
zoologische Museum ein in unserer Provinz geschossenes besitzt, zeigen unwidersprechlich, was auch schon eine Folgereihe von mehreren nicht mausernden Stücken verschiedenen Alters, wie die fünf In-

b

wird sich bald Jeder das, offenbar näher liegende, und gewifs leichter zu erlangende Geschick anzueignen wissen
in Zukunft auch klimatische Varietäten schon bekannter Arten nur für das, was sie wirklich sind, nicht
für mehr, nicht für besondere Species, zu halten.
Schwer kann diefs schon defshalb um so weniger werden
als es, nachdem man einmal die allgemeinen Normen des
klimatischen Variirens kennt, zum Erkennen solcher Varietäten im Besondern ganz gleichgültig ist, in welcher
Varietät man eine Art kennen gelernt hat; zumal, wenn
man ihr locales Herkommen genau weifs. —

So entscheidend übrigens das hier Besprochene unser
ferneres Verfahren in Bezug auf die Behandlungsweise der
Wissenschaft bestimmen mag; so würde es doch sehr irrig

dividuen des Berliner Museums, jedem nicht ungeübten Blicke sogleich als die bestimmteste Vermuthung aufdrängen mufs: dafs die
Geier mit kurz-, dicht- und zartwolligen Köpfen und Hälsen, mit
langen, schmalen Körper-, Hosen- und Flügelfedern und mit langen flatternden, hahnenfedrigen, dünnen und bräunlichen Halskrausen, welche schon immer unter dem Namen VULTUR *fulvus* Gmel.
(gleichbedeutend mit V. *castaneus* Shaw, V. *leucocephalus* Meyer
und Wolff, V. *percnopterus* Daud.) bekannt waren, nichts anders
sind, als junge Vögel im ersten Kleide von jenen mit dünn- und
steifhaarig-, ja fast stechend-kurzbefiederten Köpfen und Hälsen,
mit kurzen, breiten, umgekrümmt anliegenden und wollig zerschlis-
senen, dichten, weifsen Halskrausen und mit überhaupt etwas anderer Färbung, welche unter den Benennungen VULTUR *Kolbii* und V.
albicollis bekannt gemacht wurden, und welche erst nach einer,
mindestens 4-5 Jahre dauernden Verwandlung alle die zwischeninne
liegenden Stufenfolgen durchlaufen haben. (Denn bei ihnen wird allerdings das erste Mal wahrscheinlich mehr, als ein ganzes Jahr, Zeit
zu einer geringeren Veränderung erfordert, als die ist, welche beim
jugendlichen Staare in 4-6, höchstens 8 Wochen vollendet wird.
Auch ist beim Staare, umgekehrt, das Gefieder in der Jugend run-
der, bei den Geiern spitzer und länger, als im Alter der Mannbarkeit. — Übrigens zeigt aber selbst CATHARTES *Papa*, der geierähn-
lichste unter den Aasvögeln (CATHARTES) Amerika's, eine ganz gleiche
Veränderung, wiewohl in sehr viel geringerem Grade. —

sein, das hier im Allgemeinen Gegebene und durch das
Handbuch d. N. G. der Vögel Europa's noch ausführlicher
im Speciellen (*) zu Liefernde für mehr, als für die ersten Zeilen auf einer neuen Seite im Buche der Ornithologie, in der eigentlichen, tieferen Lebensgeschichte der
Vögel, anzusehen. Wer sollte auch, zumal als Einzelner,
beim ersten Beginnen schon gleich das Ganze erschöpfen
können, gesetzt auch, er besäße dann schon alle je erreichbaren Mittel dazu? Die Zeit erst bildet Ideen über
Thatsachen aus, gleichwie sie erst die Erfahrungen über
Facta selbst vervollständigt, welche die Mittel sind; und
lange eilt gewöhnlich die Erfahrung der vollständigen Erklärung und den, aus ihr zu ziehenden, umfassenden End-
resultaten voraus. Wie hätte daher eine Sache, in der immer ein Tag den andern durch etwas neu Aufgefundenes
belehrt: wie sehr das bisher Gewußte, wenn auch jetzt richtig aufgefaßt, doch noch ein Stückwerk im Vergleiche gegen die einstige große Summe des Ganzen ist, wo also die
Erfahrung selbst noch lange nicht zu Ende geht; — wie
hätte eine solche Sache heut schon etwas Anderes, als die
bloße vorbereitende Grundlage zu einem weiten Gebäude für
die Zukunft, werden können! (**) Möge es sonach schließ-

(*) d. h.: von der beschreibenden Seite, durch ausführlichere
Characteristik der einzelnen Abänderungen.

(**) Daher soll denn, da gegenwärtige Arbeit nur etwa den mo-
mentanen Umständen nach als ein Ganzes zu betrachten ist, auch
von Seiten des Verfassers die fernere Behandlung des Gegenstandes
und das sorgfältige Sammeln von Thatsachen nicht aufgegeben sein.
Vielmehr hegt er die Hoffnung, auch noch fernerhin selbst zur wei-
teren Förderung der Sache beizutragen, deren bestimmtere Anregung
zunächst Hauptzweck war: um ihr auch von anderen Seiten der för-
dernden Kräfte mehrere zu gewinnen. Denn nur von der Zeitfolge
und dem vereinten Streben Vieler ist zu erwarten: daß ein reiche-
rer Erfolg immer mehr, nicht bloß die aufgewendete Mühe beloh-
nen, sondern auch das hier vielleicht noch Mangelhafte regeln, das

b*

lich noch erlaubt sein, hinzuweisen auf das, was die Folgezeit uns schaffen kann, und bei richtig angelegtem Streben
zum Theile recht bald zu schaffen vermögen wird.

Schon nach dem, was hier dargethan worden ist, wird
sich das hohe Interesse lebhaft fühlbar machen, welches einst
das Bemühen gewähren muſs: allenthalben durch ausgedehnte Beobachtungen, sowohl über den organisch-verändernden, wie über den haushälterisch-
bestimmenden Einfluſs der Klimate auf Vögel und
Säugthiere, und endlich auf Thiere überhaupt, wie ins
Gesamt auf die ganze organische Welt, immer mehr die
genaue Übereinstimmung solcher Erscheinungen mit
der gesamten physikalischen Beschaffenheit der
einzelnen Erdstriche und ganzer Welttheile nachzuweisen.

Um jedoch diesen Zweck zu erreichen, werden wir
Zoologen uns fernerhin in jeder Hinsicht das Bemühen der
Botaniker zur Nachahmung aufstellen müssen: als welche
sich mit ihren Beobachtungen über Pflanzenklima und
Pflanzengeographie schon längst der allgemeinen, ausgedehnten physischen Weltbeschreibung auf eine so rühmliche
und fruchtbringende Weise angeschlossen haben. (*) Denn,
noch haben wir in der Zoologie überhaupt fast so
viel wie Nichts aufzuweisen von jenem anziehenden,
vielseitig mit aller allgemeinen physikalischen Wissenschaft
verzweigten Ganzen, welches die Botanik in der Pflanzen-
Geographie besitzt. (Kein Wunder also, wenn auf unserem Felde die speciellen klimatisch-modificirenden Verhältnisse noch unergründet waren.) — Die Resultate der

---

etwa Irrige berichtigen, Alles läutern und über noch Ungewisses entscheiden, d. h. das Angefangene allmählig zu einem mängelfreien
Ganzen machen werde.

(*) Ein Beispiel, welchem endlich nachzueifern, ein immer drin-
genderes Bedürfniſs wird.

bekannten Forschungen über die Verbreitung lebender Wesen, namentlich auch der Säugethiere und Vögel, tragen
noch immer das Gepräge blofser statistischer Tabellen über
Gattungs- und Species-Zahl. Noch bleiben sie fern von
einer wissenschaftlich - systematischen Darstellung, welche
die, oft ja so nahe liegenden Gründe der Erscheinungen (z. B. die Ursachen der Abgränzung, das Aufhören,
die Ab- oder Zunahme der Arten und Gattungen in diesem oder jenem Klima) zu entwickeln, und so dieselben
aus dem Ganzen der Naturkenntnifs auf eine Weise her-
zuleiten suchte: dafs sie fernerhin nicht mehr wie zufällig erschienen, sondern als nothwendige, durch den
engen Zusammenhang des Alls und durch das abwech-
selnd-gegenseitige Voraussetzen des Gesamtlebens streng bedingte Folge anderer Erscheinungen erkannt werden könnten. Ein Streben, von welchem kaum in wenigen Fällen
ein schwach anfangender Versuch aufzuweisen ist; welches
aber, mit ruhigem Eifer verfolgt, einen Reichthum und
ein Interesse von Resultaten geben wird, die man beide noch
kaum entfernt zu ahnen vermag. Denn, so wenig, wie
etwa die äufsere Formbeschreibung mit der Osteologie und
ihren numerischen Datis, ohne das weite in sich verflöch-
tene Ganze der gesamten Anatomie und Physiologie, schon
eine physische Anthropologie wäre; eben so wenig kann ein
Herzählen der erwähnten Art, ohne Beseitigung der eben
erwähnten Mängel, für eine zoologische Geographie
gelten. Wenn hierbei nun auch immerhin billig nicht zu
verkennen ist, dafs im ganzen Reiche der Schöpfung, vorzüglich aber in dem organischen, das Höhere von dem Niederen abhängt: dafs also Dieses auch bei der wissenschaftlichen Behandlung in genannter Beziehung Jenem allerdings vorausgehen mufste; so ist doch gleichwohl auch bestimmt nicht zu läugnen, dafs die Zoologie auf ihrem ge-
genwärtigen Standpunkte hierin der Botanik noch in einem

Grade nachsteht, für welchen jenes hemmende Causal-Verhältniß noch lange nicht eine genügende Entschuldigung gewähren kann. (*) Die Sache liegt also nicht sowohl an der Zoologie, als an den Zoologen. —

Von jener, bis heut so empfindlich vermißten Richtung der zoologischen Forschungen nun: — von der Richtung, bei einer allgemeinen Darstellung der geographischen Verbreitung warmblütiger Thiere (namentlich der Vögel) und ihrer Eigenschaften mit Rücksicht auf einwirkende Verhältnisse der übrigen organischen und anorganischen Mitwelt eine Verknüpfung der Erscheinungen und Thatsachen nach ihrer gegenseitigen, näheren und entfernteren Wechselbeziehung als Ursache und Wirkung, als Mittel und Zweck, als Hemmendes und Unterstützendes, in dem tieferen Sinne einer ausgedehnten Naturanschauung zu versuchen, — von ihr ist die Untersuchung der physikalischen Verhältnisse, welche das klimatische

---

(*) Die gedachte Abhängigkeit ist übrigens ganz dazu geeignet, das Studium und die Forschungen über die Verbreitung der Thiere und über die Gesetze derselben, im Vergleiche gegen die Pflanzengeographie, noch um eben so viel anziehender zu machen, als sie allerdings ausgebreiteter, verwickelter, und demnach schwieriger sein müssen. Denn, während diejenigen äußeren Verhältnisse, welche die Verbreitung der Pflanzen bestimmen, alle auf die der Thiere ebenfalls miteinwirken: so ist diese anderer Seits zugleich noch in höchst wesentlichem Grade nicht allein unmittelbar von der Verbreitung der Pflanzen abhängig, und oft zu ganz besonderen, eigenthümlichen und kaum beachteten Eigenheiten derselben in einer tiefen, kaum geahnten Beziehung stehend, deren endliches Erkennen mit einem Male den überraschendsten Aufschluß giebt; sondern sie hängt auch wieder mittelbar oder unmittelbar mit der Verbreitung anderer Thiere zusammen, welche sich andern nach derjenigen von Pflanzen richtet: so zwar, daß eine einzige Erscheinung im Bereiche der zoologischen Geographie nicht selten auf einer ganzen Reihenfolge der verschiedenartigsten, einander bedingenden Ursachen beruht.

Abändern bedingen, nur ein kleiner einzelner Zweig. Und diefs ist die real-erweiternde Seite, welche die hier gemeinte Behandlungsweise der Wissenschaft darbietet. — — Folgendes scheinen die geeignetsten Mittel, um in diesem Zweige der Vollkommenheit bald merklich näher zu kommen:

Man müfste zunächst noch von den europäischen Thierarten ausgehen: weil sie diejenigen sind, welche man nach allen gewöhnlichen Verhältnissen am besten kennt, (so, dafs man also bei ihnen jede Abweichung unter andern Verhältnissen am sichersten zu würdigen vermag;) und von welchen sich ein grofser Theil über sehr abweichende Erdstriche des alten und neuen Continents verbreitet, wo abweichende Verhältnisse eintreten. Man müfste ferner unsere Sammlungen weit mehr, als es bisher im Allgemeinen geschehen ist, mit klimatischen Abänderungen zu bereichern streben: um die Untersuchung derselben, und zwar immer schon von dem ersten, feinsten Beginnen an, so weit auszudehnen, als sie irgend noch neue Resultate zu versprechen schiene. Über die Zugvögel müfsten practisch geübte Ornithologen, welchen es ihre Verhältnisse gestatteten, besonders während des Frühlingszuges jeden Tag im Freien zu sein, (*) mit Eifer, und gleichzeitig an so entlegenen Orten als möglich, mehrere Jahre lang genaue Beobachtungen anstellen, die alsdann von Jemanden zusammengestellt würden, um sonach aus dem mittleren Durchschnitte von mindestens 5-10 (oder besser noch mehr) Jahren zu ersehen: wie weit überall die klimatischen Temperatur-Verhältnisse, mittelbar oder unmittelbar, auf den Stand, Strich oder Zug einwirken. So

---

(*) Denn Lücken in der Zeitfolge der Beobachtung geben sonst, wie begreiflich, dann ungemein leicht ein falsches Resultat ausscheinender Verspätung; und im Herbste umgekehrt. —

würde ermittelt werden können: welche Vögel, die im
Allgemeinen bei uns Standvögel sind, und wo sie — Strich-
und Zugvögel werden, und umgekehrt; um wieviel die
Zugvögel später oder früher ankommen; und dergl.
mehr. Natürlich müſsten diese Beobachtungen, besonders,
wenn sie zugleich mit für die Wanderungsverhältnisse der
einzelnen Jahrgänge ein zuverläſsiges Resultat geben sollten,
(d. h. wenn man aus ihnen genau ersehen wollte, wie viel
von den derartigen Erscheinungen jedes einzelnen Jahrgan-
ges auf Rechnung der besonderen Jahreswitterung zu
schreiben sei,) — nothwendig auch das Hauptsächlichste
der meteorologischen Verhältnisse von dem Orte und der
Zeit der Beobachtung in jeder Hinsicht angeben; und stets
müſste, auſser der Seehöhe des Ortes, die mittlere Jahrestemperatur desselben, und die Durchschnittstemperatur des
Sommers und Winters daselbst, mitbemerkt sein. (*) Auch

(*) Höchst nützlich würde sich für den Zweck der botanischen,
wie der zoologischen Geographie eine Reihe geographischer Tem-
peratur-Charten, d. h. hauptsächlich oro- und hydrographischer
Landcharten bewähren: welche (ein heut freilich nur erst sehr man-
gelhaft auszuführendes Unternehmen —) auſser der Höhe der Haupt-
orte über der Meeresfläche, und auſser der durchschnittlichen Höhe
der Ebenen, mit Andeutung der Isothermen- (und Isogeothermen-)
Haupt-Linien, die mittlere Jahres-, die Sommer- und die Winter-
Temperatur der besonders wichtigen Orte und Districte angäben; so,
daſs man beim Gebrauche eines guten Handbuches, welches die äuſsersten Gränzen der Verbreitung eines Thieres oder einer Pflanze
namhaft machte, mit Einem Blicke nicht bloſs diese, sondern auch
alle die abweichenden Temperatur-Verhältnisse übersehen könnte,
welche jene in sich begreift. Möglich, daſs dieser, gegenwärtig nächste Zweck mit der Zeit sogar der unwesentlichste würde, und einst
Vortheilen nachstehen müſste, die wir uns heute noch nicht vorstellen,
die einst aber leicht hieraus entspringen können. — —
    Als Muster für die Art und den Umfang von Beobachtungen,
wie dieselben hier verstanden werden, wäre zunächst die Methode
zu empfehlen, welche Faber bei den, in seinem »Leben der hochnordischen Vögel« gelieferten befolgt hat: indem Untersuchungen

wäre nach Möglichkeit darauf zu achten, an welchen
Tagen jedes Mal die Haupt-Masse des Zuges von jeder
wandernden Vogelart eintraf. Hohes Interesse würden schon
die innerhalb der Gränzen Europa's möglichen Erfahrungen hierüber gewähren; das höchste aber müsten Beobachtungen erregen, welche in fernen Welttheilen, namentlich in solchen, die eine recht excessive klimatische Constitution besitzen, wie Hochasien und Nordamerika,
besonders mit über diejenigen Vögel angestellt würden,
welche dort und auch in Deutschland einheimisch sind,
und deren Zug gerade hier meist genauer, als anderswo,
beobachtet worden ist.

Darf man mit diesen Vorschlägen ins Einzelne gehen,
so möchte es vielleicht namentlich als ein, der Kaiserlichen
Akademie der Wissenschaften zu Petersburg von
scientifischer, ja selbst von patriotischer Seite nicht un-
würdiges Unternehmen erscheinen: Beobachtungen dieser
Art an recht verschiedenen Punkten des ungeheuren russischen Kaiserreichs, vorzüglich aber in dem, gerade in dieser Hinsicht so merkwürdigen Sibirien, einzuleiten, so
weit dieselben irgend zu bewerkstelligen wären. Noch viel
weiter liefse sich dieses, schon an sich so hohe Verdienst
ausdehnen: durch die Sorge für ein ausgebreitetes, hiermit
zu verbindendes Sammeln von Naturalien, welche
sich auf die, immer noch näher zu bestimmenden Abstufungen des Variirens in immer ferneren Landstrichen be-

---

über die Rückkehr der Zug- und über das Nisten der Standvögel
zugleich mit anderen, über das Erwachen der Winterschläfer unter
den Säugthieren, über das Erscheinen der Insecten und Wiederauf-
leben, Treiben und Blühen der Pflanzen, in Verbindung gesetzt werden. Alles Erscheinungen, welche entweder von gleichen äusseren
Ursachen ab-, oder unter sich selbst als Mitursache oder Wirkung
zusammenhangen.

zögen; (*) und, wenn diese Sammlungen umfassender gemacht würden, als etwa der eigene Bedarf sie verlangte, durch Mittheilung an andere zoologische Anstalten, im Auslande. (**) Was den organisch-verändernden Einfluss des Klimas betrifft; so dürfte eine, mit topographischer und chronologischer Genauigkeit angelegte Sammlung von Säugthieren leicht noch vortheilhafter und interressanter

---

(*) über welche Stufenfolge in einigen Fällen schon der treffliche, allseitig gebildete, wahre Naturforscher Pallas Aufschluss zu geben angefangen hat. —

(**) Dergleichen Untersuchungen und das damit zu verbindende Sammeln würden sich vielleicht häufig ohne viel Schwierigkeit und ohne besonders grofsen, eigens hierzu erforderlichen Aufwand an die Beobachtungen anknüpfen lassen, welche die Kaiserliche Akademie in so grofsartiger Weise über Alles das, was in das ausgedehnte Gebiet der Meteorologie gehört, in dem ganzen Umfange des Gebietes der russischen Krone ausführen läfst, und zu deren Ausführung von ihr eine so aufserordentliche Menge materieller und intellectueller Mittel mit einer Liberalität in Bewegung gesetzt sind, welcher nur die ähnliche, bei den bereits früher (vorzüglich im vorigen Jahrhunderte) der Wissenschaft mit dem glänzendsten Erfolge für Zoologie, Botanik und fast alle andere Zweige der beschreibenden Naturkunde dargebrachten Opfern derselben Akademie verglichen werden kann. Vermöge des Einflusses, mit welchem dieselbe auf die so reich dotirten und zu ihrem Wirken als Pflegerinnen der Wissenschaften befähigten Universitäten der Provinzen einzuwirken vermag, deren jede selbst schon mehr oder weniger oft Naturforscher ausgesendet hat, würde bei vielen derselben eine Anregung hierzu eben so leicht möglich, als hinreichend sein. — Nächst dem dürfte die *Kaiserliche Akademie der Naturforscher zu Moskau*, welcher der Gegenstand ihrem verfassungsmäfsigen Zwecke nach so nahe liegt, auf eine besonders thätige Weise einzugreifen vermögend sein.

Möchte der gelegentlichen Berücksichtigung und näheren Berathung nicht unwerth befunden werden, was hier der ferne Einzelne in Folge specieller Studien im Interesse der Wissenschaft zwei erhabenen Vereinen von Gelehrten zur Beachtung sich zu empfehlen erlaubt, welche zum kräftigen Wirken nicht blofs den Willen, sondern auch die Kraft besitzen und bewähren. —

für die Wissenschaft sein, als die von Vögeln. Denn, abgesehen davon, daſs man von ersteren in diesem Betrachte
noch weniger weiſs, als von letzteren; so darf man, ohne
es für gewiſs anzusehen, nicht ohne Grund vermuthen: daſs
bei jenen dort der (stets) doppelte jährliche Haarwechsel,
im Anfange der so plötzlich eintretenden wärmeren und
der nicht viel weniger schnell kommenden kälteren Jahreszeit, wohl leicht geeignet sein könne, für sie den Unterschied, welcher hierin zwischen Zug- und Standvögeln
herrscht, auszugleichen, und zu machen: daſs bei Säugthieren beide Richtungen des Variirens an einer und derselben Art, an jedem einzelnen Individuum, je nach Verschiedenheit des Wechsels der Jahreszeiten, sogar im Extreme Statt haben können. —

Recht viel bleibt also noch für manche Theile selbst
in der Naturgeschichte der Vögel und Säugthiere zu thun
übrig. Noch sind, so zu sagen, neue Gebiete innerhalb
ihrer Gränzen zu entdecken! Indeſs, wenn jeder Einzelne
ihrer Verehrer sich nach Kräften der Mitwirkung bestrebt;
so werden auch die Ornithologie und die Kunde der Vier-
füſser etc. einst dahin gelangen: um direct und indirect,
nicht bloſs nehmend, sondern auch selbst beisteuernd, Antheil zu haben an jener groſsartigen Welt-Physik, deren
Gründung in solcher Ausdehnung erst der neuesten Zeit
zu erleben vergönnt war.

Schlieſslich bleibt mir noch die Erfüllung der angenehmen Pflicht übrig, mit Danke der hülfreichen Unterstützung zu erwähnen, welche mir so vielseitig und reich-
lich, sowohl amtlich, wie privatim, und in Bezug auf die
hier als Vorläufer eines gröſseren Werkes erscheinende Schrift
ins Besondere, wie hinsichtlich der letzteren und der ersteren überhaupt, zu Theil geworden ist.

Zunächst verdanke ich es der Güte des Hohen Königlichen Ministeriums der geistlichen, Unterrichts- und
Medicinal-Angelegenheiten: daſs ich während einer Reihe
von Jahren wiederholt zu den nöthigen Reisen, vorzüglich
aber dazu in den Stand gesetzt wurde, das reiche Mate-
rial, welches das Berliner Museum und die dasige Bibliothek darboten, für zoologische Arbeiten zu benutzen. Eine
Vergünstigung, die zuletzt (1831) namentlich unter doppelt kritischen, die materiellen Interessen der Völker und
Staaten physisch und politisch gefährdenden Zeitumständen
erfolgte, welche jede aufserordentliche Ausgabe von Seiten
des Staates für wissenschaftliche Unternehmungen ungemein erschwerten, den Empfänger also um so tiefer ver-
pflichteten.

Auf den Bericht Seiner Excellenz, des Königlichen
wirklichen Geheimen Raths, Herrn Alexander v. Humboldt, und des Herrn Geheimen Medicinal-Raths Lichtenstein (welche vorliegende Arbeit in der Handschrift
kennen gelernt hatten) an die physikalische Klasse der
Königlichen Akademie der Wissenschaften zu Berlin, als
Mitglieder derselben, fand die verehrte Akademie sich
bewogen: eine Summe zum sofortigen Druck des Werkchens in der Officin der Akademie zu bewilligen. Dadurch
ist es möglich geworden, einen Ladenpreis zu erzielen, wie
er, besonders bei einer typographischen Ausstattung von
dieser Art, sonst nicht zu stellen gewesen wäre. Demnach
ist für den Verfasser eine eben so hohe, als erfreuliche
Veranlassung vorhanden, hierdurch in ehrfurchtsvollster
Ergebenheit den herzlichsten Dank für die Liberalität auszusprechen, mit welcher die verehrte Akademie die rasche
und allgemeine Verbreitung des Werkchens zu fördern geneigt war.

Aus der Zahl Derer, welche mich durch Darreichung
literarischer Hülfsmittel überhaupt, und namentlich auch

mit solchen, die zunächst bei der vorliegenden Arbeit in Anwendung gekommen sind, bereitwilligst unterstützt haben, habe ich vorzüglich Dank abzustatten: vor Allen dem Herrn Geheimen Hofrathe, Professor Gravenhorst hier, dessen so besonders reichhaltige zoologische Bibliothek mir stets mit der ausgezeichnetsten, auf keine Weise zu übertreffenden Liberalität offen gestanden hat; Herrn Medicinal-Rath, Professor Otto hier; dem Hrn. Präsidenten der Akademie der Naturforscher, Professor Nees von Esenbeck hier; Hrn. Dr. von Chamisso zu Berlin; (*) Hrn. Geheimen Medicinal-Rath Klug daselbst; — zugleich auch dem Oberbibliothekare und Bibliothekare der dortigen Königlichen Bibliothek, Hrn. Geheimen Regierungs-Rath Professor Wilken und Hrn. Dr. Spiker, für die mir von ihnen zur Benutzung der zoologischen Werke zu Theil gewordene Verwendung und Erleichterung. — (**)

(*) welcher mir die so wichtige, in Deutschland fast gar nicht zu habende *Zoographia rosso-asiatica* von Pallas so lange lieh, um daraus alles das Wichtigste über die Landvögel ausziehen zu können.

(**) Auch die stete freundliche und zuvorkommende Bereitwilligkeit, mit welcher sämtliche Beamte des zoologischen Museums zu Berlin jede irgend von mir gewünschte oder ihnen selbst für mich wünschenswerth scheinende Mühwaltung übernahmen, (am hiesigen Museum hat persönliche Freundschaft sich mir allerdings nicht minder gefällig bewiesen, —) verdient eine recht dankbare Erwähnung.

Breslau, im December 1832.

C. L. Gloger, Philos. Dr.

Verbesserungen.

Wesentlich wichtige, deren vorgängige Berichtigung
nöthig ist.

Seite 2, Zeile 9 von oben: der Art (*species*) statt „Art."

- 35, - 21 von unten: Bräunen statt „Veräben."
- 50, - 16 v. u.: die Erscheinungen statt „sie."
- 71, - 3 v. u.: Ende der Mauser statt „Ende."
- 95, - 9 v. o.: entschiedener statt „verschiedener."

Minder wesentliche, und die sich zum Theile von selbst
ergeben.

Seite 4, Z. 21 v. o.: bestem statt „besten."

- 4, - 25 v. o.: Ver- statt „Ab-."
- 8, - 9 v. u.: Bäume vor dem Abfallen) statt „Bäume)."
- 11, - 11 v. o.: Ineinanderfliefsens statt „Inanderfliefsens."
- 24, - 5 v. u.: mit fremdem statt „mitfremdem."
- 29, - 2 v. u.: erscheint statt „erscheinen."
- 36, - 10 v. u.: in subjectiver statt „insubjectiver."
- 43, - 10 v. o.: dem der statt „den."
- 46, zu unterst fehlt Note (**) zu Z. 11 v. o.: *Skand. Faun.* I, S. 35, n. 7–S. 37
- 61, - 11 v. o.: zu setzen) statt (
- 63, - 11 v. u.: noch gar statt „gar."
- 64, - 15 v. u.: am Ende gehört „sich" ans Ende von Z. 14 v. u.
- 69, - 16 v. o.: (*) statt (**); und Z. 21: (**) statt (***).
- 73, - 3 v. u.: mancher statt „der meisten."
- 85, - 1 v. u.: *Jaculum* statt *Jantiam.*
- 97, - 5 v. u.: (jetzt statt „jetzt."
- 101, - 5 v. u.: ist hinter der Zahl 75 der Punkt zu streichen.
- 112, - 6 v. u.: scientifischem statt „scientistischem."
- 114, - 16 v. o.: Specificität statt „Specifität."
- 115, - 18 v. o.: mannbaren statt „männlichen."
- 122, - 18, 17 v. u.: weit continentaleren statt „rein continentalen."
- 124, - 4 v. u.: ganz statt „ganze."
- 127, - 18 v. u.: 16. statt „16?"

Übersicht des Inhalts.

Nothwendigkeit der Unterscheidung von Ausartung und Abänderung.

Vorbemerkung. Ehe wir uns zu dem eigentlichen Gegenstande der Überschrift vorliegender Abhandlung wenden, bleibt mir zuerst noch vorweg zu bemerken, dafs vor Allem jene Unbestimmtheit vermieden werden mußte, welche man bisher fast ganz allgemein in die Worte und Begriffe Abänderung und Varietät zu legen pflegte: indem man auch die gewöhnlich sogenannten zufälligen Verschiedenheiten, oder die accidentellen Varietäten, unter diese Categorie zog.

Es liegt aber etymologisch weder in dem einen, noch in dem anderen dieser beiden Worte (Abänderung und Varietät) der Begriff dessen, für was ich, seiner Sachbedeutung nach, dasjenige ansehen zu müssen glaubte, was ich durch die Benennung Ausartung bezeichne, und was eben bisher meist unter einer zufälligen Varietät verstanden wurde. Defshalb wurde es erforderlich, für den letzteren Begriff einen, zwar bisher ungebräuchlichen Namen einzuführen, dessen Bedeutung aber, sowohl an sich, wie nach der hier gemachten Anwendung, dem gefühlten Bedürfnisse vollkommen entsprechen sollte. Und diese Bedingung darf ich zuversichtlich als erfüllt betrachten; vorzüglich, wenn wir die allgewohnte Bedeutung erwägen, die wir dem Worte „Art" im naturgeschichtlichen Sinne beilegen. Denn diesem gemäfs kann wohl nichts natürlicher sein, als dafs man unter einer Ausartung ein solches Wesen verstehe: welches, durch zufällige ungewöhnliche, nicht unter bestimmten Verhältnissen regelmäfsig wiederkehrende Ursachen aus den gewöhnlichen Eigenthümlichkeiten der Art (*species*) herausgetreten, den Character der letzteren in mehreren oder

1

wenigeren, wesentlichen Stücken geradezu verläugnet, ohne
dafs die Ursache der bei ihm eingetretenen Abweichungen von
der Regel in solchen organischen Vorgängen zu suchen wäre,
welche, je nach Verschiedenheit des Alters, des Geschlechts oder
des Ortes, in allen Individuen der Art (*species*) wirksam sind,
oder es doch, unter gleich gegebenen äufseren und inneren Verhältnissen dieser Categorie, in allen Exemplaren sein würden.
Solche ganz regelwidrige Verschiedenheiten werden also, wegen
ihres Widerstrebens gegen gewisse Eigenschaften Art, fernerhin
Ausartungen heifsen. Dafs sie übrigens im Norden nach Verhältnifs etwas häufiger, als im Süden, vorkommen, stöfst durchaus die Regel nicht um: dafs sie doch immer und überall blofs
als im Ganzen seltene Ausnahmen, häufigst als ganz aufserordentliche Erscheinungen, auftreten.

So pafsten die Benennungen Verschiedenheit und Abänderung, Variiren und Varietät, gleich gut auf alle diejenigen Veränderungen: welche mit lebenden (oder überhaupt mit organischen) Wesen nach Alters- und örtlichen
Umständen gewöhnlich, und nach einer gewissen Regel-
mäfsigkeit, vor sich gehen; und welche sich aus solchen
allgemeinen und unsichtbaren inneren Ursachen herleiten
lassen, die man, wenn auch mit einigem individuellen Unterschiede in dem Mehr oder Weniger, doch ursprünglich bei allen Individuen der ganzen Art (*species*) mit Recht als
wirkend voraussetzen darf, und die endlich nur gewisser
Zeit-, Geschlechts-, oder aber atmosphärischer Verhältnisse etc.
bedürfen, um äufserlich sichtbar in volle Wirksamkeit zu treten.
Dem eingeschränkten Inbegriffe dieser Abweichungen werden daher auch künftig ohne Undeutlichkeit und Unbequemlichkeit die
bisherigen, nur früher zu ausgedehnt angewendeten Benennungen
verbleiben können. (*)

[Demnach sind ein weifser, ein weifsgefleckter, ein
semmelgelber und ein schwarzer oder schwärzlicher,
so wie ein gehäubter (?) oder kreuzschnäbeliger Haus-

(*) Ganz verworfen habe ich aber die hin und wieder ebenfalls gebrauchten Ausdrücke
Spielart für Ausartung, und Abart für Abänderung, deren einer fast eben so unbestimmt,
wie der andere doppelsinnig ist, und die nun beide unnöthig waren.

sperling nichts Anderes, als wirkliche Ausartungen: weil sie nur ausnahmsweise Eigenschaften an sich tragen, die unter allen Alters-, Geschlechts- und Ortsverschiedenheiten der Art als solcher durchaus fremd bleiben und niemals einen bleibenden Character annehmen, sondern mit dem Individuum wieder vergehen, ebenso, wie sie nur mit ihm entstanden sind: indem es kein Land und kein Alter giebt, in welchem alle Haussperlinge, oder auch nur eine einiger Maaßen beträchtliche Anzahl derselben, resp. weiß, weißgefleckt etc. würden; — und weil eben diese Charactere zu den gewöhnlichen, also der Art wahrhaft eigenthümlichen Eigenschaften in einem absoluten Gegensatze stehen: indem sie sich durchaus nicht aus diesen herleiten lassen, sondern ihren besonderen eigenthümlichen Ursprung haben; da ja das an ihnen herrschende Weiße nicht aus dem Schwarzen und Rothbraunen, Rostfarbigen etc. entsteht, und nicht als eine erhöhte Potenz desselben, nicht als wahre Verminderung, sondern als eine ganz unabhängige, für sich bestehende Erscheinung zu betrachten ist, die von mehr oder minder absoluter Mangelhaftigkeit herrührt.

Der sogenannte italienische und spanische Sperling hingegen bilden Abänderungen: weil ihre Charactere, wenn auch von den gewöhnlichen zum Theile bedeutend abweichend, doch unter gewissen Umständen durch eine allmählige, stufenweise zu verfolgende Veränderung aus den gewöhnlichen entstehen, in welchen sie alle schon ursprünglich vorbereitet und gegeben sind; — und weil diese Charactere, sobald jene Umstände eintreten, mit einer allgemeinen Ausdehnung auf alle Individuen der Art übergehen, sich auch neuerdings, und zwar gewöhnlich nach kurzer Zeit, in denjenigen jungen Individuen wiedererzeugen, welche von so veränderten abstammen.]

§. 2.

Allgemeine Ursachen und ganz allgemeine, ununterbrochene, regelmäßige Abstufung der klimatischen Varietäten herabwärts zu den gewöhnlichen Characteren der Species.

Jene bewirkenden Umstände nun, insofern sie bloß die Färbung, und zum Theile die Zeichnung betreffen, sind, mit ei-

1*

nem allgemeinen Ausdrucke zu reden, überhaupt solche: welche
in der einen Richtung eine besondere intensive, und häufig
zugleich die extensive Erhöhung des Colorits, und eine ent-
schiednere Ausprägung desselben, zu Wege bringen; und
welche so eine Veränderung erzeugen, die im Allgemeinen stets
als eine Verschönerung gelten muſs. Die meisten treten, im
Ganzen genommen, durchaus nur unter solchen Verhältnissen ein,
welche sich, nach längst bekannten Erfahrungen, der Ausbildung
der Farben vorzüglich günstig erweisen, nämlich: im höheren
Alter, und in Folge eines wärmeren Aufenthalts. In der anderen Richtung nun tritt, in Folge entgegengesetzter Ursachen, auch die gerade entgegengesetzte Wirkung ein.

Bedürfte es noch eines Beweises von der Richtigkeit des
Verfahrens, klimatische Varietäten aufzustellen; so müſste
er vor Allem in dem Umstande zu finden sein: daſs man die, als
solche anzusehenden Abweichungen sehr bestimmt classifi-
ciren kann, und daſs sich, bei einigermaaſsen sorgfältiger allgemeiner Beobachtung derselben, bald mit hoher Wahrscheinlichkeit die Fälle angeben lassen, wo Abänderungen dieser Categorie
eintreten werden, oder wo nicht. Das will sagen: man kann
bereits mit besten Grunde Schlüsse *a priori* hierin machen.
Der Erfahrung also: daſs eine und dieselbe, oder eine sehr
ähnliche Farbe an so vielen, der Art, Gattung und Ordnung nach ganz verschiedenen Vögeln unter ähnlichen
äuſseren Verhältnissen immer wieder eine ganz ähnliche Abänderung erleidet, — dieser unumstöſslichen Erfahrung kann
wohl Nichts natürlicher folgen, als der sehr bestimmte Schluſs:
daſs wir eben diesen Verhältnissen einen Einfluſs zuzuschreiben
haben, welcher jene Veränderungen hervorbringe. [Wenn wir
z. B. sehen werden, wie sich die rostrothen und rostbraunen
Farben unter wärmeren Himmelsstrichen bei allen Vögeln, welche
sie in kälteren Gegenden minder ausgebildet zeigen, so entschieden und so bedeutend verdunkeln und ausbreiten, und wie sogar unter lokal ganz verschiedenen, oft geradezu entgegengesetzten Himmelsstrichen doch ein relativ-gleiches Klima an einem
Vogel immer auch gleiche Veränderungen hervorbringt; so würde
doch wohl ein unbegränzter und ganz unbeugsamer Starrsinn

dazu gehören, um ferner noch, allen Beweisen zum Trotze, die Gegenbehauptung wagen zu können: „das liebe Klima thue hierbei doch Nichts" —!]

Wahr bleibt allerdings der Satz: daſs eine bestimmte, scharf geographische Abgränzung solcher klimatischen Abänderungen unter sich durchaus nicht Statt findet, sondern daſs auch das Alter auſserordentlich Viel, und eine individuelle Prädisposition oft mindestens Etwas dazu beiträgt, sie in ihrer Entwickelung zu begünstigen, oder zu hemmen. Aber es ist auch wohl noch nie Jemanden von allen den Vielen, welche sich schon zu dem Glauben an klimatische Varietäten bekennen, in den Sinn gekommen, das Gegentheil behaupten zu wollen; und eben darin, daſs eine solche Behauptung gegen die Erfahrung streiten würde, gerade darin liegt ja mit der Hauptgrund, warum die Wenigen, welche etwa noch nach der entgegengesetzten Weise verfahren und die klimatischen Abänderungen als Arten betrachten wollen, als dem falschem Wege folgend anzusehen sind. Was man nicht begränzen kann, das soll man doch auch nicht trennen! Was durch stetes und allseitiges Ineinanderflieſsen seinen innigen, ununterbrochenen Zusammenhang beurkundet, das sollte man nicht naturwidrig absondern wollen. — Zieht man endlich, auſser diesen steten und allmähligen Übergängen, welche selbst die entferntesten Extreme verknüpfen, auch noch die mannichfaltigen Kreuzungen in Betracht, welche wir bei solchen Abänderungen wahrnehmen, und welche so oft zwischen zwei, durch Mittelstufen auf das Engste verbundene Extreme von einer Art wieder noch ein drittes und viertes Extrem von anderer Art, ebenfalls nach allen Abständen, und oft fast unabhängig, in die Mitte stellen; so wird man zugeben müssen, daſs bei einzelnen Thier-Arten eine dergleichen Aufstellung neuer Species in der That kaum ein Ende nehmen könnte. Eine einzige bisherige Art würde hierdurch — (ganz abgesehen von allen wirklichen und eingebildeten, wahren und scheinbaren, standhaften und wandelbaren Schädelverschiedenheiten —!) dann häufig in mehr als ein Dutzend zerfallen, [z. B. der Gartenröthling.]

§. 3.

Einfluſs des hohen Alters und gewisser äuſserer, mechanischer und chemischer Einwirkungen, welcher durch das Klima verstärkt wird.

Bevor wir jedoch die specielle Betrachtung über das Variiren der verschiedenen einzelnen Farben beginnen, um aus den Erfahrungen hierüber allgemeine Schlüsse zu ziehen; so wird es nöthig sein, vorläufig auch noch auf einige andere Punkte von Wichtigkeit im Allgemeinen hinzuweisen. Diese sind: höheres Alter der Individuen, immer stärkeres Abreiben der Federn bei zunehmender Hitze, und vermehrtes Ausbleichen der Farben durch den brennenderen Schein der Sonne in wärmeren Ländern.

Ein höheres Lebensalter macht bekanntlich schon bei uns die, die Farben erzeugenden oder verbreitenden Hautorgane der warmblütigen Geschöpfe, der Vögel und Säugethiere, durchgängig zu einer höheren Ausbildung derselben fähig; und es bleibt unbestreitbar, daſs diese Regel vielleicht unter die wenigen gehört, welche ohne Ausnahme dastehen. (*) Daſs aber dasselbe auch noch eher unter einem entweder südlicheren, oder durch andere Umstände wärmeren Klima, und zwar in Folge desselben auch in höherem Maaſse geschieht, dieſs liegt namentlich bei den Vögeln in Folge so vieler, der

(*) Mögen die Physiker und Physiologen sich hierbei bedeuten lassen, daſs noch nicht einmal der Ausdruck: sehr hohes und höchstes Alter, viel weniger das Wort: höheres Alter, ornithologisch die Bedeutung haben, wie anthropologisch der Ausdruck: Greisenalter. Dieser letztere Terminus fehlt bei uns, weil wir an Vögeln eigentlich den Gegenstand nicht haben: indem bei ihnen die steigende Entwickelung der Farben bis ins höchste Alter fortgeht. Es giebt daher entweder im freien Zustande überhaupt gar keine gewöhnl. sogenannte Greise unter den Vögeln; oder, wenn einige mit den Jahren einer Seits, durch eintretende Unfähigkeit zur sexuellen Reproduction, den geschwächten Character von Greisen annehmen, so treten sie anderer Seits, nämlich in individuell-reproductiver Hinsicht, sogar gerade in das entgegengesetzte Verhältniſs erhöhter Lebensthätigkeit. Doch gilt selbst diese Erfahrung nur ausschlieſslich von Weibchen; die Männchen nehmen, so viel man bis jetzt weiſs, niemals eine, auch nur theilweise, greisenartige Mangelhaftigkeit an. Bei vielen Arten nämlich, wo die Geschlechter verschieden aussehen, erhalten die Weibchen, wenn nach vieljährig fortgesetzter Fortpflanzung ihr Eierstock endlich völlig leer und somit jeder Erfolg geschlechtlicher Verrichtungen unmöglich geworden ist, allmählig nicht bloſs die schönere, oft ganz verschiedene Färbung und Zeichnung der Männchen, sondern auch deren etwanige sonstige Auszeichnungen jeder Art, ihre Feder-Zierrathen, längere Schweife, Kämme, Sporen und dergl.; und je älter sie nunmehr noch werden, desto höher steigt diese, früher ruhende und gewiſs nicht greisenhafte Seite der Reproductionskraft, welche nun überhaupt ganz nach Einer Richtung concentrirt ist.

neuesten Zeit angehöriger Beobachtungen klar am Tage; denn
es kann nicht einen Augenblick geläugnet werden, daſs hierbei
auch in wärmeren Gegenden noch der allgemeinen Luftbeschaffenheit wieder das höhere Alter des einzelnen Individuums wesentlich zu Hülfe kommt. Die Physiologen mögen uns einst das
Wie und Warum vollständig, durch chemische oder dynamische,
Zersetzungs- oder Stimulationsprozesse, oder durch beide zugleich,
zu erklären suchen; wir Zoologen brauchen uns zum Zwecke der
Ornithologie einstweilen nur an die Menge vorliegender, unbe-
streitbarer Thatsachen zu halten. Eine Anzahl, die wahrhaftig
mehr als hinreichende Beweise für die Richtigkeit einer Behauptung liefert, welche sich ja sogar bei dem Herrn der Schöpfung
selbst bekräftigt! Denn, wem in der Welt würde es z. B. einfallen,
die Ursache des weit früheren Eintrittes der Pubertät bei beiden
Geschlechtern geistiger Wesen unter wärmeren Klimaten anderswo,
als eben in dem Klima, zu suchen? Ist es denn also etwas so
Wunderliches, wenn wir gleichfalls bei den Vögeln etwas bemerken, was, wenn auch hier in erhöhtem Maaſsstabe durchgeführt, doch an sich ganz eben dasselbe ist? — Indeſs, wir werden später wieder noch hierauf zurückkommen müssen.

Ferner hat schon längst namentlich Hr. Temminck oben-
hin darauf aufmerksam gemacht: daſs hinsichtlich der Vögel die
Einwirkung der südlichen Klimate eines Theils eine organische sei, wie die so eben erwähnte; und daſs sie, anderen
Theils, auch eine mittelbar-mechanische werde. Mittelbar
und mechanisch erscheint sie insofern: als die gröſsere Hitze die
Federhärte austrocknet, sie früher der Säfte beraubt, sie dadurch
spröder und brüchiger macht, und somit bewirkt, daſs sie der
Vogel bei seinen Bewegungen viel leichter und stärker an einander selbst und an anderen Gegenständen abreibt; wodurch dann
ein Theil der Feder zum Vorscheine kommt, welcher im entgegengesetzten Falle mehr oder weniger bedeckt bleibt, und welcher
sehr häufig eine Farbe hat, wesentlich verschieden von der des
Endtheiles. Indeſs hat Hr. T. damit nur zuerst auf einen ganz
gewöhnlichen Vorgang aufmerksam gemacht, den wir allenthalben
wahrnehmen können. Nicht minder hat so Hr. Leisler und
Nilſson (auch schon Hr. F. Boie) überhaupt, der zweite ins

Besondere aber beim Schneeammer, der erste beim Buchfinken und vielen anderen Vögeln, ganz dasselbe sogar blofs im Gegensatze der kälteren Jahreszeit gegen die wärmere unter einerlei Himmelsstriche gezeigt. Es darf also wohl Niemanden füglich in Verwunderung setzen, wenn diefs unter verschiedenen Himmelsstrichen verschieden, unter den südlicheren aber weit auffallender ist: wenn so hier alle die tiefer sitzenden schöneren Farben mancher Vögel viel reiner hervortreten, und wenn dagegen namentlich das Jugendgefieder mancher Raubvögel, welche diefs besonders lange tragen, zum Theile eine ans Erstaunliche gränzende Veränderung, eine wahre Zerstörung, erleidet, ehe der Wechsel des Ganzen vollendet wird. [So habe ich unter andern junge Königsadler aus Südafrika gesehen, bei welchen die Schäfte am kleinen Gefieder zolllang, an den Hinterschwingen und an den hintersten grofsen Flügeldeckfedern aber auf 2 — 3" Länge, ganz von den Fahnen entblöfst, stachelartig dastanden, so: dafs unter andern bei manchen die weifsen und weifsgefleckten Schulterfedern bis nahe an die Wurzel recht eigentlich vernichtet waren, und dafs man die Überbleibsel dieser, ehedem dagewesenen Zierde selbst durch genaues Suchen noch kaum aufzufinden vermochte.]

Aber auch das Ausbleichen der Farben durch die Sonne, im Süden gewöhnlich mit dem Austrocknen der Säfte durch eine an Feuchtigkeit arme Luft verbunden, trägt ebenfalls wesentlich dazu bei, ein anderes Ansehen des Gefieders hervorzubringen. Diefs ist ganz besonders kurz vor der Mauser der Fall. Die Feder steht dann eine Zeit lang fast gar nicht mehr (ja, vielleicht noch viel weniger, als etwa das Laub der nicht immer-grünen Bäume) in organischem Zusammenhange mit dem Leibe des Vogels. Gleichsam eine Pflanze auf dem Thierkörper, ist sie nun, indem sie keinen Zuflufs von färbenden und erhaltenden Säften mehr geniefst, endlich zu einem Gebilde geworden, dessen vegetatives Leben längst gänzlich geendet hat. Sie hält daher, abgesehen von aller der zuletzt erwähnten mechanischen Beschädigung, nunmehr bei starker Einwirkung des Lichtes die Farben auch chemisch nicht fester, als ein Kunstproduct, welchem dieselben nur technisch beigebracht

organisch aber fremd geblieben sind. (*) Es ergiebt sich aber
bei einigem Nachdenken über physikalische Gesetze von selbst:
daß das Ausbleichen unter südlichen und heißen Himmelsstrichen, wo die Sonnenlichtstrahlen unter einem viel senk-
rechteren Einfallswinkel und bei einer nicht selten monatelang
ununterbrochen heiteren Atmosphäre weit kräftiger wirken, ebenfalls stärker sein müsse, als bei uns, wo sich der Fall umkehrt.
Dort kann mit manchem Vogel kurz vor der Mauser bloß
hierdurch eine so außerordentliche Veränderung vorgehen, daß
es selbst einem geübten Ornithologen gar nicht zu verdenken ist,
wenn er, in den Besitz bloß zweier oder weniger, zur Zeit nicht
im Federwechsel begriffener Exemplare gesetzt, einen solchen
verbleichten Vogel für specifisch verschieden von einem anderen
derselben Art hält, welcher sich eben gemausert hat; besonders,
wenn etwa noch eine bedeutende geschlechtliche oder individuelle Verschiedenheit hinzukömmt. [Als Beispiel hiervon verdient vor vielen der gemeine Mäusebussard aus Africa genannt
zu werden. An ihm bleicht häufigst ein nur etwas mattes, nur
wenig ins Bräunliche spielendes, also fast reines Schwarz zuletzt
in ein ganz lichtes, fahles Hellbraun aus, so, daß der Abstich
beider Farben neben einander an einem gerade mausernden Exemplare in der That wunderbar großs ist: ohne Vergleich größer,
als je bei uns.] Ferner liefert das Jugendkleid sehr vieler, ja der
meisten Vogelspecies nicht minder überzeugende Belege dafür.
So kurz auch der Zeitraum zu sein pflegt, welcher für die Dauer
und Beibehaltung desselben bestimmt ist, da sie (mit Ausnahme
der jungen Raubvögel) beinahe alle das erste Jugendgewand schnell

---

(*) So läßt es sich erklären, warum die ganz spät im Winter mausernden Schwalben
und Segler uns zum Herbste alle in einem Kleide verlassen, welches sich, gegen sein Ansehen
im Frühlinge, durch das Ausbleichen nur unbedeutend verschlechtert hat, obgleich sie beinahe
fortwährend der Sonne ausgesetzt sind. Ihr Gefieder steht, da es erst gegen den Februar ge-
wechselt wird, die ganze wärmere Jahreszeit hindurch noch fest; und somit erhält es noch
färbende und nährende Säfte genug, um ohne bemerkbaren Nachtheil dem Einflusse des Lichtes
widerstehen zu können. Bei manchen Schwalben muß allerdings auch zunächst der Umstand
nicht übersehen werden, daß sie ein glänzendes Gefieder besitzen, bei welchem eben der Glanz
selbst stets eine mittelbare Ursache seiner Dauerhaftigkeit ist: indem ein hoher Grad von Dichtheit und Festigkeit der Textur erfordert wird, um die zur Hervorbringung des Lichtreflexes
nöthige Glätte hervorzubringen. Aber diese Glätte und Festigkeit der Federn findet sich doch
nicht bei allen Schwalben-Arten; wohl aber besitzen alle, so lange sie bei uns verweilen,
jene Dauerhaftigkeit der Farben ganz entschieden.

ablegen; so reicht derselbe, weil an ihm noch eine vorzüglich
weiche und zarte Structur der Federn hinzukömmt, doch in
wärmeren und heifsen Gegenden schon hin, um einen ungewöhnlichen Grad des Verbleichens zuzulassen. [Mehrere lerchen-
artige oder lerchenähnlich-gefärbte Vögel sehen dann nach ein
Paar Wochen so licht aus, dafs man sich leicht versucht fühlen
kann, sie so, in ihrer unter solchen Umständen ganz gewöhnlichen Erscheinung als jugendliche Wesen, im Gegentheile für
solche zu halten, welche, der Regel entgegen, ins Isabellfarbige
ausgeartet seien. Offenbar verschwindet besonders hier ein Theil
des dunklen bräunlichen Farbestoffes durch die ausziehende Kraft
der Luft, während eine nach Verhältnifs weit gröfsere Menge
des röthlichen Pigments, welches überhaupt meistens noch klimatisch an Masse zugenommen hat, daran haften bleibt.]

§. 4.
Mittelbarer Einflufs der Gestalt und Textur der Federn.

Anderer Seits verdient nun auch angemerkt zu werden, dafs
die theilweise Farbenstätigkeit, sogar des vollendeten Gefieders, ebenfalls mit von seiner theilweisen Bildung abhängig erscheint; ebenso, wie seine materielle Dauerhaftigkeit
in vielen Fällen (*) damit zusammenhängt. [An der gemeinen
Krähe sind diejenigen Federn, namentlich des Kopfes und Halses,
welche immer schwarz, oder mindestens immer mit die dunkelsten
bleiben, von sichtlich anderer Bildung, als die, welche bei der
Färbung des Vogels als Nebelkrähe grau werden. Daher die, an
ihr gewöhnlich so scharfe Abschneidung der Farben. Nicht minder kann man an der Dohle in ihrer gewöhnlichen graulichen
und grauschwarzen Färbung, welche sie bei uns trägt, dem Baue,
der Farbennüançe und dem Glanze nach diejenigen Gefiederstellen
unterscheiden und nach ihrem Umfange bestimmen, welche bei
der ostasiatischen einer Seits weifslich oder glänzendweifs, anderer Seits schwarz werden.]

(*) Unter welchen so eben der mit den Schwalben und Seglern namhaft gemacht wurde.

§. 5.

Abänderungsweise der einzelnen, einer Abänderung durch das Klima unterworfenen Farben.

Hiernach wollen wir zu der speciellen Betrachtung der Farben, insofern sie klimatischen Veränderungen unterworfen sind, im Einzelnen übergehen. — Jedoch soll hier nur eine ganz allgemeine Übersicht bezweckt werden. Das Genauere ist immer, unter der betreffenden Rubrik bei den als Beispiele genannten Arten, in dem versprochenen Handbuche der Nat.-Gesch. der Vögel Europa's nachzusehen: indem einer Seits, wegen des Inanderfliefsens der zu rubricirenden Farben selbst, ein ganz genaues Rubriciren entweder überhaupt nicht gut, oder doch nicht ohne zu grofse Weitläufigkeit möglich ist; anderer Seits aber, weil mancher Vogel unter gar zu viele dieser verschiedenen Farben-Rubriken zugleich gesetzt werden müfste.

a) Das Schwarze und Braunschwarze.

Die erstere Farbe ist in ihrer vollendeten Ausbildung zum reinen Dunkelschwarz, also als äufserster Gegensatz des Hellen, als stärkstes Absorbens der Lichtstrahlen, natürlich einer intensiven Steigerung nicht mehr fähig.

Bei fast allen Graden minderer Intensität aber, die übrigens auch in die verwandten Nüançen von Grau, Schieferfarbe und Braun hinüberspielen können, pflegt es unter wärmeren Himmelsstrichen einer Seits tiefer zu werden; und anderer Seits pflegt es, bei unbestimmter Abgränzung von helleren Farben, namentlich neben Weifsgrau, Grauweifs u. dergl., sich mit bestimmteren Gränzen von diesen abzuschneiden und in schärferen Gegensatz gegen sie zu treten. [So bei der Dohle, dem schwarzkehligen Wiesenschmätzer, auf den Flügeln der Röthlinge, bei der weifsen Bachstelze. Entfernter scheint auch die Blaumeise hierher zu gehören.] (*)

In vielen Fällen dehnt es sich aus gleicher Ursache zugleich weiter aus; und zwar, je dunkler schon ursprünglich, desto wei-

---

(*) Wenn hin und wieder in dieser Beziehung ein Zweifel ausgedrückt erscheint, so liegt die Ursache in der Unzulänglichkeit der bisherigen Erfahrungen: die noch nicht so weit reichen, um in allen berührten Fällen zu unterscheiden, ob eine hier besprochene Erscheinung sich zu einer wirkl. klimatischen gestalten möge, oder ob sie mehr in Eigenheiten der Individuen ihren Grund habe.

ter strebt es in seinem neu-gewonnenen Raume. [Z. B. am Kopfe des Geieradlers, Hühnerhabichts und Nußhähers, bei der gemeinen und Dohlenkrähe, zuweilen auf dem Rücken des Ohren-Steinschmätzers, bei den Röthlingen, am Kopfe der Mönchsgrasmücke, der gelben und bei der weißen Bachstelze, auf dem Rücken des männlichen Rohrammers und Haussperlings, an der Kehle des letzteren, auf den Flügeln des ersteren, am Kopfe des Erlenzeisigs, der Sumpfmeise.] (*)

Es muß jedoch theilweise auch weichen: in mancherlei Fällen, wo es am Ende der Federn steht und hier von einer sich ausbreitenden hellen Wurzelfarbe oder dergl. verdrängt wird. Diese kann übrigens für gewöhnlich sogar in sehr beschränkter Ausdehnung, oder in einer bloßen Spur, vorhanden gewesen sein. Doch wird das Schwarze hierbei zugleich immer dunkler, so lange es einer solchen Veränderung noch fähig, oder wenn es überhaupt noch nicht ursprünglich reines Schwarz ist. [Beispiele liefern die Schwänze des rothköpfigen Würgers, der Steinschmätzer-Arten und des schwarzkehligen Wiesenschmätzers, die Flügel der Röthlinge und der weißen Bachstelze, der Schwanz des Erlenzeisigs, mehrerer Grasmücken, Lerchen, anscheinend der des Wiedehopfes und der Felstaube.]

Umgekehrt nimmt es, ebenfalls gleich den nächst folgenden verwandten Nüançen, Schwarzbraun, Schwarzgrau und Braun, unter kalten, nördlichen oder hoch-östlichen Klimaten an solchen Geschöpfen, welche der Regel nach Standvögel bleiben, theils im Umfange, theils in der Intensität, theils in beiden zugleich ab. Diese Neigung zeigt sich vornehmlich dann, wenn helle oder gar weißliche Farben unmittelbar anstoßen. [Dergl. widerfährt dem Jagdfalken, dem Hühnerhabichte, dem Mäusebussarde, der Schneeeule, dem Uhu, (dem Kolkraben?), der gemeinen Krähe am obischen Meerbusen, und in gewissen Gegenden dem Wasserschwätzer.]

(*) Dieß Alles kann jedoch, wie bereits oben im Allgemeinen erwähnt wurde und hier nochmals in Bezug auf fast sämtliche sogenannte südliche Klimas-Varietäten ausdrücklich wiederholt wird, — im höheren Alter auch bei uns schon an denselben Vogelarten, wie dort, Statt finden; und bereits reichen die bisherigen Erfahrungen so weit, um schon jetzt diese Behauptung bei fast allen ohne Ausnahme mit besonderen Beispielen belegen zu können.

Nur im Süden verringert zuweilen eine entgegengesetzte Ursache seine Erstreckung; dann nämlich, wenn eine ungewöhnlich wuchernde benachbarte Farbe, mit Gewalt sich ausbreitend, es zu verdrängen sucht. [Dieß gelingt dem Rostroth bei dem Halsseitenstreife des rothköpfigen Würgers, am Bauche des Wasserschwätzers.]

b) Das Grau und Graubraun etc.

Das Graue erscheint weniger veränderlich, so lange es in einer anscheinend reinen Mischung, aus gleich-gemengten Theilen von höchstens gleichviel Schwarz und Weiß, auftritt. Desto mehr aber finden Veränderungen Statt, sobald es entweder mit anderen Farben, namentlich mit Rostroth und Graublau oder Schieferfarbe, in Verbindung tritt; oder, wenn jenes Mischungsverhältniß auf einer anderen Grad-Eintheilung beruht, so daß eine von beiden Grundfarben zu stark vorherrscht; oder endlich, wenn die Mischung eine so unvollkommene geblieben ist, daß sie mehr ein bloßer Aggregatszustand, als der Zustand wahrer und inniger, gegenseitiger chemischer Durchdringung, zu sein scheint. [Es ist hierunter ein solches Verbindungsverhältniß zu verstehen, wie etwa bei der gemeinen Krähe in ihrer aschgrauen Hauptfärbung, und bei den blaugrauen Theilen der Röthlinge, auf dem Kopfe der gelben und bei der weißen Bachstelze, beim Wasserschwätzer: wo das schwarze Ingrediens so ungleich vertheilt erscheint, daß man, besonders an manchen Exemplaren, ein innerlich unvollkommen amalgamirtes Residuum gleichsam äußerlich, schon mit bloßen Augen, als einen schwärzlichen Staub aufgestreut liegen zu sehen glaubt.] (*) Solche Mischungsverhältnisse nun sind

---

(*) Um sich die Ungleichheit von dergleichen Mischungen selbst an solchen Arten recht augenscheinlich zu machen, an denen sie noch am wenigsten auffällt, weil sie nicht gerade so deutlich ist, wie an vielen anderen; so halte man Vögel von einer jener Arten neben Individuen solcher Species, die ähnlich zusammengesetzte Farben von gleichartiger, feiner Mischung tragen, z. B. neben ein Männchen der Kornweihe, neben den Kehlfleck eines rothbäuchigen Steißfußes. Der Unterschied wird dann sehr bemerklich werden. Es verdient ausdrückliche Erwähnung, daß solche gleichartig-gemischte Farben, wenn sie zumal recht hell sind, sich entweder gar nicht auffallend zu verdunkeln pflegen, und bei vielen Arten nie einen Hang zum eigentlichen Verschwärzen zu haben scheinen; oder, daß sie ihn bei solchen Arten, wo er ihnen nicht fehlt, nur hauptsächlich in dem dunkleren Jugendkleide, und weit minder oder seltener im ausgefärbten, besitzen müssen. Beispiele sind, für das Eine oder für das Andere: der Zwergfalke, der Sperber, der große Würger, die Mönchsgrasmücke, die Grasmücken überhaupt etc.

es, welche sich an wärmeren Orten vorzugsweise zum Verdunkeln hinneigen, bis sie bei manchen Vögeln endlich fast, oder
ganz, ins Schwarze übergehen. Diese letztere Veränderung nun
tritt um so gewisser ein, wenn irgendwo an dem Vogel bereits
ein reines Schwarz vorhanden ist, wäre es auch nur an den Fe-
derschäften; auch geht sie zu Anfange immer von diesen schon
ursprünglich schwarzen Stellen des Gefieders aus, und ist, so
lange sie noch keine vollkommene geworden ist, an seinen Gränzen immer am stärksten, bis sie zuletzt alle Mittelstufen zum
vollendeten Schwarz durchlaufen hat. [Als Belege hierzu dienen, außer den bereits genannten, mehr oder minder entschieden
der Hühnerhabicht, der Sperber, Zwergfalke, die Dohle, die (alte?)
Wachholderdrossel.]

Das mäßig helle Graubraun verdunkelt sich [z. B. beim
Baumläufer, an dem es auch schon für gewöhnlich zunächst um
die helle Federmitte herum immer dunkler ist, recht sichtlich.]

Umgekehrt wird öfters ein recht helles, ins Weißgraue oder
theilweise ins Weiße übergehendes Grau unter denselben klimatischen Einwirkungen noch lichter, ja mitunter reinweiß: in den
Fällen nämlich, wenn eine ähnliche, aber dunklere oder gar grau-
schwärzliche Farbe an der Wurzel der Federn steht. Diese wird
nun tiefer: indem sie bald die meisten, bald alle diejenigen schwärzlichen Farbentheilchen, welche sonst in das Weißgraue oder Grau-
weiße des Endtheiles der Feder mit hinüberschwimmen und diesen färben, an sich zu ziehen scheint; wodurch letzterer natürlich immer heller, und am Ende ganz farblos wird. (*) [Man

(*) Wie viel hierbei von dem Einflusse eines erhöhten Temperaturverhältnisses
abhängt, dieß zeigen manche unserer doppelt mausernden Zugvögel: vor andern besonders die
weiße, minder die gelbe Bachstelze. Bekanntlich mausern sie einmal das ganze Gefieder,
im Herbstesanfange, bei uns; und einmal das kleine, gegen das Ende des Winters, in wärmeren
Ländern. Doch gehen ihnen auch fast immer, entweder mit hierbei, oder durch Zufall, ein Theil
der großen Flügeldeckfedern und eine oder einige der hintersten Schwungfedern verloren, und
müssen demnach ebenfalls durch neue ersetzt werden. Diese neuen nun zeigen bei der weißen
besonders ganz den Character der südlichen Abänderung, der um so bemerkbarer wird, weil
das noch ganz frische, eben hervorgekommene Weiß an ihnen bereits viel heller ist, als das
unterdeß schon wieder verblichene Weißgrau oder Grauweiß der ein halbes Jahr älteren stehen gebliebenen Federn, welche inzwischen durch Sonnenschein und Abnutzen gelitten haben,
angezogen und beschrieben sind. Bei ihrer gelben Verwandten ist dasselbe nicht so deutlich.
Aber diese hat in manchen Ländern während der heißeren Jahreszeit sehr häufig, während
der kühleren nie, einen schwarz-gefleckten oder gar schwarzen Oberkopf; obgleich der Unterschied in der Färbung des Kopfes bei uns nach der Jahreszeit gar nicht auffallend verschieden

findet die Erscheinung schwach an dem grauen Kopfe des männlichen rothrückigen Würgers, entschieden an mehreren Theilen der Dohle, an der Stirn und den hinteren Schwungfedern der Röthlinge, (vielleicht beim Gartenlaubvogel?), an den Flügeln der weißen Bachstelze, an den Seitenschwanzfedern mehrerer Grasmücken, am Schwanze der Felstaube.]

Wenn tief- oder hellbräunliche Flecke, mondförmige Striche, Bogen u. dergl., welche auf weißen oder hell gefärbten Theilen stehen, die Neigung haben, im höheren Alter abzunehmen, und am Ende ganz verschwinden; so geschieht dasselbe unter heißeren Himmelsregionen schon früher, und folglich viel häufiger, als hier bei uns; [z. B. beim Fischadler, beim Weibchen des rothrückigen Würgers. Aber auch der Wiesen-, Wasser- und Brachpieper gehören unter diese Categorie, und vielleicht noch mancher andere Vogel.]

Im Norden wird dagegen das Grau und Graubraun in gewissen Fällen deßwegen heller, weil die strengere Kälte durch mehrfache Einwirkung die Kraft der farbenerzeugenden Organe schwächt; oder es wird vermindert, und ein, dasselbe verdrängendes Weiß tritt an seine Stelle: letzteres aus demselben Grunde, aber beides nur bei solchen Vögeln, welche entweder überhaupt, oder im höheren Alter, wann sie diese Veränderung erleiden, oder gerade in der Region, sämmtlich oder mit nur einzelnen Ausnahmen Standvögel sind. [So bei der gemeinen Krähe am nördlichen Laufe und Busen des Obi, beim Hühnerhabichte, Jagdfalken, Mäusebussarde, in gewissem Grade beim Uhu, bei der Schneeeule.]

Selten, aber doch mitunter, kommt das Überzogenwerden einer ähnlichen dunklen Farbe durch benachbartes Weiß von oben her vor, zumal, wenn dieses schon in kleinen Federspitzchen dazusein pflegte; [wie beim Wasserschwätzer.] — Im entgegengesetzten Falle, und aus entgegengesetzter Ursache, kann das Entgegengesetzte geschehen; [bei ebendemselben.]

ist. — Der Wiesenpieper bekommt die rothe Kehle überall nur im Sommer. Ein Gleiches muß ich von der (freilich nur in mäßiger Zahl so vorkommenden) Wachtel annehmen, welche ich nie im Herbste mit rother und rothbrauner Kehle gefunden und auch dieses Frühjahr nicht unter den zuerst angekommenen, sondern erst unter den später eingetroffenen und später gefangenen, die offenbar unter einem tiefer-südlichen Klima überwintert hatten, gesehen, obgleich ich über hundert verglichen habe. Darüber noch Einiges weiter unten.

(Über die Veränderung des mäßig gesättigten, mit einer Mischung von Rostgelb und Rostroth versehenen Grau s. d. Rubrik der Rostfarben.)

c) Das Weiſse

wird also, wie die vorhergehenden Rubriken zeigen, unter wärmeren Himmelsstrichen oft, und zwar entweder aus Grauweiſs, Weiſsgrau oder Hellgrau u. dergl. neben verwandten dunkleren Farben, erst erzeugt; oder es breitet sich, wenn es schon vorhanden war, in dem Falle gern weiter aus, wenn es die Wurzeln der Federn an den vorderen Extremitäten und am hinteren Ende des Leibes einnimmt. [Eine Anzahl der zum Beweisen dienenden Arten ist dabei genannt.] — Ist aber ein solches Weiſs einmal vorhanden, sei es auch immerhin erst durch eine dergl. Veränderung erzeugt; so verdrängt es oft auf einen ganz ansehnlichen Raum die dunkleren Nachbarfarben; [wie meist dieselben Vögel zeigen. Nirgends kann dieſs vollendeter sein, als bei den Röthlingen und der weiſsen Bachstelze an den Flügeln.] — Doch kann es sich dort mitunter auch gleichsam aus anderen angränzenden Farben reiner und extensiver entwickeln; [z. B. neben dem Roth- und Rostbraunen am Kopfe des Haussperlings und rothköpfigen Würgers.]

Unter kälteren Himmelsstrichen nimmt es, (wie ebend. gezeigt wurde,) oft an allen Federn zu, wenn es an der Wurzel dieser als Regelfarbe vorhanden ist; und es entsteht, nicht ohne zurückbleibende Beimengung von Grau, wenn es aus diesem als allgemeiner Farbe hervorgeht. [Ebenfalls schon mit Beispielen belegt.] — Doch haben wir gesehen, daſs es sich zuweilen auch von oben her, von den Federenden und von benachbarten Theilen aus, usurpatorisch verbreiten kann.

d) Die verschiedenartigen Rostfarben

nun, dieſs sind diejenigen: welche in wärmeren Klimaten mit oder nächst den zum Verschwärzen geeigneten, in höherem Grade und regelmäſsiger, (d. i. häufiger,) als alle die übrigen, und nach allen Richtungen hin abändern, und welche hierdurch eben so sehr an Intensität, wie an Extensität gewinnen.

Eine hohe und mäſsig gesättigte, bräunliche, ganz allgemein (d. h. bei allen Exemplaren der Species) vorhandene, aber in bestimmte Gränzen verwiesene Rostfarbe wird dann stufenweise zum wirklichen, oft recht tiefen Rost- oder Rothbraun; [z.B. am Bauche des schwarzkehligen Wiesenschmätzers, des Gartenröthlings, des Gartenammers, beim Baumläufer, auf den hinteren Flügelfedern der Turteltaube.] — Schon bei einer, im Ganzen nicht einmal so dunklen Beschaffenheit derselben widerfährt das nämliche manchen sehr im Freien lebenden, daher vor andern einer beständigen Wärme ausgesetzten Arten; [wie der Rauchschwalbe.]

Etwas Ähnliches wird nach mannichfachen, gewöhnlich aber in minderen Graden bei solchen Vögeln bemerkt, wo diese Farben entweder nicht immer stark ausgeprägt, sondern mehr angedeutet erscheinen; oder wo sie doch nicht auf einem so grofsen, oder auf einem nicht so bestimmt abgezeichneten Raume vorgefunden werden. Sie überziehen dann, bald mehr, bald weniger verdunkelt, einen gröfseren; und hierbei verdrängen sie denn manche andre Farben sehr merklich, ja nicht selten ganz. Ihre entschiedene Kraft und Neigung, so ungewöhnlich stark um sich zu greifen, zeigt sich besonders darin: dafs sie mehr, als alle andre, von der Spitze her, nicht blofs vom Grunde (also der Quelle der Färbungsorgane) aus, zu wuchern und ihre Gränzen auf Kosten der benachbarten zu erweitern vermögen; während diefs von den übrigen Farben nur gerade diejenigen am besten zu thun im Stande sind, welche die Wurzel, nicht die Endgegend, der Federn einnehmen. [Unter diese Categorie gehören, was namentlich das Verdrängen anderer Farben durch jene betrifft, besonders der männliche Sperber, der Mäusebussard, der rothköpfige und der weibliche rothrückige Würger, der Wasserschwätzer, der männliche Haussperling, ganz besonders der einjährige oder überhaupt jüngere Kuckuk, und höchst wahrscheinlich auch zum Öftern der junge Jagdfalke.]

Bisweilen kann, an einer oder der andren Stelle, ein ziemlich sattes Rostbraun aus blofsem Rostgelb, aus blofsem rostgelbem Federgrunde bei silberweifser Hauptfarbe, oder, wenn ein sich verdunkelndes Rostbraun in der Nähe steht, sogar aus fast reinem Schwefelgelb entstehen. [So jenes beim Wiesenpieper im Sommer, das zweite beim blaukehligen Erdsänger, und dieses beim Gartenammer.]

Immer noch merklich, jedoch schon minder auffallend, bleibt
die Erscheinung dann: wenn nur an einzelnen Theilen, wo ein
roströthlicher oder rostgelblicher Anflug und Schimmer, (der vielleicht öfters selbst erst ein nachgekommenes, klimatisches Erzeug-
niſs sein kann,) die Grundfarbe bloſs trübt, — diese alsdann in
wärmeren Gegenden mehr, als in kälteren, von jenem verdeckt
wird; oder, wenn rostgelbliche Farben sich nur verdunkeln; wenn
ächt lerchenähnliche Colorite, die nie ohne Beimischung von
Rostgelb sind, nur etwas gelber werden; und wenn endlich die
Rostfarbe ursprünglich zwar nicht schwach gegeben, aber entweder mit anderen, minder zum Variiren geneigten Farben gleichar-
tig-gemischt erscheint, oder, wenn das Vaterland des Vogels nur
eine sehr mäſsige Ausdehnung nach der geographischen Breite hat
(was auch wohl beides neben einander Statt finden kann.)

[Der ersten von diesen sehr in einander flieſsenden, oft
vereinigten, daher schwer unter sich zu sondernden Bestimmungen gehören einzelne solche Fälle an: wie beim Kopfe des Thurmfalken, des Gartenammers, beim Seggen-Rohrsänger. Zur zweiten sind wieder die nämlichen Vögel zu rechnen; ferner theils
überhaupt, theils in manchen Kleidern (namentl. im jugendlichen)
noch viele andre, z. B. wahrscheinlich die kleine Ohreule, vielleicht alle unsere Würger, vielleicht schon die Wachholder- und
Weindrossel, manche Steinschmätzer, der Brachpieper, die Turteltaube und Wachtel. Die dritte findet Statt bei mehreren
Lerchen, bei lerchenartig-gefärbten Ammern oder Ammer- und
Finkenweibchen; so auch beim Birkenzeisige und gemeinen Reph-
huhne. Die vierte ist z. B. vom gemeinen Eisvogel entnommen,
und vielleicht auf den Zipammer anwendbar.]

Auch solche Färbungen, die eine Mischung aus ähnlichen
Stoffen und nach ähnlichen summarischen Verhältnissen voraussetzen, wie die lerchenartigen, dabei aber auf einer ganz anderen
gleichmäſsigen Grundeintheilung beruhen, lassen unter wärmeren
Klimaten eine Vermehrung der ihnen innewohnenden Rostfarbe
zu. [So zeigt das Steinkäuzchen hierin eine gar nicht unwesentliche Übereinstimmung mit der, als Lerche nur wenig bunten,
eintönig genug gefärbten Haubenlerche, vorzüglich im Jugendkleide.]

Selbst Stellen, welche rein- oder fast rein-weiß zu sein pflegen, werden nicht ganz selten von einem solchen ungewöhnlich überhand nehmenden rostgelben oder roströthlichen Anfluge und dergl. bald auffallend stark, bald weniger sichtlich, überzogen; [mit am stärksten der Bauch des Sperbermännchens.] — Von einer schwächeren Einwirkung der Art bleibt gleichfalls ein neu entstandenes Weiß, oder Trüb- und Gelblichweiß, nicht frei; am öftesten erleidet ein solches sie an Jugendkleidern (*). [Man vergleiche hierzu den rothköpfigen Würger und den schwarzkehligen Wiesenschmätzer.]

Von den eigentlich so zu nennenden Lerchenfarben muß noch gesagt werden: daß sie sich vorzugsweise dazu zu eignen scheinen, um ein klareres Hervortreten roströthlicher Grundfärbung auf einzelnen Stellen, z. B. am Kopfe, oben auf den Schwanzdeckfedern, am Flügelrande und Vorderhalse, zu begünstigen. [So röthen sich einer oder der andere dieser Theile unter südlicheren Breiten öfter und stärker, als bei uns, bald in mäßigem, bald sogar in hohem Grade —, bei der Feld-, Isabell- und Kalander-Lerche, und bei dem Grauammer.]

Dabei schließt denn übrigens das stärkere allgemeine Hervortreten des rostfarbigen Anfluges auf gewissen Totalfärbungen, wie solches unter wärmeren Klimaten nach der Mauser so häufig vorkömmt, doch keineswegs ein in gleichem Maaße erhöhtes Ausbleichen kurz vor derselben aus. Dieß hat die Folge, daß alsdann so manche Vögel aus unseren und aus jenen Gegenden einander doch meistens gleich sehen.

(*) Ein Umstand, welcher sich, sammt manchen analogen, sehr gut dadurch erklärt: daß die Erzeugung der Jungen in die wärmere, zum Theil fast in die wärmste Zeit des Jahres fällt. Auch kann wohl die höhere individuelle Prädisposition eines Vogels zum klimatischen Variiren, in Verhältniss gegen den andern von einerlei Art, dadurch entstehen: daß in keinem Jahre alle Vögel einer Art in gleicher und gleich warmer Zeit zur Welt kommen und erzogen werden. Einmal vorhanden, entwickelt sich eine solche Farbe dann später unter günstigen äußeren Verhältnissen immer kräftiger, und kann so eine auffallende Stufe erreichen. z. B:

Unsere jungen Mäusebussarde haben im Nestkleide am ganzen Vorderleibe gewöhnlich einen so starken rostgelben Anflug auf dem Weißen, Bänder der Art an der Schwanzwurzel, wie die älteren nur selten; und im Süden noch weit mehr. Während bei den unsrigen später die kalten Winter etc. diese Eigenschaft in der Regel wieder verwischen, und sie sich erst bei manchem recht alten mit den höheren Jahren, entweder in gleicher Art, oder selbst in lichter Rostfarbe, wieder erneuert; so vermag es in Afrika die weit größere Hitze recht bald, sie ohne Unterbrechung immerfort zu steigern, und so das Rostgelbe durch Rostroth hindurch bis auf Rostbraun, zuweilen sogar bis auf Rothbraun, hinaufzutreiben.

Hingegen scheint gerade eine gesättigte Rost- oder rostbraune Farbe weniger, als die mehrsten übrigen, dem Verbleichen
unterworfen. Diefs kann indefs leicht davon herrühren: dafs sie
sich sehr oft entweder allein, oder doch hauptsächlich, an der
von dem Leibe beschatteten Bauchseite befindet.

In wenigen Fällen, da nämlich, wo ein klares Schwarz theils
unter gleicher Eintheilung des Raumes auf einer Federseite oder
Fahne mit Roströthlich auf der andern zusammentrifft, theils jenes in lichteren Nüançen den Grund einnimmt, in manchen solcher
Fälle scheint, wenigstens dann, wenn bei ebendenselben Vögeln
auch das höhere Alter allgemein ebendasselbe zu bewirken pflegt,
auch ein bedeutender Theil des rostrothen Farbestoffes von dem
Schwarzen gleichsam mit angezogen und verschlungen zu werden.
Auf diese Weise findet denn nun bei einigen Vogelarten einmal der
umgekehrte Fall gegen sonst, aber ganz der nämliche wie bei
ihnen im höheren Alter, d. h. ein Blässerwerden der Rostfarbe
Statt. [So bei dem männlichen Rohrammer und Haussperlinge.
Dafür zieht sie sich aber an letzterem oft noch mit in die schwarze
Kehl- und Oberbrustfarbe hinüber, und zwar gleichfalls eben
so gut im hohen Alter (*), wie in südlichen Gegenden.]

So bemerkbar denn nun auch übrigens das in- und extensive
Zunehmen der Rostfarben im Süden, (im Gegensatze zu unserem
Vaterlande genommen,) immerhin sein mag; so scheint doch eben
ihre schon erwähnte, fast durchgängige Kräftigkeit sie im Allgemeinen häufig gegen eine Abnahme im höheren Norden ziemlich zu schützen. Doch gilt diese Regel nicht ohne Ausnahme.
[z. B. nicht vom jüngeren Kuckuke und Hühnerhabichte, nicht
von der grofsen Ohreule, auch offenbar nicht überall von dem
Waldkauze. — Dafür mangelt es indefs nicht ganz an anderen Fällen, welche wieder die ungewöhnliche Kräftigkeit dieser Farben
im Süden beweisen. Einmal vorhanden, pflegen sie nämlich
doch, auch wenn sie sonst höher nordwärts mit dem Alter verschwinden, dort (im Süden) nicht ab-, sondern noch zuzunehmen.

(*) Gerade so, wie ja im hohen Alter mit einem deutlichen Anstriche sogar das Brustroth
unserer Gimpelmännchen auf den Rücken, das Karmoisin der Flügel des Mauerläufers
auf den Scheitel, das brennende, scharlachähnliche Karminroth am Vorderkopfe des Stieg-
litzes auf die nächste trübweifse Stelle hinter den schwarzen Kopfseiten und an der Unter-
kehle, und das Blau am Vorderhalse des Blaukehlchens auf den Flügelrand übergeht.

[Hierher gehört der blaukehlige Sänger hinsichtl. seines bereits erwähnten lichteren Kehlflecks, der rothbraun werdende Kuckuk. (*)]

e) Die Rosen- und verwandten Farben. (**)

Sie neigen sich ganz ausnehmend viel weniger zu klimatischen Veränderungen hin, als die Farben der vorigen Rubrik:
am meisten noch dann, wenn sie mit jenen amalgamirt erscheinen; am allerwenigsten, wenn sie rein hervortreten.

[So ist es nicht besonders der Rede werth, dass die ganz
rein- und zart- hellrosenrothe Brust des männlichen schwarzstirnigen Würgers im Alter und unter einem wärmeren Klima etwas dunkler und schöner wird. Deutlicher geschieht diefs bei
dem Männchen der rothrückigen Art.]

Sobald sich aber das Rosenrothe mit Rostfarbe mischt, wäre
es auch nur mit einem leisen Anhauche derselben, und wäre auch
beides sogar in dieser Vereinigung noch schwach; so beginnt in
heifseren Gegenden auch sogleich wieder die wuchernde Zunahme der letzteren, (obwohl nicht stets allgemein, — nämlich
nicht bei allen Individuen:) und sie reifst nun die erstere ebenfalls mit fort. Ein Fall, wobei denn öfters ein tiefes, meist düsteres Rostweinroth oder etwas Ähnliches zum Vorscheine kommt.
[Beispiele liefern manche Exemplare des grofsen Würgers, und
viele Zaun- und fahle Grasmücken. (***)] — Es scheint sogar hinlänglich, dafs Rostroth oder Rothbraun anderswo an dem Vogel
vorhanden seien, um die Erscheinung sogleich zu verstärken; [denn
eben bei dem männlichen rothrückigen Würger ist sie schon sichtbarer, als bei dem Männchen des schwarzstirnigen.]

Manche der hellen und hohen unter den in diese Abtheilung
gehörigen Farben: — die, welche namentlich an Karminroth grän-

---

(*) Unter den Wasservögeln der gemeine Reiher hinsichtlich des Flügelrandes und der
Schienbeinfedern; in geringerem Grade sonst auch wohl die Turteltaube. S. unten.

(**) Anmerk. Ich bin der Meinung, dafs man, der bequemen Kürze wegen, unter den
allgemeinen Benennungen der Rostfarben und der Rosenfarben (pluraliter) wohl diejenigen Farben einander entgegensetzen könnte, welche die Römer in gleich getrenntem Sinne
unter rufus und ruber verstanden. Man mufs ja unter: Rose — nicht immer ausschliefslich
gerade nur die gemeine Gartenrose verstehen; ins Besondere mufs diefs der Naturforscher nicht.
Es giebt ja der Rosenarten so viele, dafs unter ihnen, summarisch, fast alle in die allgemeine
Categorie von ruber fallenden Farbennüançen gefunden werden!

(***) Diefs sind aber auch schon alle Landvögel unseres Vaterlandes von dieser Farbenmi-
schung, welche eine ausgedehntere Verbreitung von Süden nach Norden zu haben.

zen, und welche anerkannt die besondere Eigenthümlichkeit besitzen, erst in dem wärmsten Theile der wärmeren Jahreszeit
durch den (sonst die Farben der einmal ausgebildeten Feder zer-
störenden) Einfluſs des Sonnenlichtes entweder schöner, oder gar
überhaupt erst dann recht schön, rein und glänzend zu werden, —
solche Farben nun scheinen sich in wärmeren Gegenden noch
herrlicher und weiter, als bei uns, zu entwickeln, ohne daſs freilich der Unterschied gerade ein groſser wäre. [So beim gemeinen Hänflinge.]

Diesen nun ähneln ihrem Verhalten nach am meisten, und
wenn nicht immer, wenigstens oft

   f) die blauen Farben,

in soweit sie ebenfalls Glanz besitzen, [z. B. beim Blaukehlchen-
Sänger. An Männchen von diesem geht das schöne Blau des
Halses im höheren Alter schon bei uns, im Süden und Osten
aber wahrscheinlich häufiger, auf die kleinsten Deckfedern am
Flügelrande über; und die südlicheren, östlicheren und nördlicheren Weibchen haben im Allgemeinen öfter und gröſsere Spuren
von diesem Blau, als die unserigen.]

[Der Nuſshäher scheint unter wärmeren Himmelsstrichen ebenso, im Ganzen genommen, das Blaue, welches in schwach ange-
deuteten Flecken meistens auf den fünf letzten Schwingen der
ersten Ordnung steht, in gröſserer Menge und mit intensiver Erhöhung zu erhalten.]

Das oft beigemischte Grün muſs man für minder dauerhaft
halten, als das Blaue: da aus einer Mischung von beiden unter
der Einwirkung eines wärmeren Klimas ersteres sich weit mehr
verliert, und letzteres den Platz behauptet; [z. B. beim Eisvogel.]

Wo ein ziemlich hohes Blau sich mit Schwarz zu einer
gleichmäſsigen, feinen Mischung verbunden hat, da beginnt letzteres doch (ebenso, wie Rostroth bei der Mischung mit Rosenroth)
leicht vorzuwalten und so die gemengte Farbe zu verdunkeln,
bis sie sich dem Blauschwarzen nähert. [Den Beleg dafür liefert
die Blaumeise.] — Unter

   g) den grünen Farben

scheint das helle, etwas grauliche oder ins Olivenartige hinüber-
spielende Grün, wie es unter andern bei den meisten Laubvögeln

und Rohrsängern, bei mehreren Drosseln etc. vorkömmt, nur selten einer geringen Verschönerung durch erhöhte Wärme fähig; [z. B. beim Sumpfrohrsänger;] wofür es dabei auch wieder
stärker abbleicht.

Eher gilt Ersteres von einem schönen und hohen Hellgrün,
[wie das, welches bei der männlichen gelben Bachstelze den Rükken einnimmt.]

Dort, wo Grün als schwacher Anflug auf Grau und dergl.
erscheint, dort verschwindet es wegen seiner geringen Haltbarkeit leicht entweder ganz, oder doch zum gröfseren Theile; [z. B.
beim Gartenammer.]

h) Die rein- und grüngelben Farben
scheinen schon mehr Haltbarkeit, aber auch nur geringe Neigung
zur Verschönerung durch Einflufs erhöhter Wärme, zu besitzen. [In mäfsigem Grade beweist sich dieser Hang an der
männlichen, oft auch an der weiblichen gelben Bachstelze.]

Im Alter, und vielleicht auch immer nach Verschiedenheit
des Klimas, ziehen die sonst heller- und reiner-gelben Farben
mehr ins Grüngelbe; oder sie kommen durch Einwirkung des
letzteren mehr zum Vorscheine; [z. B. am Erlen-Zeisige und Grünhänflinge.] (*) —

Die nackten Theile,
der Schnabel und die Füfse nämlich, welche im Freien nach
Verschiedenheit der Arten mit dem Alter bald heller und höher gefärbt, bald verdunkelt, im eingeschränkten, von dem Zugange der Luft abgeschlossenen Zustande aber heller und mifsfärbiger werden, ändern in wärmeren Gegenden auf

---

(*) Berufenen Forschern auf dem Felde organischer und inorganischer Physik mag es überlassen bleiben, zu entscheiden, ob und wie vielleicht ins Besondere der Umstand zu würdigen
sei: dafs es gerade die vorzugsweise so genannten reinen, bei Zerlegung des weifsen Lichtstrahles durch das achromatische Glas- oder Krystallprisma im optischen Spectrum entstehenden, und die im Pflanzenreiche am häufigsten vorkommenden Farben sind, welche
der modificirenden Einwirkung des Klimas vor allen noch am meisten widerstehen. [Leider fehlen in der Reihe der europäischen Vögel; an welchen allein ich die Beobachtungen mit solcher Genauigkeit angestellt, und von welchen ich sogar nur die Landvögel
gegenwärtig hier in Betracht gezogen habe, ein Paar von jenen Farben überhaupt ganz: Violett und reines Orange.] Die bei Vogelfedern (Gewächsen auf warmem, organischem Boden)
am meisten der Veränderung unterworfenen Farben fehlen auch wenigstens den zarteren, weicheren und wechselnden Gebilden der höher organisirten Pflanzen gewöhnlich, oder ganz, oder
doch in der strengeren Basirung, auf ihre nagemischte, offenbar schwerere und enligere Grundlage.

eine jenem entsprechende, diesem entgegengesetzte Weise ab
Entwickelt sich mehr Färbestoff im Gefieder, so nimmt er auch
in ihnen zu, wo ja die Berührung mit der atmosphärischen Umgebung eine unmittelbare ist. Sogar von den Augen gilt in gewissen Fällen dasselbe. [Die schwarzbraunen Mäusebussarde haben
schon bei uns fast orangegelbe Füße und Schnabelwachs, und
braune Iris; die helleren beides heller; die weißlichen oder weissen, die uns der Norden im Winter zuschickt, hellgelbe Füße
und lichte, zuweilen gelbliche Augensterne. In gleichem Maaße,
wie der Unterleib, röthen sich am südlichen Ortolane Schnabel
und Füße. (*) Auch die Füße des südlichen Staars sollen höher
gefärbt sein. — Wem würden hier nicht die röthern Wangen
der Landbewohner einfallen: auf denen selbst die feinen Endchen
der Adergeflechte sichtbarer werden, als gewöhnlich? Wer würde
nicht der allbekannten Wirkung des Sonnenbrandes, zumal auf eine
des Sonnenscheins ungewohnte Stelle der menschlichen Haut, gedenken: welcher dann eine sehr intensive, allgemeine Röthung durch
verstärkten peripherischen Andrang des Blutes bewirkt? Wer
müßte nicht denken an die hellweiße, durchsichtige Haut und die
bläulicheren oder blauen Augen blonder Personen: denen ebenso,
wie ihren Haaren, das braune Pigment fehlt, oder doch nur
schwach gegeben ist?] (**)

§. 6.
Grade des klimatischen Variirens je nach Verschiedenheit der einzelnen Theile des Körpers.

Noch muß eine genauere Betrachtung der Art und Weise,
wie klimatische Veränderungen vor sich gehen, uns zu einem eigenthümlichen, nicht zu übersehenden Schlußresultate führen, und uns

---

(*) Häufigere Erscheinung bei Wasservögeln, wo rothe Beine viel häufiger sind.

(**) Habe ich doch selbst an blonden Jugendbekannten mit der, im mannbaren Alter eintretenden Verdunkelung der Haare auch die schönsten blauen Augen sich zuerst trüben, dann
bräunen gesehen, so zwar, daß sie heut keine Ansprüche mehr auf jenes Prädicat zu machen
haben. Ja, ich glaube, die Annahme: daß bei Weitem mehr die allmählige Milderung des Klimas durch Bodenkultur jeder Art, als die Vermischung des deutschen Blutes mitfremdem in
Folge der Völkerwanderungen, die Ursache sei, warum wir die ehemals so bestimmten Charactere der Bewohner Germaniens »coerulais oculis fulvisque capillis« jetzt erst in Skandinavien ziemlich allgemein bewährt wiederfinden, — diese Annahme dürfte nicht weit von der
Wahrheit abweichen.

auf bestimmtere Vermuthungen über die, bald gewissen, bald möglichen oder wahrscheinlichen, Ursachen desselben hinleiten; welche
selbst wieder dazu dienen, die Richtigkeit unserer Ansicht zu zeigen und unser Verfahren neuerdings zu rechtfertigen.

Es zeigt sich nämlich, wenn wir die hier dargelegten speciellen und allgemeinen Erfahrungen abermals unter einen noch
allgemeineren Gesichtspunkt fassen: daſs unter wärmeren Klimaten im Ganzen mehr die Farben des Unterleibes, unter
kälteren die des Oberleibes, jene zur Erhöhung, diese zur
Verschwächung abändern; wobei jedoch der Kopf im ersteren
Falle nicht nachzustehen pflegt. Sollte nicht die Ursache dieser
Erscheinung in dem gröſseren Reichthume an Säften liegen, welchen die unteren, mehr fleischigen, weichen und häutigen Theile
und der Kopf vor den oberen voraus haben? — Es leuchtet sogleich ohne weitere Auseinandersetzung ein, warum eben dieser
Erklärungsgrund für beide entgegengesetzte Fälle, d. h. im Süden
und im Norden, ganz gleiche Gültigkeit behält. Ja, noch mehr:
er scheint mir sogar recht anwendbar auf die Beobachtungen über
das Varüren der Schwanz-, und besonders der Flügelfedern.

Am Schwanze und an den Flügeln scheinen nämlich —,
da sie ohnehin gewöhnlich entweder dunkler als der ganze Körper, oder doch wenigstens so dunkel wie die dunkelsten Theile
desselben, selten heller gefärbt sind, und da überdieſs der eine am
Ende des Leibes steht, die andern aber ein Paar verhältniſsmäſsig
dünne, saftarme, und mit einer unverhältniſsmäſsigen Federmasse
besetzte Organe bilden, — entweder alle färbenden Kräfte des thierischen Organismus bereits durch die gewöhnliche Färbung spe-
ciell erschöpft; oder sie sind doch wenigstens schon so angestrengt,
daſs nur selten noch Etwas übrig zu sein scheint, um gleichsam
zur Disposition klimatischer, modificirender Einflüsse gestellt zu
bleiben. Unter solcher Voraussetzung kann es nicht unerklärlich,
viel weniger den übrigen Wahrnehmungen widersprechend erscheinen: wenn an den dunklen Schwänzen mancher Vögel [z.B.
der Grasmücken, mancher Pieper und Lerchen etc.] gerade in
heiſsen Klimaten mehr Weiſs, als gewöhnlich, zum Vorscheine
kommt; oder wenn es an Reinheit gewinnt, so wie der Schwanz
an Dunkelheit der Hauptfarbe zunimmt. Es würden demnach hier,

durch den im Süden und im höheren Alter allgemein sich zei-
genden Trieb der Natur, gewisse nicht streng von einander ge-
schiedene Farben mehr unter sich abzusondern, diesen eine bestimmtere Gränze angewiesen; und die verringerte Extensität der
tieferen wäre durch ihre vermehrte Intensität ersetzt, indem es
der Natur an Farbestoff zu mangeln scheint, um beides zugleich
zu vermehren (*). Ja, es giebt Vögel, deren Schwänze auch
bei einer hellen Färbung, die sich noch dazu sonst ganz allgemein, und beinahe vor allen andren, zum Verdunkeln hinneigt,
doch unter fast allen Umständen sich auf einer fast immer gleichen Intensitäts-Stufe erhalten; [z. B. die Röthlinge.]

Wo möglich beinahe noch mehr, reden der so eben ausgesprochenen Ansicht die Erscheinungen an den Flügeln das
Wort. (**) Diese besitzen der Säfte überhaupt entschieden eine

---

(*) Es scheint eine ganz fest bestimmte Regel: daß das Zunehmen der hellen oder
weißen Farbe auf den Flügeln immer gleichen Schrittes mit dem Grade der
Verdunkelung der tieferen an ihnen fortgehe, mag sonst an den Theilen des
Leibes die Veränderung Grade erreicht haben, welche sie nur immer will.

Die Röthlinge, und besonders die weiße Backstolze, beweisen dieß auf das
Klarste. Je mehr Weiß diese nach Süden und Osten hin auf den Flügeln erhalten haben, desto
dunkler ist stets das übrig gebliebene Schwärzliche geworden. Man sieht dieses bereits höchst
deutlich an denjenigen Federn unserer Exemplare im Sommer, die im Anbeginn des Frühlings
gegen die eigentliche Regel mit ausgefallen sind; wie oben erwähnt wurde. (Überhaupt ist in
Bezug hierauf die Rubrik über die dunklen Farben zu vergleichen.)

(**) Allem Anscheine zufolge noch mehr: dafür spricht folgender Erfahrungsgrund. Gewöhnliche Körperfedern kann ein Vogel ofter zufällig verlieren, und sie wachsen ihm doch fast
immer ebenso wieder, wie sie vordem waren. Die Schwanzfedern werden bei wiederholtem
Ausziehen schon oft anders in der Farbe. Aber bei großen Flügel-, und namentl. bei Schwanzfedern reicht bekanntlich sehr häufig schon ein einmaliges, und mit wenigen Ausnahmen (darunter gehört die Haubenlerche) ein zweimaliges Ausreißen, vorzüglich wenn es nicht lange
nach der Mauser geschieht, schon hin, um zu bewirken, daß die neu hervorkeimenden schneeweiß, also farblos werden; und Jedermann weiß schon längst, durch Bechstein und aus
eigner Erfahrung, daß man sich auf diese Weise so genannte Varietäten (d. h. Ausartungen)
selbst machen kann. —

Ja, ich möchte in der That zugleich in der Schwäche, von welcher wir hier reden,
und nicht so einzig und allein in ihrer dringenden Nothwendigkeit zum Fluge des Vogels,
eine mitbestimmende Ursache erkennen: warum doch kein einziger doppelt mausernder Vögel
jemals die großen und größeren Flügel- und die Schwanzfedern mit zweiem Wechselt, sondern sie unverändert vom Winterkleide in das Sommergewand mit hinüber nimmt. (Abgerechnet die 2 – 3 hintersten Schwingen jedes Flügels und die 2 mittelsten Schwanzfedern,
als welche unter allen am meisten der Abnutzung ausgesetzt, daher einer Erneuerung vor andern bedürftig sind; und abgerechnet diejenigen, deren der Vogel durch Zufall verlustig wird.)

Ferner wissen wir, daß unter den Ausartungen solche mit weißen oder weißlichen,
sehr oft einem Spiegelflecke ähnlichen, und meistens an den Federwurzeln sitzenden Flügelpar-
thieen unter allen bei Weitem am häufigsten vorkommen, und nächst ihnen die mit zum Theile
weißem Schwanze. —

Alles Beweise von der comparativen Schwächlichkeit dieser Parthieen!

noch geringere Menge, und sie haben der färbenden ins Besondere noch weniger übrig, als die Gegend, aus welcher der Schwanz entspringt. Daher mag es auch wohl eines Theils rühren: daſs gerade unter den nordischen und Alpenvögeln (also bei solchen, welche beider Seits in einem der Farbenerzeugung nicht günstigen Klima wohnen,) die gröſste Zahl solcher befiederten Wesen gefunden wird, die vor andern mehr oder weniger farblose, d. h. reinweiſse Federn auf den Flügeln tragen, und an denen namentlich oft die groſsen Schwingen ungefärbt erscheinen. Anderen Theils wird es, glaube ich, somit erklärlich: warum unter wärmeren Zonen bei einer bestimmteren Sonderung mancher vermengten Farben, und vorzüglich durch eine Scheidung des graulichen Weiſs vom matten Schwarz, von Schiefer- oder Schwarzgrau, so oft groſse hellweiſse Spiegel und dergl. auf den Flügeln entstehen, die sonst für gewöhnlich nur matt oder gar nur unklar angedeutet vorkommen; [so, wie auf den Schwungfedern bei den Röthlingen und der weiſsen Bachstelze.] Und nur einen kleinen Schritt weiter vorwärts ist es zu dem Falle: wo, durch örtliche Concentration des Farbestoffs, aus einer hellen theilweisen Färbung nicht selten an derselben Stelle eine, der höchsten Concentration entgegengesetzte, absolute Farblosigkeit, d. i. Weiſs, entsteht. Bei dieser Erklärungsweise liegt dann der andere Fall: wo eine bloſs helle Farbe aus demselben Grunde (nämlich, weil eine dunkle sich neben ihr, und aus der Vermengung mit ihr, mehr concentrirt,) sich ungewöhnlich weit ausdehnt, und wo somit ebenfalls eine Änderung der Zeichnung bewirkt wird, — dann liegt dieser Fall, gegen den nächst vorigen, sogar schon um einen Schritt rückwärts. (*)

§. 7.

Zuweilen scheinen jedoch selbst solche oder ähnliche Ausartungen zu klimatischen Abänderungen werden zu können.

Der Gegenstand dieser Auseinandersetzung führt uns so von Ohngefähr sehr passend auf eine bis jetzt noch dunkle Ausartungs-

---

(*) Noch lieſse sich gar Vieles mit Bezug hierauf ganz im Allgemeinen, ohne Rücksicht auf klimatische Varietäten, sagen; es würde aber eben deſswegen hier nicht an einem Orte sein, mag daher für jetzt unterbleiben.

und Abänderungsweise; auf Erfahrungen, deren Deutung für den Augenblick allerdings noch um so problematischer sein muß, je unbestimmter heut noch ein Theil der geringen Anzahl beobachteter Erscheinungen selbst konstatirt ist.

Es scheint nämlich fast: als könnten sogar gewisse Ausartungen, die mehr oder minder ins Weiße fallen, doch wirklich hin und wieder zu klimatischen Abänderungen werden; und als besäße demnach doch eine oder die andere Gegend die Eigenschaft, die Vermehrung einer solchen Ausartung zu begünstigen. Eine Ansicht, welche um so mehr Grund für sich erhält, wenn man, nächst älteren, die in neuerer Zeit besonders von Nilsson mitgetheilten Erfahrungen berücksichtigt, daß der hohe Norden diese, sonst wohl unter allen Zonen vorkommenden Ausartungen doch häufiger hervorbringt, als der tiefere Süden; und wenn man dann sieht, daß die deßhalb hier anzuführenden Gegenden Europa's ebenfalls entweder nördliche oder meistens gebirgige sind, deren Klima also dem nordischen zunächst entspricht.

[Zuerst sind die Färöer zu erwähnen. Auf dieser Inselgruppe wird der weißbunte Kolkrabe unter den Land-, und die weißringelige Lumme unter den Wasservögeln öfter, als irgend wo sonst, gefunden: so zwar, daß letztere (*) so ziemlich bestimmt, und ersterer auch wohl ohngefähr, immer etwa den fünften Theil aller dort vorhandenen Wesen ihrer Art (species) ausmachen; und daß sie sich zwar nicht unter sich selbst, sondern (soviel man bis jetzt genau hat beobachten können) gerade im Gegentheile immer mit nicht ausgearteten paaren (**), aber doch gleichwohl ihre Eigenthümlichkeiten stets so fortpflanzen, daß sie nicht aufhören, überhaupt zu existiren.] — Indeß, warum sollte denn eine Gegend, welche sich vor andern dazu eignet, einmal etwas ganz Ungewöhnliches, Regelwidriges häufiger zu erzeugen, sich nicht am Ende auch dazu eignen, sein Fortbestehen zu be-

---

(*) — von der man freilich noch nicht gerade bestimmt behaupten kann, daß sie keine bloße Abänderung, sondern wirklich und unbedingt den Ausartungen beizuzählen sei. —

(**) Was Hr. Graba, auf die sorgfältigsten, wiederholten Beobachtungen gestützt, in seiner Reise nach Färö mit dem entscheidendsten Nachdrucke wiederholt behauptet, und gegen einen nie zu belehrenden, die Aussagen Anderer so gern verstümmelnden egoistischen Zweifler nöthigen Falls gewiß zu vertreten wissen würde! —

günstigen und zu erwirken? Ersteres setzt ja wohl eigentlich mehr voraus, als Letzteres. —

[Ferner soll es im westlichsten Ober-Italien, in den Gebirgen um Nizza, eine beständige Ausartung der Schwarzdrossel (Amsel) geben, welche, was sonderbar ist, in der Jugend stets ein breites weißes Band über den Schwanz besitzt, dasselbe aber, was noch sonderbarer ist, mit der ersten Mauser für immer verliert. (*) Eine alte Weindrossel (also einen nordischen Vogel) mit einer dergleichen ganz ähnlichen Binde, vor ein Paar Jahren auf dem Herbstzuge in der Gegend von Berlin gefangen, besitzt das Berliner Museum. Ich habe eine Misteldrossel in den Händen gehabt, deren Schwanz auf der rechten Hälfte vor dem Ende eine kleine hellere, und hinter dieser noch eine breitere dunkle Binde zeigte. Auf einem der höchsten Berge unserer Sudeten schoß ich eine junge Ringdrossel, und ebenda eine junge Heckenbraunelle, beide noch im ersten Federkleide, und beide mit einigen schmalen licht-rostgelblichen Querbinden über die Endhälfte des Schwanzes.] — Hieraus dürfte sich folgern lassen: daß sich unter kälteren oder doch kühleren Himmelsstrichen dem Anscheine nach auch manche Gattungen (**) vorzugsweise zu bestimmten und eigenthümlichen Ausartungen hinneigen, die also in gewissem Grade als klimatisch zu betrachten sein möchten. Von künftigen, zahlreicheren Erfahrungen müssen wir bestimmtere Erläuterungen darüber hoffen.

Offenbar treten aber, in Folge von Umständen, welche jetzt noch unenträthselt sind, ganz ähnliche Erscheinungen auch unter wärmeren Klimaten ein. [Die Schleiereule von Cuba ist bestimmt specifisch dieselbe mit der unserigen; und doch artet

---

(*) Roux bildet sie in seiner *Ornithologie provençale* ab, erzählt ihr besonderes Vorkommen, und nennt sie ausdrücklich *une variété constante*. — Sehr auffallend und wunderlich würde diese Wirkung des Klimas der Seealpen und ihrer Ausläufer allerdings bleiben. Würde sie es aber mehr sein können, und kann es überhaupt irgend eine mehr sein, als die bekannte Eigenheit des Klimas von Angora: welches von zahmen Hausthieren entweder allein, oder mindestens vor allen übrigen Gegenden, solche Geschöpfe mit langen seidenartigen Haaren hervorgebracht hat: Ziegen, Kaninchen, Katzen und Hunde? —

(**) In Betreff der Gattung Corvus liegt es außer Zweifel, daß ganz vorzugsweise die schwarz- oder schwärzlich-gefärbte Familie der eigentlichen Krähen, Raben und Dohlen sehr häufig in der Ausartung erscheinen, welche überhaupt die gewöhnlichste von allen ist: mit theilweise weißen Flügeln, besonders mit weißem Grunde der Schwingen.

sie gerade dort sehr oft mehr oder minder mit weifsem, häufig
mit reinweifsem Schwanze aus, obgleich Cuba ein tropisches Ei-
land ist, seiner ganzen Ausdehnung nach nahe am Wendekreise
hingestreckt. (*) Sie mag indefs auf den übrigen grofsen Antil-
len auch nicht mangeln.]

§. 8.

Entgegengesetzte (nördliche und südliche) Hauptrichtungen
des klimatischen Abänderns. Ein dem entsprechender Unterschied der entgegengesetzten Jahreszeiten unter einem und
demselben Klima.

Obgleich es, wie bereits oben gesagt, unmöglich bleibt
die Gränzen der klimatischen Varietäten streng geographisch zu bestimmen; so bleibt es doch allenthalben nicht
minder ersichtlich, wie dieselben sich im Ganzen nach zwei
Hauptrichtungen divergirend in nördliche und südliche
theilen lassen. (**) Suchen wir aber nach einem Gegenstande des

---

(*) Diese Thatsache läfst sich blofs durch die geographische Lage auf die gewöhnliche
Weise nicht erklären; denn, wiewohl schon als Insel gemäfsigter, und abermals gemäfsigt durch
einen längshin streichenden Gebirgszug, ist das Land doch ein allzu südliches. Indefs steht dieses
Factum schon nicht mehr einzeln da, sobald wir einen Blick auf die Säugethiere werfen.
Alex. v. Humboldt sagt in seinen Ansichten der Natur I, S. 152, Erläut. 28:
»In den Steppen von Caracas« (also noch südlicher, als Cuba, mitten zwischen den
»Wendekreise und dem Erdgleicher) verschwärmen ganze Heerden des sogenannten Cas-
»vus mexicanus umher. Wir haben, was für eine so heifse Zone auffallend ist, viele ganz
»weifse Spielarten darunter gefunden. Der Cervus mexicanus steigt an der Andeskette,
»nahe am Äquator, nicht über 700 oder 800 Toisen am Gebirgsabhange aufwärts. Aber bis
»2000 Toisen Höhe findet sich ein grofser, ebenfalls oft weifser Hirsch, den ich vom euro-
»päischen kaum zu unterscheiden wufste.« Sonach müssen wir schon hier uns jener Stelle
(S. 65.) erinnern, wo es heifst: »In der Naturbeschreibung, wie in historischen Untersuchun-
»gen, stehen die Thatsachen lange einzeln da, bis es gelingt, durch mühsames Nachforschen
»sie in Verbindung zu setzen.«

Leider hat uns in der Zoologie vordem fast die Mehrzahl der Naturforscher das
Letztere gerade in Bezug auf unsern Gegenstand hier so sehr verkümmert, erschwert, und
man in conventioneller Hinsicht so häufig verleidet: indem sie gewöhnlich das Erstere sehr
übereilt mifsdeutete, statt ruhig zu warten, bis man es recht denken könnte ——, und selten
Jemand eine frühere Deutung, wenn auch mifslungen, bereitwillig aufgieht!

(**) Dafs die Begriffe nördlich und südlich relativ sind, und zwar insubjectiver Hinsicht
relativ, indem sich diese Relativität nach den örtlichen Verhältnissen des Sprechenden oder
Schreibenden richtet, darf uns nicht irre machen. Wir sind ja daran in der Geographie ein
für alle Mal gewöhnt; denn noch hat kein Geograph Bedenken getragen, Asien den östlichen,
Amerika den westlichen, und Afrika den südlichen Welttheil zu nennen, hat damit auch gewifs noch keine Dunkelheit erregt. Und in der That müfste man, wenn man hierin an kritisch
verfahren wollte, in der Hinsicht unsere ganze geographische Sprache ändern: da ja, streng
genommen, nur der Bewohner der innersten Äquatorial-Gegenden ohne Relativität von Südlich und Nördlich, Niemand aber auf irgend einem Punkte der Erde von einem (absoluten)
Osten und Westen reden könnte!

Vergleichs für beide in unserer eignen Zone, so wird die Antwort dahin ausfallen: daſs die hoch-nördlichen klimatischen Verschiedenheiten sich oft den regelwidrigen lichteren Ausartungen nähern, die südlichen immer den regelmäſsigen Auszeichnungen eines recht hohen Alters entsprechen.

Jene entspringen aus einer offenbaren Schwächung derjenigen Hautorgane, welche zur Erzeugung der Farben dienen: indem die Kälte eines Theils überhaupt durch Depression der Sensibilität auch auf die Bildungsthätigkeit ableitend wirkt, und nun, nachdem das Leben selbst in seinen Centris (der sensiblen und reproductiven Sphäre) herabgestimmt, die peripherische Thätigkeit aber nach den inneren Organen zurückgewiesen ist, andern Theils ins Besondere die Hautgefäſse zusammenzieht; wodurch manche, sonst mehr nach auſsen strebende Säfte tiefer nach innen zurückgedrängt werden und, mit der retardirten Circulation des Blutes überhaupt, jetzt auch ins Besondre ihre Verbreitung und selbst ihre Absonderung vermindert wird. Eine, den Folgen einer erhöhten atmosphärischen Temperatur und der somit auch gesteigerten thierischen Wärme gerade entgegengesetzte Wirkung! Eine Wirkung, deren mächtigen Einfluſs zu würdigen, uns auch namentlich manche der doppelt mausernden Zugvögel neue Gelegenheit geben; [z. B. die Bachstelzen. Es steht erfahrungsmäſsig fest: daſs diejenigen weiſsen und Gebirgs-Bachstelzen, welche ausnahmsweise bei uns überwintern, entweder gar keine, oder doch bei Weitem keine vollständige, Frühlingsmauser bestehen; obwohl sie sich sehr häufig so erträglich zu nähren wissen, daſs man ihnen einen etwa erlittenen Mangel gar nicht ansieht, daſs folglich eine, aus ihm entsprungene Kränklichkeit oder Schwäche nicht als Ursache des Nichtmauserns angenommen werden kann. So wechselt der Wasserpieper als Insasse des nördlichen deutschen und des südlichen skandinavischen Strandes, welcher auch noch den Winter hindurch für ihn bewohnbar bleibt, seinen Aufenthalt nur wenig, das Gefieder aber im Frühlinge spät und oft nur theilweise, in noch höher nordischen Küstengegenden vielleicht gar nicht. Diejenigen seiner Art hingegen, welche auf den südlicheren Gebirgen wohnen, die er zum Spätherbste des Schnees wegen verlassen muſs und dann bis zum Frühlinge mit wärmeren Gegenden vertauscht, jene wechseln das Gefieder regelmäſsig alle: und zwar die ältesten zuerst, die Weibchen später als die Männchen. (*) Noch will ich mich für jetzt nur bedingungsweise auf eine hierher gehörige Behauptung Nilſsons berufen, welcher sagt: daſs sogar die beiden in Scandinavien einheimischen Steinschmätzerarten, die noch als deutsche Vögel stets einem doppelten Federwechsel unterliegen, auf seiner heimathlichen Halbinsel nur einfach mausern. (**) Die Sache könnte ganz zwanglos damit erklärt werden: daſs natürlich die, welche im Sommer Schweden und Norwegen bewohnen, im Winter auch nicht so tief nach Süden hineinwandern wie die, welche bei uns gebrütet haben, und daſs sie dann also nicht gleicher Wärme ausgesetzt sind wie letztere.] Wie sehr so viele der (uns für jetzt noch nicht angehenden) doppelt mausernden Wasservögel, und namentlich viele Straudvögel, durch ungünstige, rauhe Witterung in der Frühlingsmauser aufgehalten werden, dieſs darf, als allgemein bekannt, kaum erst erwähnt werden. Zufällig aber kann die Sache nicht sein, da sie sich immer unter einerlei Umständen auf einerlei Weise

---

(*) Einige ausführlichere Bemerkungen über den Wasser- und sogenannten Uferpieper siehe am Ende, unter den Zusätzen. —

(**) Ich will dieſs bloſs darum nicht unbedingt als Beweis mit aufführen, weil ich weiſs, und mit aller herzlichen, wissenschaftlichen und persönlichen Achtung von dem ersten jetzt lebenden Ornithologen des Nordens es sagen muſs: daſs gerade in diesem Punkte bei Zugvögeln (wie die Steinschmätzer sind) eine Feststellung der Wahrheit oft gar schwer hält, weil daſs namentlich gerade für den Nordländer leicht Umstände eintreten können, welche auch den besten Beobachter einmal zu täuschen vermögen. Doch bin ich gleichwohl noch viel weiter entfernt davon gewesen, die Sache eigentlich zu bezweifeln; auch noch, ehe mir folgendes Factum bekannt wurde, welches, wenn nicht absolut für Nilſsons Behauptung, doch für die Erfahrung über den Einfluſs spricht, welchen ein lange anhaltendes rauhes Frühlingswetter auf Gefiederbildung ausübt:

Es sind im dieſsjährigen Frühlinge, welcher so lange kalt blieb, und hierdurch den Zug der meisten Vögel sehr verspätete, nicht bloſs überhaupt mehrere der doppelt mausernden noch unvermausert, oder erst in der Mauser begriffen, zurückgekehrt; sondern es scheint dieſs auch ins Besondere eben bei Steinschmätzern der Fall gewesen zu sein. Ein grauer Ofen, den ein Freund von mir beim Nistplatze am 7. Mai erlegte, (der einzige, welchen ich selbst untersuchen konnte,) hatte kaum erst einige neue Federn, während sonst alle schon einen Monat früher mit dem Federwechsel fertig zu sein pflegen. — Ja, noch mehr: von den Wachteln, welche gewöhnlich am Ende des Winters mausern sollen, kamen zur Mitte des Mai die ersten im ganz abgetragenen Gefieder an, und erst am Ende des Monats wurden mausernde, nach dem Anfange Juni's die ersten mit wirklich erneuertem Kleide gefangen; einzelne waren aber noch um die Mitte dieses Monats kaum zur Hälfte fertig.

wiederholt; vielmehr mufs sie, unmittelbar oder mittelbar, von diesen abhängen. Auch begreift sich die Ursache sehr leicht. Die Natur mufs, in Folge der Nothwendigkeit, bei längerer Andauer des rauhen Wetters mehr für eine wärmende Bedeckung zu sorgen, jedes andre Bedürfnifs, welches sonst eine doppelte (d. h. nach den Jahreszeiten im Aussehen verschiedene) Kleidung als für den Vogel erspriefslich erscheinen läfst, einstweilen dem Bedürfnisse eines Schutzes gegen den Frost nachsetzen: weil die Vögel eine theilweise Entblöfsung von ihrem Gefieder, auch wenn sie immerhin allmählig erfolgte, nicht leicht ertragen würden. Was sonach bei uns ausnahmsweise, als Folge einer ungewöhnlichen Witterungsbeschaffenheit, eintritt, eben dasselbe geschieht in einer anderen, rauheren Zone der Erde regelmäfsig, in Folge ihrer gewöhnlichen Luftbeschaffenheit, wenn diese jener gleicht oder ihr nahe kommt.

§. 9.
Eigentliches, innerstes Wesen der südlichen klimatischen Varietät.

Um eben so viel also, wie es mit dem Federwechsel und mit der Farbenentwickelung in unseren Gegenden besser geht, als in kälteren: um eben so viel geht es natürlich, umgekehrt, in wärmeren Ländern wieder noch rascher und glücklicher damit, als bei uns. So entgegengesetzt die Ursachen, eben so entgegengesetzt sind auch die Wirkungen. Was dort gehemmt war, wird hier mächtig gefördert. Daher sehen wir die Vögel hier bereits nach wenigen Jahren in einer Schönheit erscheinen, welche sie bei uns erst nach weit mehreren Jahren zu erlangen fähig werden. Sie erhalten in heifseren Ländern früher die Anzeichen eines höheren Alters, ohne defshalb früher Greise zu werden, (die wir eigentlich ja überhaupt im Bereiche befiederter Wesen nicht vorfinden,) und ohne die Last der, gleichsam schneller verlebten Zeit zu fühlen. Ihr zunehmendes Alter erscheint nur als eine erhöhte und dem äufseren Anschen nach verschönerte Pubertät, die noch von der Masse der Kräfte strotzt, nicht aber bereits deren Lähmung erfahren

3

hat; (*) wogegen der Mensch dort nur schneller reift, um rascher
die Generationen zu erneuern, nicht aber zugleich um eben so
viel länger blühend dasteht und stark bleibt, als er früher aufzu
blühen angefangen hat, sondern auch selbst früher altert. Daß
allerdings diese Einflüsse noch stärker auf Vögel und Säugethiere
als gerade auf den meistens bereits sehr verkünstelten Menschen
einwirken, und daß sich darum eine völlige, ganz absolute Pa
rallele zwischen diesem und jenen nicht ziehen läßt, ist sehr wahr
Aber liegt nicht auch die Ursache davon ungemein nahe? — Würd
nicht der Landbewohner Italiens, und vollends der Calabrese ode
Sicilianer, noch viel bräuner, und würde nicht sein Haar vie
leicht, wo möglich, noch schwärzer sein: wenn er sich auch an
hohen Mittage noch, wo er zur Erholung wenigstens im Schat
ten, oder gewöhnlich unter dem Dache seiner Hütte ruht, vo
den glühenden Strahlen' der Sonne versengen lassen müßte? —
statt daß er alsdann nicht bloß sie meidet, sondern auch selbs
denen des Lichts den Zugang zu seinem Gemache zu verschließe
bemüht ist. Was aber schützt je den Vogel vor »des Tages Las
und Hitze?« Wer überhebt ihn alsdann der Nothwendigkeit, für
sich, und besonders für seine zarteren, immer so eßlustigen Jun
gen, nach Nahrung zu suchen, und sich dabei allem mittelbaren
oder unmittelbaren Einflusse jener bloßzustellen? (**) — Sind end

---

(*) Ich erkenne daher auch selbst in dem Variiren der Vögel etc. nach dem Klima
einen vereinzelten Beweis des so wahren, allgemeinen, von der gesammten organischen Nat
entnommenen Satzes: »Wer demnach die Natur mit Einem Blicke zu umfassen und von Loka
»Phänomenen zu abstrahiren weiß, der sieht, wie mit Zunahme der belebenden Wärme, e
»den Polen zum Äquator hin, sich auch allmählig organische Kraft und Lebensfülle vermehren«
Humboldt Ans. d. N. II, S. 15.

(**) Bleibt es in Erwägung dieses Umstandes nicht eben so natürlich, als merkwürdi
daß gerade die nächtlichen Vögel, welche sich am Tage tief in Höhlen und in de
dichtesten, kühlsten Schatten der Bäume etc. verbergen, wirklich auch im Süden weit we
niger, als die meisten in ähnliche Farben gekleideten Tagvögel, ja zu
Theile gar nicht, klimatisch abändern? —

So ändern der Steinkauz und die kleine Ohreule unter den Arten ihrer Gattun
zwar noch am meisten ab, da sie beide nicht mehr so ganz unbedingt Nachtvögel sind, die e
stere besonders; aber doch ändert namentlich die letztere noch gar nicht wesentlich ab. Die ame
kanische Wald- und Uhu-Ohreule, (welche ich nicht selbst gesehen habe), giebt Le
vaillant als nicht verschieden von den europäischen an. Ja, die Schleiereule, welch
hat auf der ganzen bewohnten Erde bis zum 55° n. Br. gemein erscheint, und sich vielleic
bald noch weiter verbreiten wird, so weit in gemäßigten Gegenden Menschen wohnen, — d
Schleiereule, die in den Gebäuden am Tage stets vor der Hitze ziemlich, in steinernen aber, d
angenehmsten für sie, gut geschützt ist, und die also während der weit kühleren Nächte th

lich nicht überhaupt allenthalben die Vornehmen viel weifser, als die Leute gemeinen Standes? Sehen wir nicht alle im Winter weifser aus, als im Sommer; und ist nicht Jeder an bedeckten Theilen viel weifser, als an unbedeckt gehaltenen? (*) Wie viele Köpfe bleiben von allen den vielen, die blond in der Jugend waren, auch noch blond zur Zeit der Mannbarkeit? — Wie viel weniger Blondhaarige giebt es nicht auf dem Lande, im Verhältnisse zur Stadt? und wie wird es mit ihrer Zahl erst im südlichen Europa? —

Südliche klimatische Varietät und Verschiedenheit des höheren Alters unter unserem Klima fallen daher, wie bereits oben erwähnt worden ist, beide an Thieren eigentlich in den bei Weitem meisten Fällen so entschieden in Eins zusammen, dafs sich Alles auf den Satz reduciren liefse: *jene ist in der Regel nur der deutlichere, durch mehrfache atmosphärische Einflüsse bedingte und rascher entwickelte, frühere Ausdruck dieser!* — (**) Daher die Erscheinung: dafs dort die

---

heifsere Klima südlicher Erdstriche wenig empfindet, sie bleibt sich unter allen Zonen fast oder ganz gleich; sie verdunkelt sich vielleicht nur zufällig (ausartend?), und zwar höchst selten; auch auf nicht gewöhnliche Weise, sondern ins Schwärzliche. —

(Eine anderweitige Bemerkung über diese Eulenart siehe unter den Zusätzen.)

(*) Hierbei will ich noch auf zwei Punkte aufmerksam machen.

Der erste ist: dafs die am häufigsten im Süden vorkommende Abänderung der Hautbedeckungen warmblütiger Thiere, die merkliche Vermehrung des trüb-rostgelblichen oder auch roströthlichen Pigments in Federn und Haaren, unstreitig zunächst, und zwar sehr treffend, dem so eben erwähnten Variiren und Röthen der Haut bei den Menschen entspricht; und dafs auch ältere Menschen schon der dunklere Teint von jüngeren unterscheidet. — Der zweite: dafs bei südlichen Vögeln, besonders im Laufe der heifseren Jahreszeit, vermöge der Verringerung des Gefieders durch das dort stärkere Abreiben, der modificirenden Wirkung der äufseren Wärme ein leichterer Zugang geöffnet wird.

(**) Wahre Ausnahmen von dieser festen, höchst bestimmt und unverkennbar ausgesprochenen, allgemeinen Regel kommen nirgends, halbe schon so selten vor, dafs sie gewifs gegen die völligsten Übereinstimmungen mit der Regel selbst dann ganz verschwinden müfsten, wenn auch nicht ein anderer, ganz allgemein gültiger Erfahrungssatz sie zureichend erläuterte. Ich rechne ihnen die Turteltaube bei: welche bei uns im Alter immer reiner und dunkler gefärbt wird, im Süden hingegen, da an ihrem Kleide auch Rostroth vorhanden ist, einen sehr allgemein werdenden rostgelben Überflug erhält, wie ihn wärmeres Klima bekanntlich so vielen Thieren zu bringen pflegt; den Kuckuk, das Blaukehlchen. —

Hiergegen mufs ich, nach diesem einzigen mir bekannten Ausnahms-Falle, nochmals wieder auf jene schon berührten Fälle zurückverweisen: wo das Variiren unter südlicheren Breiten auch dann, wenn es einmal den sonst von Farbenabänderungen geltenden Regeln widerstreitet, doch stets auf das Genaueste mit den bei uns Statt findenden Auszeichnungen des höheren Alters harmonirt; auf die Erfahrungen beim männlichen Haussperlinge und Rohrammer, beim Fischadler und weiblichen rothrückigen Würger (mit Abrechnung der ersten Jahre desselben), und bei mehreren

3 *

jüngeren Individuen variirender Arten, und namentlich die einjährigen Vögel, den unsrigen im Ganzen völlig ähneln; und dafs nur
einzelne der ältesten unter diesen so werden, wie jene bereits im
gewöhnlichen mittleren Alter, oder doch längst vor Eintritt des
eigentlich hohen, erscheinen. Und ich wage defshalb die Behauptung, welche eigentlich indirect schon in dieser eben wiederholten Bemerkung liegt: unsere hiesigen Vögel werden nur
in der Regel nicht alt genug, um sich vollständig zu
Demjenigen ausbilden zu können, was wir unter südlicheren Himmelsregionen, wegen seines dort entweder
gewöhnlichen oder doch regelmäfsig viel häufigeren Vorkommens,
im Allgemeinen mit dem Namen klimatischer Abänderungen bezeichnen; und darum gleichen diesen jene seltenen, einzelnen Individuen bei uns, welche das hierzu erforder-
liche, mehr als gewöhnlich hohe Alter doch ausnahmsweise erreichen.

[So hat, um nur Einiges als Beispiel hiervon anzuführen,
Hr. Bruch den Haussperling in der Färbung des italienischen
(der FRINGILLA *cisalpina* Temm.) in Mainz gesehen. Breslau liegt
noch nördlicher, östlicher und höher, als Mainz; dennoch habe
ich ein Paar solcher (männlichen) Vögel, wovon einer im zoologischen Museum zu Berlin, auch hier gefunden: und zwar weit
schöner, als viele italienische, schöner noch, als solche, welche
Herr Temminck selbst als seine FR. *cisalpina* versandt hat; ja
sogar schöner, als viele ägyptische und syrische.

Die Wiesenbachstelze mit schwarzem Kopfe (MOTACILLA
melanocephala) habe ich ebenfalls mitten im Sommer am Brüte-
platze unter ganz gewöhnlichen hier geschossen, denen sie im
ganzen Wesen auf das Genauste glich.

Das Berliner Museum besitzt den männlichen Sperber in
einem Kleide, wo er schon beinahe völlig der FALCO *exilis* Temm.
geworden ist, mit beinahe einfarbig rostrothem Bauche, aus der
Gegend von Cölln; und die schönsten Übergänge zu diesem aus

Piepern. — Denn in Syrien und Arabien hat selbst der Wasserpieper, obgleich er unter etwas
kühleren Regionen lebt, als seine Gattungsverwandten, sogar ein unterhalb nur wenig gefleck-
tes Herbstkleid.

Die Erörterung über das Abändern des Staahrs siehe unter den Zusätzen.

fast allen gemäfsigten Gegenden der Welt. Auch hat es ihn im höchsten Grade der Röthung eben daher erhalten, wo Hr. Temminck ihn allein einheimisch glaubt: aus Südafrika.

Durch einen hiesigen Freund von mir besitzt es jetzt einen grofsen, in der Nähe erlegten, sehr alten Hühnerhabicht mit einem bis zu Schwarz verdunkelten Ober- und Hinterkopfe: so, wie er von Wilson unter dem Namen FALCO *atricapillus*, und von Temminck unter dem Namen F. *regalis* (*Autour royal*), als eigne Art beschrieben und abgebildet wurde.

Derselbe Freund der Ornithologie überliefs vor einiger Zeit dem Berliner Museum einen Wasserschwätzer, welcher, obgleich aus Schlesien stammend, wo er im Sommer getödtet worden war, dem syrischen (CINCLUS *syriacus* Ehrenb.), und (nach der Beschreibung zu urtheilen) den italienischen ganz ähnlich oder gleich sieht.

Ich habe recht alte Exemplare der Rauchschwalbe hier gesehen, welche so dunkel gefärbte Bäuche hatten, dafs sie den jüngeren ägyptischen (HIRUNDO *Riocourii* Audu., H. *Savignyi* Steph., und H. *cahirica* Licht.) und den gewöhnlichen amerikanischen (H. *rufa* Gm., H. *americana* Wils.) theils gleich, theils höchst ähnlich waren; unter andern ein, diesen Frühlings von meinem erwähnten Bekannten erlegtes, auf welches wir, weil es sich schon von Weitem unter mehreren Dutzenden aus demselben Dorfe auszeichnete, bereits seit 2 Sommern mehrmals Jagd gemacht hatten. (*). —

Dergleichen Beispiele liefsen sich noch eine Menge anführen.] — Hiergegen will ich denn aber auch im Allgemeinen wiederholentlich an die, immer und immer wiederkehrende Erscheinung erinnern: dafs in südlicheren Gegenden jüngere Vögel einer Art den gewöhnlichen (noch nicht alten) derselben Art bei uns entweder geradezu gleichen, oder ihnen mindestens im höchsten Grade ähnlich sehen.

[Unter den von Hemprich und Ehrenberg aus Ägypten und Syrien geschickten Hunderten von Haussperlingen, (die also alle nur FR. *hispaniolensis* Temm. hätten sein sollen,) waren eine

(*) Man sieht hieraus, dafs sich nicht etwa ein blofses Vertreten klimatischer Varietäten von anderswo zu uns her ereignet.

Menge, (*) die den unsrigen im ersten Herbste ihres Lebens in
jeder Hinsicht vollständig gleichen; wie man noch im Berliner
Museum sehen kann.

§. 10.

Vergleich mit den, nach Verhältniß ganz entsprechenden Wahrnehmungen, welche das
Variiren der Säugethiere bemerken läßt. — Beweis, daß die Neigung, ein weißes
Winterkleid anzunehmen, welche mehrere Arten im Norden besitzen, bei denselben
Arten tiefer im Süden endlich ganz verschwindet.

Nicht ohne wechselsweises Interesse wird es sein, daß wir hier
gelegentlich noch des unverkennbaren Parallelismus gedenken,
welcher auch in dieser Hinsicht zwischen den beiden warmblütigen Wirbelthierklassen herrscht.

Wir sehen bei den Säugthieren dieselben Farben (insofern sie ihnen überhaupt eigen sind) im Ganzen immer auf dieselbe Weise klimatisch variiren, wie bei den Vögeln; ja, sie
ändern unter gleich excessiven Extremen bei jenen in der Regel noch
weit auffallender ab, als bei diesen. Warum letzteres? — Diese Frage
beantwortet sich sehr leicht. Offenbar deßhalb: weil sie ihren Standort gewöhnlich gar nicht, oder doch nur zu unbedeutend, verändern
können, um den durchgreifenden äußeren Einflüssen der Temperatur
ihres Heimathlandes zu widerstehen. Wer einmal Gelegenheit gehabt
hat, Untersuchungen in den Waarenlagern großer Pelzhandlungen an-
zustellen (**), der wird, wenn er da namentlich Raubthierbälge Einer
Art zu Hunderten, und oft vielleicht zu Tausenden, vergleichen
konnte, gar häufig eben so sehr über die weite Entfernung der Fär-
bungsextreme von einander erstaunt, und über den ununterbrochenen,
durch alle nur denkbare Mittelgrade stufenmäßig fortlaufenden Zusammenhang derselben unter einander erfreut gewesen sein; wie er
hierdurch am Ende über alle Zweifel, die vielleicht jener erste An-
blick in ihm aufsteigen machte, belehrt worden sein muß.

_____

(*) Vielleicht in kühleren Berggegenden, oder zu Ende der wärmeren Jahreszeit erzeugte?

(**) Und jeder Zoolog, welcher noch keine Gelegenheit dazu gehabt hat, dem ist ernst-
lich zu rathen, daß er sie suche. Er wird sie gewiß bald als die beste aller Schulen über
die wahre Theorie thierischer Farben, und als einziges unträgliches Belehrungsmittel über deren Zuverlässigkeit oder Veränderlichkeit, erkennen und preisen lernen. Hier zeigt es sich deutlich, auf wie höchst schwachen Füßen so manche neuere Unterscheidungen stehen, namentlich die der südlicheren Zoologen. Dieß trifft aber die nordischen Naturforscher in der Regel
nicht. Man frage einmal Nilsson, wo er hierüber mehr Belehrung gefunden habe: ob in
zoologischen Museen und Prachtwerken, oder bei den Kürschnern in ihren Pelzläden? —
und er wird ohne Zweifel und Bedenken, gleich mir, antworten: immer bei den letzteren!
Leider findet man bei ihnen verhältnißmäßig nur so höchst selten einen, etwa als Curiosität
aufbewahrten Sommerbalg; und doch wären dergleichen, vorzüglich aus dem östlichen Sibirien,
so wichtig: aus Gründen, die wir bald näher betrachten werden.

Auch bei den Säugthieren treten, im Verhältnisse zu unsern gemäßigten Gegenden, unter südlicheren Himmelsstrichen die dunklen und hellen Farben in grellerem und schönerem Abstiche gegen einander hervor: indem sie reiner und intensiver werden; und zugleich blicken die tiefer sitzenden Grundfarben, wegen der kürzeren Haare und wegen der spröderen Brüchigkeit derselben, vermöge welcher leichter die Spitzen verloren gehen, meist sichtbarer durch. Nicht minder bleiben auch bei ihnen z. B. die verschiedenen schwärzlichen und Rostfarben diejenigen, welche sich unter wärmeren Zonen ganz vorzugsweise entwickeln und weiter als sonst ausbilden. Es herrscht in diesem Betrachte ein wirklich auffallender Unterschied; der übrigens gewiß schon längst besser bemerkt und erwogen worden sein würde, wenn nicht die Thierpelze aus jenen Gegenden (wegen der geringen Dichtheit und Länge der Haare) vom Gebrauche im Handelsverkehre fast ganz, und die Sommerbälge gänzlich ausgeschlossen, daher für die Museen nicht so selten zum Vergleiche mit den gleichartigen Thieren bei uns zu haben wären.

Eben so auffallend, wie das Verdunkeln der Farben mit dem Abnehmen der Haarmasse im Süden, tritt das winterliche Verbleichen der ersteren mit Zunahme der letzteren im Norden hervor; und es zeigt sich, ebenfalls völlig entsprechend, ganz besonders im hochgelegenen, kalten Nordosten. [So fallen unter andern die Wölfe und Iltisse mancher sibirischen Landstriche (im Winter) so stark ins Helle und Weißliche, daß manche Naturforscher, nach zu wenigen Stücken urtheilend, geneigt gewesen sind, letztere für eine eigene Art, und erstere für Ausartungen der gewöhnlichen, zu halten. Beides in solchem Falle sehr verzeihlich!] Weiße Ausartungen sind aber auch bei Säugethieren im Allgemeinen wirklich ebenfalls häufiger im hohen Norden, als anderswo; und bei alten Säugethieren sind unter allen Umständen die Folgen der Einwirkung klimatischer Verhältnisse ausgeprägter, als an jüngeren, und in einem recht zusagenden Klima ihre Farben dunkler. [So läugnet Nilsson mit den besten Gründen die specifische Existenz eines braunen und schwarzen Bären, wenigstens für Scandinavien, durchaus ab. Die schwarzen sind, wie ich gleichfalls längst vermuthet habe, immer sehr alte, und gewöhnlich sehr groß.]

Ohne einiges Bedenken glaube ich, die röthere Färbung der Sommerbehaarung bei den (wie bekannt, durchgängig zwei Mal sich haarenden) Säugthieren unter ganz einerlei Himmelsstriche hinsichtlich ihrer Entstehung ebenfalls in relative Übereinstimmung mit dem klimatischen Variiren im Süden bringen zu dürfen; so, dafs eines das andere erklären hilft. Alle Säugthiere nämlich, welche irgend rostgelbe, roströthliche oder rothbraune Färbung besitzen: sei es im Allgemeinen an gewissen Theilen des Körpers überhaupt, sei es blofs eingesprengt in der oder jener Gegend der einzelnen Haare, oder sei es als genau vermengte Beimischung zu einer anderen Farbe; alle diese werden im Sommer röther, als im Winter, ja gewöhnlich auffallend röther. Ein ganz allgemeiner Satz [gültig durchgängig in höherem und minderem Grade von unsern Hirschen und Rehen, von Hasen und Eichhörnchen, von den röthlichen Siebenschläferarten, von der Zwerg-, Wald- und Brandmaus, von der Wanderratte, der Feldwühlmaus, selbst von dem Hermelin und Wiesel, (sobald sie beide im Winter nicht weifs werden,) von dem Fuchse und Wolfe etc; mit Einem Worte: gültig von allen dieser Categorie angehörigen Säugern.] Kann man eine so durchgängig vorwaltende Erscheinung wohl füglich als zufällig ansehen? Oder mufs man ihr vielmehr eine allgemeine Grundursache unterlegen? Und wenn nun die Annahme einer solchen als nothwendige Folge erscheint, welche liegt dann näher, als die höhere, nach allen Erfahrungen der Entwickelung jener Farben überall so günstige Wärme, welche ja der Sommer mit sich bringt? Ja, liegt überhaupt irgend eine Ursache nahe aufser dieser? Gewifs: es giebt sonst keine. — Eine grofse physiologische Kurzsichtigkeit aber würde es verrathen, einwenden zu wollen, dafs das Hervorbrechen des Sommerhaars ja in eine Zeit falle, wo die Wärme der Luft noch lange nicht aufs Höchste gestiegen ist. Denn jeder Wechsel wird ja nur durch die anhaltende Gewöhnung an den ihm vorausgegangenen Gegensatz um so empfindlicher. So viel steht ein für alle Mal fest: kein Säugthier wird zum Winter dunkler, (*) eben so wenig, wie je ein Mensch im Sommer weifser wird. —

Es war, soviel ich weifs, der verstorbene Faber, welcher zuerst mit auf die Parallele hinwies, die sich in Betreff des klimatischen Variirens zwischen den Säugthieren und Vögeln ziehen läfst. [Die Äufserung seiner Ansicht in diesem Punkte fafst überhaupt in Kürze die wesentlichsten Nachtheile und Inconvenienzen der entgegengesetzten Ansicht so treffend zusammen, dafs ich es nicht für unnütz erachte, seine Worte hierüber (**) zu wiederholen; obwohl ich, durch weit ausgedehntere Erfahrungen belehrt, heut mich allerdings bedenken würde, seine Meinung auch gerade in allen Einzelheiten zu unterschreiben.

(*) Roströthliche Farben ausgenommen; denn solche werden dann bräuner, somit tiefer [...]
(**) In seinem Werke über das Leben der hochnordischen Vögel, Heft I, S. 117-118.

„Die Natur bildete vom Anfange an die verschiedenen Arts-
„formen, indem sie einem oder mehreren Vogelpaaren jeder Art
„die Kennzeichen mittheilte, welche sie als Art characterisiren
„sollten, und setzte darauf diese primären, die Grundtype bilden-
„den Individuen an einen oder mehrere Plätze der Erde, von
„welchen ursprünglichen Plätzen sie, als von einem Centrum,
„sich bei Zunahme der Individuen über eine gewisse Strecke ver-
„breiteten. Wenn die Nachkommen jener ersten Individuen der
„Art sich mehr und mehr von diesem Centrum entfernten, so erlit-
„ten sie, besonders wenn sie Standvögel an diesen Plätzen wurden,
„nach und nach einzelne Abänderungen in der Form (*) und Farbe,
„welche sich auf die sie umgebenden lokalen Gegenstände gründeten;
„d. h. sie arteten klimatisch aus, und theilten ihren Nachkommen
„diese Ausartung (!) mit, welche, durch mehrere Generationen
„verpflanzt, zuletzt einen constanten Character annahmen. (**) So
„entstanden klimatische Raçen vieler Arten. Diese Raçen sind es,
„welche mehrere Ornithologen jetzt als eigene Arten aufzustellen
„geneigt sind; doch, meiner Meinung nach, ohne Grund: denn,
„obgleich ausgeartet (!), sind sie doch ächte Abkömmlinge der
„ersten Individuen der Art, und gehören daher absolut der Ur-
„form der Art an. Das Kriterium, nach welchem man diese kli-
„matischen Abarten als etwas veränderte Nachkömmlinge der Ur-
„form erkennen kann, ist die in die Augen fallende Übereinstim-
„mung in der äußeren und inneren Bildung, in den Sitten und
„der Historie mit der Grundtype, wie auch der Umstand, daß
„sie, ungezwungen durch menschliche Mitwirkung, und ohne
„Mangel an Umgebung von Individuen derselben Abart, zu welcher
„sie selbst gehören, freiwillig und ohne Unterschied sich eben
„so wohl mit den zur Grundtype, wie mit den zur Abänderung
„gehörigen Individuen paaren: indem sie im ersteren Falle im

(*) Die klimatischen Abänderungen in der Form, welche damals von der entgegengesetzten
Parthei zum Beweise der vermeinten Nothwendigkeit, sie als Arten aufzustellen, mit so vieler
Zuversicht immer nach einigen wenigen Exemplaren angeführt wurden, könnten immer nur in
sofern in Betracht kommen, als ihnen eine gewisse Standhaftigkeit eigen wäre. Neuere und
ausgedehntere Erfahrungen haben jedoch die ganze Sache, besonders bei den Landvögeln, in dieser Hinsicht meist so auf Nichts gebracht, daß man davon meistens ganz abstrahiren muß.

(**) Die Beständigkeit auch dieser Charactere hat sich nirgends streng, häufig gar nicht bewährt, die Gegenparthei also auch diese Stütze vollends ganz verloren.

„Stande sind, Nachkommen zu erzeugen, welche theils die ächte,
„theils der abgeänderten Grundtype Form und Farbe erhalten."

„Wir haben nicht wenige Beispiele, daſs die zu derselben
„Art gehörigen Individuen sehr geneigt sind, gewisse constante
„klimatische Abänderungen in der Form und Farbe anzunehmen,
„sogar unter nicht sehr divergirenden Graden der Länge und
„Breite. Unter andern etc.... Wollten wir indessen alle diese
„localen Abänderungen als eben so viele ächte Arten aufnehmen,
„so würde zuletzt kein Natursystem alle diese Arten mehr fassen,
„kein Ornitholog sie ordnen, und kein Gedächtniſs sie behalten
„können; die Lehre von den Gesetzen für die geographische Ver-
„breitung der Vögel würde in ihrer Quelle verstopft, und die
„Wissenschaft selbst in ihrer Grundlage erschüttert werden."

„..... CORVUS *cornix* und C. *corone* ..... sich in Deutsch-
„land oft paaren, und Junge von dem Ansehen beider hervor-
„bringen. Einige Ornithologen sehen aus diesem Grunde diese
„beiden Vögel für Eine Art an; und ich bin nicht ungeneigt,
„dieser Meinung beizutreten. Wir kennen doch Vögel, welche
„äuſserlich eben so sehr in der Farbe differiren, wie diese beiden
„Krähen, und welche einstimmig für dieselbe Art angesehen wer-
„den, z. B. LESTRIS *parasitica* mit der weiſsen und mit der
„braunen Brust; so unter den Säugthieren der blaue und weiſse
„Fuchs, das schwarze und rothe Eichhorn u. s. w."

Um wie viel mehr Gewicht würde Faber auf diesen Parallel-
Beweis gelegt haben, und um wie viel weiter würde er ihn haben
ausführen können, wenn er damals schon die Ergebnisse der neueren
Forschungen mancher Zoologen, und namentlich die Resultate von
Nilfsons höchst braven Arbeiten über die Säugthiere des scandinavischen Reichs, gekannt hätte! (*) — Da mir nun die Aufführung
paralleler Beweismittel über das Variiren der beiden warmblütigen
Thierklassen hier schon an und für sich ganz an ihrem Orte zu stehen scheint, um, bei der durchgängigen Ähnlichkeit von der einen
Wesenklasse mit Schlüsse auf die andere ziehen zu können; so nehme
ich um so weniger Anstand, selbst mit einiger Ausführlichkeit darauf
einzugehen, je gewisser ich weiſs: daſs Mangel an Kenntniſs der

---

(*) Denn in der That, gerade was die Säugthierfauna betrifft, so erscheint wenigstens mir
Nilfsons Werk: *Skandinavisk Fauna*, wo möglich, noch weit interessanter, noch viel wichtiger, als hinsichtlich der Vögel.

schwedischen Sprache die deutschen, und noch mehr die übrigen, südlicheren Naturforscher bis jetzt fast alle in Unbekanntschaft damit gehalten hat.

Von unserem gemeinen Eichhörnchen (Sciurus *vulgaris* L.) scheint es schwarze, oder vielmehr braunschwarze und schwarzbraune, entweder höchst selten oder gar nicht mehr in Skandinavien zu geben; indem N. nur ganz unbestimmt sagt: es solle davon manches Mal eins gefunden werden. In Deutschland sind dieselben gewöhnlich; und es scheint sich unter andern in Oberschlesien ihr numerisches Verhältniß zu den rothen durch 1:6 — 1:4 ausdrücken zu lassen. Sie kommen nicht bloß in unsern Wäldern mit den gewöhnlichen rothen vor, sondern werden auch mit ihnen in Paaren lebend und in der Begattung begriffen angetroffen; ja, man findet rothe und schwarze Junge, von Einer Mutter in einer und derselben Niederkunft geworfen, in Einem Neste.(*) Dabei bemerkt man, so gemein sie auch immer sein mögen, durchgängig das Eigne: daß, gerade wie bei den (an sich weit minder in der Farbe unterschiedenen) Varietäten der gemeinen Krähe, die Mittelfärbungen ungleich seltener bleiben, als die Extreme; obgleich auch sie einzeln alle hier vorkommen. (**) Es giebt braun- und grauschwarze, schwarzbraune und röthlich-dunkelbraune: letztere, als die hellsten unter den dunkelfarbigen, am öftesten in der kalten Jahreszeit; alle bald mit, bald ohne den helleren, gewöhnlich viel röthlicheren, selten im Winter grauen, zuweilen sehr abstechenden

---

(*) Weßhalb denn auch natürlich an eine Möglichkeit von specifischer Trennung hier nicht zu denken ist, und, weil glücklicher Weise diese unwiderlegbaren Umstände früh genug bekannt geworden sind, in der That Niemand daran gedacht hat.

(**) Man sieht hieraus, daß bei diesen beiden Thierarten (dem gemeinen Eichhörnchen und der gemeinen Krähe) sich die Natur einmal weit mehr in dem Auseinanderhalten der äußersten Endpunkte, als in dem Verbinden derselben, zu gefallen scheint. Ein Streben, wodurch sie in Betreff der Krähe den Scharfsinn der Naturforscher so lange irre geführt hat! — Doch mag hierbei zugleich noch davon erinnert sein, daß Herr Brehm [in seinen rühmenswerthen Beiträgen zur Vögelkunde] aus eigner Erfahrung ein Beispiel, vielleicht das einzige bisher gekannte, vom geraden Gegentheile anführt. Er fand, daß eine junge, in der Mittelfärbung erscheinende Krähe von einem ächten, beiderseits ganz schwarzen Rabenkrähenpaare erzeugt worden war: indem es, nach seiner ausdrücklichen Versicherung und genauen Untersuchung, in der ganzen Umgegend gar keine graue oder Nebelkrähe gab, mit welcher etwa einmal eine ausnahmsweise Begattung der Mutter hätte geschehen sein können.

Ich bin geneigt, zu vermuthen: daß dieses lichtere Exemplar das zuletzt aus dem Ei gekommene, vielleicht in Betreff der Erwärmung zugleich von der Mutter etwas vernachlässigte, schwärzlichere Junge einer Brut war, deren erste Erziehung in eine kühle Zeit traf; oder auch beide Zeitumstände umgekehrt. [Es ist bekannt, daß die Vögel bei anhaltend kalter Frühlingswitterung auch länger als sonst brüten müssen, ehe die Jungen ausschlüpfen.] Hierüber Einiges weiter unten.

rothbraunen Seitenstreif. (*) Bei uns nun sind die sogenannten rothen im Sommer braunroth, oft hochbraunroth; im südlichen Schweden erscheint das rothe ähnlich, oder rothbraun, im nördlichen aber
vielleicht noch bräuner. Im Winter wird es bereits bei uns grauer,
zumal an den Seiten des Leibes und an den Kanten der Beine; im
südlichen Skandinavien erscheint es dann schon graubraun, braun-
grau, endlich noch weiter hinauf hellgrau oder gar graubläulich, stets
ohne alles Roth, und giebt so das Grauwerk. (**) — Hier sehen wir
denn also, wie sogar im gröfsten Theile der Landstriche, welche die
Species bewohnt, aufser den klimatischen Abänderungen auch
zugleich zwei Raçen (Leien) neben einander existiren, deren keine eigentlich nördlich, keine eigentlich südlich genannt werden kann, obwohl die eine entschieden weiter nördlich hinaufgeht
als die andere; und die, trotz ihrer häufigen Vermischung unter einander bei der Begattung, dennoch meist eine gewisse Selbständigkeit bewahren, nur weit seltener dagegen in einander fliefsen. Ein
Fall, welcher, nochmals sei es gesagt —, im letzteren Punkte ungemein viel Ähnlichkeit mit dem bei der schwarzen und grauen
gemeinen Krähe hat, nur dafs er in jeder Hinsicht noch viel auffallender und seltsamer bleibt.

Der nordische Hase (LEPUS *borealis* Pall. und Nilfs.) Europas und Asiens: von welchem sich N. durch die genauesten, vielfach angestellten Vergleiche überzeugt hat, dafs er mit dem Eishasen
(L. *glacialis* Leach) Grönlands specifisch einerlei ist, von welchem
er aber noch bezweifelt, dafs er mit dem, bis dahin nicht von ihm
verglichenen schweizer und tyroler Alpenhasen (L. *variabilis* Bechst.)
eins sei; der nordische veränderliche Hase zeigt schon noch merk-
lichere klimatische und Jahres-, wiewohl keine Raçen-Verschieden-
heit. Oberhalb hat er während des Sommers im südlichsten Skandinavien eine graubraune, im Winter eine weifsgraue, nur selten
eine grauweifse Farbe. Doch bemerkt man, was das Weifswerden
betrifft, sogar schon einigen Unterschied zwischen seinem Verhalten
in den kälteren Wäldern der etwas nördlicheren Provinz Småland und
seinem Aussehen in der nur etwas mittäglicher gelegenen südlichsten

(*) Da im Sommer die Haare der Ohrbüschel für geraume Zeit ganz ausfallen, so bin ich
schon lange sehr geneigt gewesen, den SCIURUS *alpinus* Fr. Cuv.'s nicht für eine besondere Art
zu halten. —

(**) *Petit gris*, (welches nicht von dem grofsen amerikanischen Sc. *cinereus* kömmt.) Zufällig hat in den letzten Jahren die Mode der Damen zur Vermehrung der Gelegenheit beigetragen, bei Kürschnern die Menge der allmähligen Abstufungen in dem Colorite des Grauwerks
zu sehen. — *Skandinavisk Fauna, en handbok för Jägare och Zoologer. I. delen. Däg-
gande djuren,* S. 168, n. 29 — S. 173.

von allen, dem milderen, waldarmen, gut kultivirten Schonen nämlich; obwohl übrigens dieser Unterschied daselbst natürlich noch in
minderem Grade Statt findet, als weiter nach den eigentlich nördlichen und nördlichsten Strichen hinauf. Dort und auf den Alpen wird er nämlich bereits im Sommer heller, oder gar weißgrau,
und im Winter ganz weiß gefunden, oder dann höchstens noch mit
einzeln eingestreuten schwärzlichen Haaren. In Grönland endlich
bleibt er bekanntlich gar das ganze Jahr hindurch weiß, (abgerechnet
die stets und an allen Orten schwarz gefärbten Ohrspitzen.) (*)

Vom Hermelin-Wiesel (MUSTELA *erminea* L.) ist es allgemein bekannt, daß es im ebenen südlichen Europa die Farbe nicht
mehr ändert, sondern nur da, wo es Alpen bewohnt. Bei uns bleiben im Ganzen noch eben so viele im Winter braun, als ihrer dann
weiß werden; und viele scheinen die Farbenveränderung nur halb zu
erleiden. Ganz Skandinavien hat sie aber nicht allein stets im
Winter weiß, sondern einzelne bleiben es hin und wieder sogar auch
den Sommer durch. (**)

Das kleine Wiesel endlich (M. *minor* Nilss., M. *vulgaris*
Erxl., M. *nivalis* L.) liefert den aller entschiedensten Beweis: daß
eine gänzliche Farbenveränderung nach der Jahreszeit doch bloß da erfolgt, wo einer Seits vielleicht eben so sehr ein mit-
telbares Bedürfniß des Wesens, wie anderer Seits die Folgen äußerer
Einflüße auf sein Inneres, sie bedingen; daß daher jene ganz, und
zwar sogar recht plötzlich, da aufhören kann, wo beide nicht
mehr eintreten. So gemein das Thierchen in den meisten Gegenden

---

(*) *Skand. Faun.* S. 211, n. 37, — S. 224. — Faber hat auch den Eisfuchs (CANIS
lagopus L.) mit angeführt. Und in der That möchte es, besonders nach den früheren Untersuchungen Stellers, nicht bezweifelt werden können: daß einzelne Exemplare seiner Art in
allen Gegenden während des Sommers weiß, andre im Winter grau bleiben; obgleich Nilsson jene eher für Albinos-Ausartungen hält. Indeß sind doch dieser Ausnahmen entweder zu
wenige, oder man weiß noch zu Wenig von den geographischen Verhältnissen, unter welchen
sie eintreten, als daß man diese Fälle zum Beweise für unseren Zweck neben so viel sicherer
bekannten in Erwägung zu ziehen hätte. —

Wohl aber verdient das Renthier erwähnt zu werden. Es erscheint nach der Som-
merhaarung dunkel- oder schwarzbraun, wird im Herbste grau, und im Winter weißlich. Nie
giebts in Skandinavien fleckige Ausartungen; aber in gewissen Gegenden, z. B. um Jockmock,
(an der Gränse des Polarkreises, um den mittleren Lauf der Tornea-Elve) findet sich eine Abänderung, welche unter allen Jahreszeiten schneeweiß bleibt. *Skand. F.* S. 286 und S. 292.

(**) *Skand. Faun.* S. 29, n. 6, — S. 34. — Es wird hiernach durch das Hermelin ebenfalls
wieder klar; daß sich bei den meisten Thierarten, sie mögen sich auf die eine oder auf die andere Weise klimatisch verändern, die einzelne Individualität nicht immer ganz verläugnet. Beinahe stets bleiben, in Folge individueller Abweichung ihrer Organisation, einzelne auch da von
dem Unterwerfen unter die allgemeine Regel ausgenommen, wo sich doch sonst alle ihr fügen
müssen.

Deutschlands, und bis nach Südeuropa hinab, gefunden wird; so
haben wir es doch schon hier mitten in Deutschland entweder nie
anders, als braun: oder es kommt wenigstens (wenn überhaupt je)
gewifs so höchst selten in weifsem Winterpelze bei uns vor, dafs man
die wenigen, bisher etwa so gesehenen Exemplare nur für Ausartungen gehalten hat. (*) Ganz anders verhält es sich damit auf der
skandinavischen Halbinsel. Dort, wo es übrigens die südlichsten Theile nur selten besitzen, kennt man es zur Winterszeit durchaus nicht anders, als in rein weifser Tracht; an welcher höchstens,
und zwar auch nur selten, das Schwanzende einige wenige dunkle
Haare behält.

§. 11.

Auch ein nordischer Vogel scheint, nach Art mehrerer Säugethiere, in einem südlicheren, viel milderen Klima sein weifses
Winterkleid ablegen zu können.

Diefs nun in Betreff der Säugthiere vorausgeschickt, wird
es als etwas mindestens höchst Wahrscheinliches einleuchten: dafs
auch ein solcher Vogel, welcher als Standvogel beständig an einen
Ort, oder doch an dessen nächsten Umkreis, gebunden erscheint,
und zum Wegwandern entweder nicht geeignet, oder wenigstens
nicht geneigt ist; oder welcher endlich auch durch äufsere Umstände anderer Art ganz absolut verhindert wird, einer etwa mög-
licher Weise in ihm erwachenden, der Species ganz neuen Wan-
derlust zu folgen: dafs auch ein solcher Vogel, wenn er in einem
für seinen Aufenthalt jetzt eigentlich zu warmen Lande mit gelin-
dem Klima festgehalten wird, nach und nach immer mehr, und
durch mehrhundertjährige Generationen hindurch wohl auch für
immer, jenen organischen Trieb, die Farbe nach der Jahreszeit
zu ändern, gänzlich verlieren könne. Ohne gerade zur absoluten
Gewifsheit zu werden, mufs uns diefs ohne Zweifel wenigstens
äufserst wahrscheinlich vorkommen. Denn es wäre doch gewifs
logisch lächerlich, unter gleichen Umständen bei einer Thierart
etwas für unmöglich anzusehen, was wir von mehreren andern
mit der positivsten Bestimmtheit wissen! [Dieser Grund nun unterstützt, mit mehreren andern, als erstes Hauptmoment die An-

(*) Erst kürzlich, in diesem Sommer, erhielt doch das hiesige zoolog. Museum ein solches
bereits ausgestopft und vor einigen Jahren geschossen; aber es war — aus dem Gebirge in
der Nähe von Warmbrunn, wo sich das Riesengebirge bekanntlich am höchsten erhebt.

sieht: dafs das schottische Wald- oder Schneehuhn, TETRAO *scoticus* Gm., nicht für ein Wesen eigner Species, sondern für eine blofse, der weifsen Wintertracht entbehrende, südliche klimatische Varietät des Weidenschneehuhns zu halten sei.] (*)

Anmerk. Hierbei will ich sogleich mit wenigen Worten dem unüberlegten, aber doch nur zu leicht möglichen Einwurfe begegnen: dafs alsdann ja, analog zu folgern, auch das Felsen- oder Alpen-Schneehuhn, welches weiter nördlich als das Weiden-Schneehuhn, und noch viel weiter südlich als dieses und das vermeinte schottische, herabgeht, hier (im Süden) ebenfalls sein weifses Winterkleid verlieren müfste. Mit nichten! Jenes lebt stets zunächst des ewigen Schnees; der Unterschied des Klimas an der Schneegränze aber ist ein gerade umgekehrter: und zwar ein ungeheuer grofser, wenn man die beiden Extreme von Zonen, die heifse und die kalte, mit einander vergleicht. (**) Fast um das Sechsfache wärmer ist dieser Strich in der Polarzone, als unter dem Äquator; und darum reichen im Norden die Bäume mehr in dessen Nähe hinauf. In der Äquatorialzone ist da selten Sonnenschein; Tag und Nacht sind gleich, das Wetter ist veränderlich, der Schnee schmilzt wenig. Auch in der Schweiz ist das Wetter an der Schneegränze (im Durchschnitte bei 1350 Toisen Seehöhe) veränderlich, und schon bei 1000 Toisen schneit es in jedem Monate; aber die Tage sind länger, thauen den Schnee auf, und bewässern fruchtbare Viehweiden. Aber jenseits des 68° d. Br., in Lappland, dort ist an der Schneegränze ein heiterer Himmel: und diefs so unveränderlich, wie in den Ebenen der heifsen Zone vor der Regenzeit; hiervon zeugen dann die zahlreichen Mücken und Fliegen. Der niedrige Stand der Sonne wird durch ihr längeres Verweilen am Himmel vergütet. Das Schneewasser bildet dort Sümpfe, und erzeugt üppige Sumpfpflanzen in gröfster Menge unter den übrigen Alpenpflanzen. Die lappländische Bergluft ist im Ganzen viel trockener, als die in der Schweiz: Regen im Sommer selten; Schnee nie vor dem September. (Hiergegen vergleiche man, in der hinten stehenden Zusatz-Note über das schottische Schneehuhn, die Angabe über den ungemein gelinden Winter in Britannien und über den kühlen Sommer daselbst.) Es erhellt sonach: dafs ein Alpenvogel, welcher der Region zunächst unterhalb der Schneegränze angehört, wie

(*) Eine ausführlichere Begründung dieser Meinung siehe unter den specielleren Auseinandersetzungen, welche zu Ende als Zusätze beigefügt sind.

(**) Alex. v. Humboldt *Nov. gen. et spec. plant. aequinoct.* I, p. 140-42.

das Felsen-Schneehuhn, gerade noch eher in der Schweiz, als in Lappland, den sonst nordischen Farbencharacter behalten muſs; und daſs
er selben eher hier, als dort, verlieren, also in südlicher Tracht erscheinen könnte.

§. 12.

Manche Gegenden verbinden in der Excessivität ihres Klimas die
Elemente zur Hervorbringung der entgegengesetzten Varietäten (bei unter sich verschiedenen Vogelarten) zugleich. So Nordeuropa, und noch mehr Sibirien, Nordamerika.

Gleich zu Anfange, und auch sonst öfter, wurde der hohen Wichtigkeit gedacht, welche der Umstand besitzt: ob
ein Vogel in einer Zone, entweder überhaupt oder doch für
die meisten Fälle, ein Standvogel, oder ob er ein Zugvogel sei. Schon Faber hat angedeutet, wie ungemein viel hier
auf ankömmt. Natürlich muſs der Einfluſs der Landesbeschaffenheit um sehr viel stärker wirken auf einen Standvogel, welcher
ein Land, oder gar einerlei Gegend in demselben, das ganze Jahr
hindurch bewohnt, als auf einen wandernden, welcher nur selten
mehr, und vielleicht oft weit weniger, als die Hälfte des Jahres
daselbst zubringt. Mögen immerhin der Hühnerhabicht auf der
einen, und das Blaukehlchen mit der Wiesenbachstelze auf der andern Seite, den Sommer hindurch den Aufenthalt am und im arctischen Kreise mit einander theilen; es wird doch stets einen gar
bedeutenden Unterschied machen, daſs jener dort im Winter durch
mehr als sechs Monate die extremste Kälte erduldet, während
diese in derselben Zeit die Wärme beinahe der Wendekreisgegenden genieſsen! Solche Umstände müssen denn wohl machen,
daſs auch die Extreme sich örtlich berühren können: d. h., daſs
eines und dasselbe Land für verschiedene Vögel, je
nachdem die einen wegziehen, die andern aber Stand halten,
die Bedingungen zum klimatischen Variiren nach beiden entgegengesetzten Richtungen hin in sich vereinigen,
und daſs es, mit Einem Worte, der Ort für relativ-südliche und
für ächt-nördliche Varietäten zugleich sein könne. (*)

(*) Dieser Erfahrungssatz macht, streng genommen, allerdings die Benennung »südliche
Varietäten« etwas unlogisch, aber wenigstens nicht undeutlich der Sache nach; — auch nicht
ganz unlogisch: denn sie treten im hohen Norden doch nur darum ein, weil sich der Sommer

Diese, sonst für den ersten Augenblick so widerstreitend
scheinenden Bedingungen nun erfüllt, so viel man bisher mit
Gewißheit weiß, zuerst besonders das nördlichste europäische Festland.

[Daß manche Standvögel, wie der alte Hühnerhabicht, der
Uhu, wahrscheinlich der Mäusebussard, (welcher häufig bloß
nach Umständen wandert,) und vielleicht noch mehrere andere,
dort überhaupt oder häufiger ins Weiße oder Hellere übergehen,
also der tief-nördlichen Breite gemäß variiren, dieß kann nicht
weiter unerwartet sein. Daß jedoch auch die gelbe Bachstelze
noch in Lappland öfters, das Blaukehlchen sogar regelmäßig, in
derselben Färbung gefunden werden, wie unter tief-südlicheren
Himmelsstrichen, dieß ist ein Umstand, welchen man anfänglich
eben so befremdlich finden kann, wie man ihn umgekehrt bei
schärferem Nachdenken natürlich finden muß. Beide wandern
nämlich, gehören auch zu den leicht abändernden Arten.] (*) Je
später nun aber ein Vogel ein hoch-nördliches Land als Som-
merheimath aufsucht, je früher er dasselbe wieder verläßt, je
schneller er dabei zieht, und je tiefer er in der Zwischenzeit nach
Mittag zu hinabrückt: um so mehr wird er, mit geringen Unter-
brechungen, in einer theils periodisch-warmen, theils beständig-
warmen Temperatur bleiben; deßhalb, weil bekanntlich gerade
die Sommertage hoch-nordischer Gegenden, für welche alsdann
die Sonne zum Theile mehr als wochenlang gar nicht untergeht,
die unsrigen zuerst an Länge und dann (zumal in dem Falle,
wenn hohe Küstengebirge die kühlende Seeluft abhalten) auch an
Hitze eben so weit übertreffen: wie der Sommer, als Jahreszeit
im Ganzen, dem unsrigen an Dauer nachsteht. Es wird also
eigentlich nur ganz in der Ordnung sein, daß ein dafür empfäng-
licher Zugvogel dem beinahe fortwährenden Einflusse einer sehr
warmen Atmosphäre nicht widerstehe, gleich viel, unter welchen

desselben dazu eignet, die Entwickelung einer Erscheinung zu begünstigen, zu welcher stets
der Süden den Grund gelegt hat und gewiß legen muß. Indeß, wer einen besser passenden,
dabei gleich allgemein verständlichen und gleich kurzen Ausdruck zu ersinnen weiß, der gebe
ihn an. *Si quid novistis rectius istis* — — —

    (*) Es steht mit hoher Wahrscheinlichkeit zu erwarten, daß die Zukunft und eine erhöhte
Aufmerksamkeit wohl, außer diesen, noch andere so genannte südliche Abänderungen von weniger leicht abändernden Arten dort werden auffinden lassen, wenn auch vielleicht nur in geringer Anzahl.

Breitengraden er sie empfinde: ob in der Nähe des Erdäquators, oder am Rande des arctischen Polarzirkels. —

Noch viel bemerkbarer, als in Europa, tritt diese selbe Erscheinung in Asien hervor: bemerkbarer hier vielleicht eben so sehr zufällig aus historischen, wie aus örtlichen Gründen. (*) Die letzteren liegen in der universellen Beschaffenheit dieses Continents: als welcher sich eben selbst auf eine so merkwürdige Weise, und in weit höherem Grade als der unsrige, dazu eignet, um, je nach Verschiedenheit der Jahreszeit, klimatische Extreme auf einem und demselben Punkte hervorzurufen. Ich werde hier nicht auf allbekannte vergleichende Angaben eingehen, wie man dieselben in jedem ausführlicheren geographischen Werke finden kann. Dem weniger Kundigen mag es überlassen bleiben, sie dort aufzusuchen, um sich nach Erfordernifs darüber zu belehren. — Mögen übrigens die neuesten Untersuchungen und mathematischen Messungen im Punkte dessen, was die vermeinte so ganz übermäfsig hohe Lage so vieler dortigen Ebenen etc. betrifft, immerhin ganz geeignet sein, die bisherigen, etwas zu ausgedehnten Ansichten hierüber zu beschränken, und den Werth dieses bisher einzigen Erklärungsgrundes bedeutend herabzustimmen und zu ermäfsigen; die erfahrungsmäfsigen Beobachtungen über das Klima an sich haben dadurch natürlich immer nicht verändert werden können: sondern sie werden nur jetzt auch solchen Einflüssen mit zugeschrieben werden müssen, die bisher theils minder in Betracht gezogen, theils auch gar nicht erkannt worden waren. Ich will daher im Folgenden auf die Ergebnisse hinweisen, welche, so in ihrer Gesammtheit, erst eine Frucht der neuesten Untersuchungen und ausgedehnten Betrachtungen von Alexander von Humboldt sind. (**)

(*) Unter ersteren wird man den günstigen Umstand verstehen: dafs das ungeheure Nordasien ungleich früher und ungleich öfter, als das hohe Nordeuropa, überhaupt in naturgeschichtlicher und auch in ornithologischer Hinsicht untersucht wurde; dafs daher ins Besondere die klimatischen Varietäten der Säugethiere und Vögel hiebei schon von Pallas berücksichtigt, und viele derselben geographisch bestimmt wurden, wenn er sie auch nicht gerade immer als solche richtig erkannte.

(**) Niedergelegt in seinem neuesten Werke: *Fragmens de géologie et de climatologie Asiatiques, Paris* 1831, 2. Tom. 8vo; besonders zu Anfange des 2ten Theils, unter der Rubrik: über die Temperaturverhältnisse Asiens und Europas.

Nachdem er als Mitursachen dieser Klima-Verschiedenheit beziehungsweise allerdings auch die vertiefte Lage und die besondere südliche Einschliefsung mehrerer einzelner weiter Districte durch hohe Gebirgsmauern (*) ebenfalls hat gelten lassen, geht er auf die eigentlichen und wahren Hauptursachen über. Als solche sind, dem heutigen Standpunkte physikalisch-geographischer Wissenschaft gemäfs, folgende angegeben: Die abgerundete Ländergestalt überhaupt, bei ungeheuerer Anhäufung der Massen; die Gestaltung des Bodens nach seiner horizontalen Erstreckung, und die Unebenheit oder Krümmung seiner Oberfläche; die relative Stellung der undurchsichtigen, festen (continentalen) und der durchsichtigen, flüssigen (pelagischen) Massen des Erdkörpers; die Richtung und Stellung der grofsen Gebirgssysteme sowohl in zusammenhängenden Ketten, als auch in getrennten, hin und wieder zerstreuten Gruppen; die so bedeutende Zunahme erhöhter Ebenen, im Verhältnisse gegen sie; und das relative Übergewicht gewisser Winde, welche von den Wärme erzeugenden (absorbirenden und ausströmenden) Kräften der Erdhülle abhängen; ferner die ununterbrochene Breitenzunahme des alten Continents nach Osten hin, die Entfernung von den Westküsten, d. h. von einem westlichen Meeresbecken, welches eine nur wenig veränderliche Temperatur aufbewahrt; und endlich die Westwinde, welche natürlich (wegen der ansehnlichen, in dieser Richtung vorliegenden Ländermassen) für Osteuropa und Asien schon Landwinde sind, für diesen Theil der alten Welt im Norden diesseits des Wendekreises vorherrschen, und durch die, verhältnifsmäfsig nur wenig hohe Gebirgsmauer des Ural kaum einen geringen Aufhalt erleiden. Herr v. H. schliefst alsdann die hypsometrischen Betrachtungen über Asien, im besonderen Vergleiche zu Europa, mit der Bemerkung: "Wir haben hieraus ersehen, dafs "Asien, in grofse Bassins getheilt durch Gebirgszüge verschiedener "Richtung und verschiedenen Alters, eine Entwickelung des organi- "schen Lebens und Ansiedelung für Völker-Vereine, für Jäger (Si- "birier), Hirten (Kirgisen und Kalmücken), ackerbautreibende Völ- "ker (Chinesen) und Mönchsvölker (Tibetaner), und eine Mannigfal- "tigkeit von Ebenen, Terrassen und Hochgründen im Luftozeane dar- "bietet, welche auf eine höchst merkwürdige Weise die Temperaturen "und Klimate modifizirt . . . . " Und den Schlufs macht Folgendes: "Die Kontraste zwischen Europa und Asien, welche ich hier eben

(*) Solche Districte liegen zum Theile, wie die Ufergegenden des kaspischen Meeres und des Sees Aral, in Folge eines ganz eigenthümlichen, wahrscheinlich vulkanischen Depressions-Phänomens keineswegs über, sondern um 200-300' unter der gewöhnlichen Seehöhe.

4*

„dargethan habe, bilden den Verein der Ursachen, die ins Gesamt
„auf die Beugung der Linien gleicher jährlicher Wärme und auf die
„ungleiche Vertheilung dieser geringen Wärme zwischen die verschie-
„denen Jahrszeiten einwirken; Phänomene, welche vorzugsweise im
„Osten des Meridians von St. Petersburg bemerkbar werden: da näm-
„lich, wo der Continent von Europa auf eine Länge von 20 Brei-
„tengraden an das nördliche Asien sich anschliefst. Osteuropa und
„ganz Asien (das letztere vom 35° d. Br. an nördlich) haben ein aus-
„gezeichnet continentales Klima, wenn man diesen Ausdruck
„im Gegensatze zu dem des Insel- und Westküsten-Klimas an-
„wendet; und sie haben, wegen ihrer Gestalt und Weltstellung im
„Verhältnisse zu den West- und Südwestwinden, ein excessives
„Klima, dem der Vereinigten Staaten von Amerika analog, d. h.
„dafs sehr heifse Sommer auf äufserst strenge Winter folgen. Nir-
„gends, selbst nicht in Italien und auf den kanarischen Inseln, habe
„ich so schöne Trauben gesehen, wie in Astrachan, an der Küste
„des kaspischen Meeres; und gleichwohl sieht man oft in eben die-
„ser Gegend, und sogar noch weiter südlich, in Kislar an der Mün-
„dung des Terek (unter der Breite von Avignon und Rimini), das
„hunderttheilige Thermometer im Winter auf 28°-30° unter den
„Nullpunkt sinken. In Astrachan, wo während der Sommer, die
„heifser sind, als in der Provence und Lombardei, die Kraft der
„Vegetation durch künstliche Bewässerung des salzhaltigen Bodens
„erregt wird, mufs sogar die Rebe in bedeutende Tiefe vergraben
„werden. Eben diese so ungleiche Vertheilung der Jahreswärme un-
„ter die so verschiedenen Jahreszeiten ist es, welche die Kultur des
„Weinstockes, oder, besser gesagt, die Erzeugung eines trinkbaren
„Weines, bisher in den Vereinigten Staaten Amerika's, im Norden
„des 40° d. Br., so sehr erschwert hat. Nach dem Systeme euro-
„päischer Klimate bedarf es zur Erzeugung eines trinkbaren Weines
„im Grofsen nicht allein einer mittleren Jahrestemperatur, die bis
„8,7° oder 9° steigt, sondern auch eines Winters, der nicht unter
„+ 1°, und eines Sommers, der mindestens 18,5° habe. Dieses feste
„Verhältnifs der Wärmevertheilung bestimmt den Vegetationscyclus
„sowohl derjenigen Pflanzen, welche gewissermafsen in winterliche
„Lethargie versinken und während dieser Zeit nur auf ihre Axe be-
„schränkt leben, wie auch derjenigen, welche (wie der Ölbaum) wäh-
„rend des Winters ihr appendiculäres System, die Blätter, behalten."

So viel im Allgemeinen als Resumé aus den Betrachtungen
des berühmtesten Reisenden und Physikers unserer Zeit, der vier

Welttheile und die Erzeugnisse aller Zonen gesehen, und fast alle Klimate empfunden hat. — Nun noch einige speciellere Bemerkungen von anderer Hand: (*)

"Noch muſs, wenn von der Strenge des Klimas die Rede ist, "der auffallenden Erscheinung gedacht werden, daſs die Kälte in Ruſs- "land gegen Osten hin immer zunimmt, und daſs sie selbst in einem "höheren Grade zunimmt, als wenn man eben so viel von Süden ge- "gen Norden geht. Moskau und Kasan liegen z. B. sehr nahe unter "demselben Breitengrade; aber Kasan, das etwa 100 deutsche Meilen "östlicher liegt, ist viel, sehr viel kälter als Moskau. Kasan liegt "nahezu unter derselben Entfernung vom Äquator, wie Kopenhagen "oder Edinburg; aber wie ungemein verschieden ist das Klima die- "ser Städte! Petersburg liegt gegen 5 Grade nördlicher als Kasan, "und doch ist das Klima von Petersburg bei aller Strenge viel mil- "der, als das der letzteren Stadt. In Kasan tritt der Winter mit der "Mitte des Octobers ein, und dauert ununterbrochen bis zu Ende des "Aprils, und erst gegen das Ende des Mai werden die Felder be- "stellt, während man in Drontheim in Norwegen im November grüne "Wiesen hat und eines angenehmen Spazierganges im Freien genies- "sen kann, obschon Drontheim eine Breite von 64° hat, also 9 volle "Grade nördlicher liegt als Kasan. Noch auffallender werden diese "Unterschiede, wenn man in Ruſsland noch weiter gegen Osten vor- "dringt. Ochotzk z. B. liegt mit Petersburg und Stockholm beinahe "unter derselben Breite; aber der Russe selbst schaudert vor der Al- "les erstarrenden Kälte in Ochotzk, und alle Beamte dieser Stadt, "die aus westlicheren Gegenden hingeschickt werden, erhalten dop- "pelten Sold, einen höheren Rang und die Erlaubniſs, nach drei Jah- "ren wieder zurückzukehren, weil sich ohne diese Vergütung Niemand

---

(*) Obwohl es bei wissenschaftlichen Verhandlungen zu einer bestimmten und sehr wohl begründeten Regel geworden ist, sich nur auf solche Nachrichten zu berufen, deren Sicherheit durch den Namen des Verfassers verbürgt wird; so kann ich mich doch einmal nicht entbrechen, von diesem allgemeinen Gebrauche in einem besonderen Falle abzugehen, in welchem eine ge- drängte und lebendige Darstellung von Thatsachen ebenso anzieht, wie innere Gründe für die Zuverlässigkeit des Gesagten zeugen. Ich meine eine Reihe von Aufsätzen im Morgenblatte von 1830, n. 252 - 257, unter dem Titel: »Bilder aus Ruſsland,« von einem Deutschen, welcher lange in Ruſsland gelebt hat. Auch wenn nicht eine spätere, ähnliche Folge von interessanten und mit dem Namen ihres Verfassers unterzeichneten Bemerkungen unter der Überschrift: »Bil- der vom kaspischen Meere«—, im Jahrgange 1832, ebenfalls auf den Ursprung der ersteren durch den bekannten Naturforscher Eichwald (Collegienrath, Prof. an d. Univ. zu Wilna) ver- muthen lieſsen; so würde schon die ächt wissenschaftliche Gründlichkeit, welche jede Zeile der an- und aussziehenden Stellen verräth, und ihre Übereinstimmung mit den bewährtesten Er- fahrungen Anderer, namentlich mit den Angaben des Hrn. A. v. Humboldt, für ihren Werth Gewähr leisten.

"finden würde, der sich diesem unwirthlichen und beinahe unbewohn-
"baren Klima aussetzen möchte. Der bloße Name Kamtschatka er-
"regt schon Kälte und Schauder, und doch ist der Peter-Pauls-Hafen
"in Kamtschatka nur 51° vom Äquator entfernt, also ziemlich in
"derselben geographischen Breite, wie Dresden, Amsterdam und Lon-
"don." Als Ursachen werden auch da angegeben: die weite Entfernung vom Meere, ("es giebt keinen so großen, von allen Meeren
"ringsum so weit entlegenen Erdstrich, als das mittlere Asien,") zunehmende Erhöhung des Landes nach Osten hin zu einem ungeheue-
ren Bergplateau von beispiellosem Umfange, und vielleicht mit die
vielen Salzlager, welche zur Erkältung des Bodens beitragen und die
Vegetation ungemein verkümmern.

Rußland hat keinen Frühling und keinen Herbst, schon um
Kasan. Ein drückender, ermattender Sommer folgt auf den schnei-
denden Winter. Der klafterhohe Schnee liegt zwar z. B. in Perm
und Simbirsk um Nischnei-Nowgorod (unter einer Breite, die ohngefähr oder beinahe der von Gothenburg in Schweden und von Edinburg in Schottland gleicht) von der Mitte, oft sogar vom Anfange
Octobers fast immer bis in die Mitte des Mai; er schmilzt aber in
wenigen Tagen bis auf die letzte Spur hinweg, und mit einem Male
strebt die Vegetation mit aller Macht (*), wie in einem künstlich ge-
heizten Treibhause, empor. "Diese, wenn gleich nur kurze, doch prä-
"gnante Hitze scheint jene sonst so kalten Gegenden auf einige Wo-
"chen förmlich zu einem tropischen Lande zu machen. Nach zehn
"Uhr des Morgens werden alle Arbeiten, selbst die bei der gemei-
"nen Klasse, eingestellt, und alle Fensterläden geschlossen; und bis
"3 Uhr scheinen Dörfer und Städte leer und einsam." Die Hitze
wird unerträglich, und geistig wie körperlich höchst ermattend. Vom
Ende Mais bis Anfang Septembers fällt gewöhnlich kein Regen, und
Gewitter sind äußerst selten; daher die Luft durch nichts abgekühlt
wird etc.

Hiernach wird sich also so manches, sonst dunkle und unerklärlich scheinende Phänomen der geographischen Ornithologie
erläutern lassen. Es wird kein Räthsel mehr sein, warum sich,
je nach Maaßgabe ihrer Lebensweise, so manches bei der Wande-
rungsgeschichte, der Verbreitung und dem Abändern unserer Vögel geltende Gesetz in Asien unter gleichen geographischen Brei-

(*) — aus Ursachen, die man durch A. v. Humboldt in seinen *Nova gen. et spec. plant.
aequinoct.* I, p. 136, erklärt findet.

ten mit unserem Vaterlande und mit unseren Nachbarländern etc.
für die nümlichen Vogelarten sehr modificirt und modificiren muſs;
warum sich besonders manche bei uns nicht wandernde Vögel
dort zum Fortziehen entschlieſsen müssen, und warum mancher,
der auch hier wandert, dort doch eine sehr viel weitere und eili-
gere Reise, als auf dem westlicheren Continente, unternehmen
muſs: um so über alle die zum Theil ungemein ausgedehnten
Bergplateaus hinüber, und oft über die höchsten Bergketten der
Erde hinweg, endlich nahe am südlichen Continentalrande Asiens
mit einem Male hinter dem steilen Abfalle der Gebirgszüge in
ein Klima zu gelangen, welches ihn für den Winter beherbergen
kann, und welches nun wieder ein unverhältniſsmäſsig warmes
ist (*).

[Es erklärt sich daher auf der einen Seite, weſshalb z. B. die
gemeine Krähe an dem stets eisfreien obischen Meerbu-

___

(*) So hätte es schon lange für die Ornithologen im Allgemeinen weiter Nichts, als einer
gründlicheren Kenntniſs der Klimate und einer durchdachten Nutzanwendung der Erfahrung
bedurft: daſs in Europa die Klimate unter gleichen geographischen Breiten mit dem
Fortschreiten nach Westen immer gemäſsigter, namentlich die Winter immer
gelinder werden, — um sogleich die Hauptantwort auf die, noch immer ungelöste
Frage zu finden: warum besonders im mittleren die Zugvögel im Herbste nicht geraden nach Süden, sondern nach West und Südwest ziehen, und im Frühlinge eben
daher zurückkehren? —

Gewiſs kommen deſshalb im Herbste viele hier durch, oder zu uns über Winter, die
wir für nordische halten, die aber östliche sind. [Somit glaube ich die beiden Erscheinungen
erklären zu können: daſs nach Nilſsou manche Vögel (über Dänemark nicht allein, sondern
höchst wahrscheinlich sogar über Britannien) regelmäſsig nach Norwegen und in das nördliche
Schweden gelangen, ohne das südliche Skandinavien zu berühren; und daſs F. Boie in Norwegen bei Weitem nicht so viele nordische Vogelarten brütend traf, wie er deren nach ihrem
winterlichen Erscheinen bei uns vermuthet hatte.]

Wenn man ferner erwägt: daſs vorzüglich im Osten auf den kurzen, heiſsen Sommer
so früh ein regelmäſsig heftiger, schneereicher Winter folgt; so ergiebt es sich auch: warum
manche, zum Theile gar nicht weichlich organisirte Vögel, und unter ihnen vorzugsweise solche, die man im Norden unter unserem Meridianus wenig oder kaum vorgefunden hat, verhältniſsmäſsig bereits so zeitig bei uns oder an unseren Küsten eintreffen mögen. Früher, tiefer
Schnee und Kälte vertreiben sie dort. —

Und wenn einst wirklich mit Evidenz erwiesen würde: daſs von den grönländischen
Vögeln, namentlich aber von den dortigen Wasservögeln, solche, die ihrer Natur nach weit
wandern müssen, mehrere bis nach Deutschland, als nach den Vereinigten Staaten zögen; so läge
hierin schon wegen der Art der Ländervertheilung, und noch mehr wegen der klimatologischen
Aehnlichkeit Nordamerika's mit Asien, gar nichts Wunderbares (s. S. 59.). Denn, wenn Niemand den
Zugvögeln ein sicheres Vorgefühl bevorstehender Wärme oder Kälte absprechen kann; so wird
man ihnen doch schon längst ein bloſses (Wahrnehmungs-) Gefühl für Ab- oder Zunahme von
bereits wirklich existirender Wärme in der Luft, welche sie durchziehen, zugestehen müssen!

sen (*) höchst wahrscheinlich ein unbedingt ächter Standvogel ist,
weil sie hier zu allen Zeiten des Jahres sich von dem Auswurfe
des fluthenden Meeres bequem nähren kann. Und wiederum aus
diesem beständigen Ausharren daselbst erhellt, warum sie dort
einen matteren, ächt nordischen Färbungscharacter annimmt: da
in dem kurzen Sommer das Land, welches gerade hier noch überdiefs halbinselförmig zerschnitten ist, wegen der ungeheuern Ausdehnung jener ganz offenen, aller Gebirge ermangelnden, und auch
selbst niedriger Hügelreihen fast entbehrenden Uferflächen den
nördlichen Seewinden völlig blofs gestellt ist, der Winter aber
sich (zum Theile aus denselben Gründen) (**) am Lande sehr strenge
macht, ohne jedoch defshalb das, bekanntlich stets viel wärmere
Meer mit Eise überziehen zu können. — Auf der anderen Seite
wird es indefs auch umgekehrt wieder klar: warum in der con-
tinentaler gelegnen Nordhälfte des europäischen Rufsland,
vorzüglich aber in dem höheren und an Gebirgen immer
reicher werdenden Theile Asiens jenseits des Jenisei
nicht blofs diese Erscheinung wegfallen mufs; sondern dafs nunmehr hier, namentlich in den erhöhten und vertieften Gegenden
des gemäfsigten Erdstriches, auch die nämliche Vogelart ein wahres Zugthier werden mufs, während sie bei uns bei Weitem mehr
ein Strich- oder gar Stand-, als Zugvogel bleibt: — defshalb
weil dort ein sehr tiefer Schnee mehrere Monate lang, oder gar
die Hälfte des Jahres hindurch, den Nahrung spendenden Boden
weiter Landstriche bedeckt, die bald nachher unter der Hitze eines
dörrenden Sommers verschmachten; eines Sommers, welcher den
Organismus des Vogels eben so sehr zur Annahme dessen, was wir
im Allgemeinen einen südlichen Färbungscharacter zu nennen pflegen, stimmen mufs, wie ihn gewifs schon sein eben beendigter

(*) Hr. v. Humboldt sagt ausdrücklich; dafs im Osten die Wintergränze des Polareises,
d. h. die Linie, unter welcher sich das Eis am meisten dem Festlande nähert, blofs bis zum
75°, zwischen Nowaja-Zembla, der Lena und der Knochen-Meerenge bis zu dem Archipelagus
von Neusibirien vorrückt; während es, wegen der weiter im Westen herrschenden Meeresströmungen, gegen Europa noch lange nicht so tief herabkömmt.

(**) Denn die Süd- und Ostwinde kommen da nun aus Gegenden, welche jetzt fast oder
wirklich, und die Nordwinde aus solchen, welche stets kälter, als der erwähnte Landstrich
selbst, sind. —

von den Umständen erzwungener Winteraufenthalt in weit mittäglicheren Zonen dafür empfänglich gemacht hat.]

[Im Gegensatze hierzu findet der Wasserschwätzer doch noch in vielen dieser zwar kalten, aber meist sehr steilen Gebirge immer, auch während des tiefsten Winters, wenigstens um die eigentlichen Quellen herum, so viel offene Stellen an Bächen, um sein Leben fristen zu können. Er darf also in vielen nicht auswandern; doch nimmt er in Folge der Kälte, welcher er hierbei in manchen Gegenden so lange ausgesetzt bleibt, am Unterleibe und Seitenhalse eine mehr weise Färbung, als gewöhnlich, an. — In Daurien aber, und jenseits des Baikal, ist dies wieder anders. Hier erhebt sich nicht allein das Land überhaupt für Nord- und Mittelasien am höchsten, sondern es wird bekanntlich auch von den höchsten Gebirgsrücken jener Breiten dicht durchzogen; und die Temperatur ist da im Winter so kalt, daß (*) selbst die raschesten Bergflüsse, die reißende Angara, die Schilka, der Argun, regelmäßig zufrieren und mehrere Monate lang durchgängig mit einer Eisrinde bedeckt stehen. Dies zwingt denn, zusammengenommen mit einer Kälte, welche hier alsdann gewöhnlich auf 24 - 27° R. steht, in manchen Jahren aber auf 38° steigt, und weiter nach Nordosten hin abermals noch zunimmt, natürlich wohl am Ende auch ihn zum Auswandern nach südlicheren und westlicheren Regionen; und hieraus kann man wohl jene dunklere Färbung erklären, in welcher er (**) auf Kamtschatka und den angränzenden Inselreihen erscheint, von wo er sich über Winter bisweilen für einige Zeit an den Baikal hin begiebt etc.]

Als Belege für das Variiren der Vögel durch Übergehen in vollendetere Farben, also nach den Gesetzen erhöhter Wärme, mit dem Fortschreiten ihrer Verbreitung nach Osten zu können, mit mehr oder minderer Bestimmtheit (***), noch angeführt werden: [vielleicht der Sperber; der große und

---

(*) Nach ausdrücklicher Versicherung der Reisenden und Geographen.

(**) Als die vermeinte (keineswegs in die Krimm gehörige) Species Circus *Pallasii* Temm.

(***) Wenn ich hierbei nicht immer mit voller Bestimmtheit, sondern öfters nur von Wahrscheinlichkeit rede und reden kann; so liegt dies an dem geringern Reichthume selbst-benutzter Hülfsmittel; indem ich hier nicht Alles selbst sehen, daher Manches nur nach den Angaben des braven Pallas anführen konnte; was, wie man einsieht, mit großer Vorsicht geschehen ist. Auch das Selbst-Gesehene reichte nicht immer zur Gewißheit hin.

der rotbrückige Würger, die Dohlen-Krähe; wahrscheinlich die
Wachholderdrossel; der Gartenröthling, das Blaukehlchen, die
weiße und Wiesen-Bachstelze, der Wiesenpieper; wahrscheinlich
die Kalanderlerche; der Rohrammer; wahrscheinlich der Bergfink
und Erlenzeisig, vielleicht der Birkenzeisig; ganz besonders die
Rauchschwalbe; vielleicht der Mauersegler und gemeine Kuckuk;
die Steintaube, die Wachtel, und noch andere.

[Unter ihnen geht in vorzüglich ebenmäßigem Schritte mit
der östlich hervortretenden Landeserhöhung die klimatische Abänderung der Rauchschwalbe. Gleich jenseits der Kama, also
da, wo so eben dieses terrestrische Phänomen beginnt, fängt auch
bereits die Verdunkelung ihres röthlichen Bauchgefieders an, und
steigt, je weiter östlich, immer höher. — Aber kein Vogel erinnert, schon eines zufälligen Umstandes wegen, so lebhaft an diese
relativ-gleiche Wirkung eines nördlichen und südlichen Klima's,
wie der große Würger. Bei ihm hat von Ohngefähr eine
und dieselbe Varietät durch zwei verschiedene Naturforscher, welche sie beide für eine besondere Species hielten, ganz entgegengesetzte Benennungen erhalten; die aber, jede in ihrer Art, gleich
richtig sind. Dieselbe, welche Hr. Temminck als südlichen Vogel LANIUS *meridionalis* nannte, weil er sie aus dem südlichen
Europa und den oberen Strichen Afrika's erhielt, hatte bereits
früher Vieillot als nördliches Wesen *L. borealis* genannt, weil
er sie aus Nordamerika und aus dem alleröstlichsten hohen Nordasien erhielt (*). Beide hatten hinsichtlich ihrer, so ganz verschiedenen Benennungen doch jeder Recht. Offenbar macht die Excessivität des Klima's, welche viele Gegenden Nordamerika's vorzüglich mit dem östlichsten und höchsten Nordasien theilen, und
der daselbst fallende und lange liegende ungemein hohe Schnee:
daß dieser Vogel, welcher bei uns und in dem westlichen Sibirien ein überwinternder Stand-, oder doch höchstens ein Strichvogel bleibt, dort nach Süden zieht. — Ebenso kömmt, den ähnlichen klimatischen Verhältnissen ganz entsprechend, die gemeine
Krähe in Nordamerika nur als Rabenkrähe vor, und erscheint
eben so wenig je hier als Nebelkrähe, wie Kamtschatka sie je
als solche besitzt.]

(*) Hr. Vieillot erklärt sich nämlich auch selbst ganz bestimmt für die Identität beider-

Anmerk. In Nordamerika von Savannah in Georgien bis nach Boston ist die mittlere Jahrestemperatur fast durchgängig so, wie sie in Europa erst 6 – 7° d. Br. weiter nördlich getroffen wird, und die Wintertemperatur meist noch niedriger. Denn, obwohl die mittlere jährliche Temperatur in der alten und neuen Welt vom Äquator bis zum 20° n. Br. übereinstimmt; so nimmt sie doch im östlichen Nordamerika im Vergleiche zu Europa durchschnittsmäßig vom 20 – 30° um 2°, vom 30 – 40° um 4,8°, vom 40 – 50° um 7°, vom 50° an um 9,4° ab. (*) — (Daher rührt es, daß in Amerika viele nordische, und namentlich Zug-Vögel, weit tiefer nach Süden herabgehen, als in Europa, und fast ebenso wie in Asien; besonders Landvögel.)

Das Verhältniß aller drei Welttheile erhellt aus folgender Angabe: »In Lappland wird bei Quickjock unter 67°, 20′ n. Br. re- »gelmäßiger Ackerbau getrieben; in Enontekis unter 68° 30′ Gerste »(und Rüben) gesät. In Asien dagegen hört aller Ackerbau etwas »oberhalb Tobolsk (60°) auf. In Canada kann schon unter 51° »um Fort Nelson her nichts mehr gesät werden.« (**)

»New-York hat einen Sommer wie Rom, einen Winter wie »Copenhagen; Pecking einen Sommer wie Cairo, einen Winter wie »Upsala.« (***) Das will so viel sagen, als: die Einwohner der Hauptstadt von China könnten sich, nach dem Systeme unserer europäischen Klimate, im Winter um ganze 30° d. Br. weiter nach Norden versetzt glauben, als sie es im Sommer gewesen, und um mehr denn 20° weiter, als sie wirklich liegen. Welch eine ungeheuere Differenz! —

Hiernach wird es nun in Bezug auf klimatische Varietäten zwar gewiß noch überhaupt recht viel zu untersuchen geben, und es werden der kommenden Zeit gewiß noch eine Menge von interessanten Thatsachen aufzufinden und festzustellen geblieben sein; aber es wird wahrscheinlich schon jetzt eine jede der letzteren, die noch entdeckt werden möchte, doch nach ihrem Entstehungs-Grunde und Ursprunge im Wesentlichen in die Betrachtung mit eingeschlossen, d. h. ihr Erscheinen wird schon im Voraus hierdurch mit erklärt, oder durch das noch Folgende leicht erklärbar gemacht sein. Es dürfte einstweilen genug geschehen sein, um

(*) Vergl. Humboldt Nov. gen. et spec. plant. aequinoct. 8vo. p. 70; Schouw Pflanzengeogr. S. 376; Beilschmied Pflanzengeogr. S. 47.
(**) Beilschmied (nach Ehrenheim) S. 93, Anmerk.
(***) Humboldt sur les lignes isothermes, p. 522; Schouw Pflanzengeographie, S. 416.

bei einigem gründlichen Nachdenken die einzelnen sich neuerdings
noch ergebenden Phänomene nicht mehr befremdlich, sondern als
zwanglos in das Ganze einpassend erscheinen zu lassen. Nur dann
könnte es vielleicht noch einige Schwierigkeit geben, wenn es sich
wieder ereignete: dafs extreme Erscheinungen, aus vorherrschen-
der Neigung, zugleich auch Raçen (Leien) zu bilden, einander örtlich so nahe lägen, wie in vielen Landstrichen Europa's bei der
gemeinen Nebel- und Rabenkrähe; und wenn es daher, bei dem
Mangel an Übergängen, auch noch an Beobachtungen über die
Verpaarung der Extreme unter einander fehlte, wie ehedem bei
ihr, als man sie zuerst in zwei Arten spaltete. (*)

Doch werden somit auch wir Ornithologen uns künftig so
oft etwas mehr und weiter, als bisher gebräuchlich war, auf ganz
anderen Gebieten der Naturkunde umsehen müssen, um für interessante, schwierigere Erscheinungen auf dem unsrigen die Erklärung zu suchen. Denn gewifs, wenn irgend etwas unabweislich
zeigt, wie wesentlich gerade in der Naturwissenschaft, nach ihrem
weitesten Sinne genommen, alle einzelnen Theile, auch die entferntesten, einander durchgängig mittel- oder unmittelbar unterstützen und unterstützen müssen, so zeigt es unser Gegenstand
hier.

Anmerk. Nur auf Ein (nicht eben unter die Überschrift, aber
wohl an den Ort hier passendes) Beispiel möge noch eine flüchtige
Hinweisung erlaubt sein, um an ihm zu zeigen: wie genau der den-
kende Ornitholog durch die klimatischen Einflüsse auf lebende Gegenstände seiner Wissenschaft die allgemeinen physikalischen Gesetze
bewährt findet.

Wir kennen die Gründe: warum das Gefieder der Schwalben
und Segler weniger ausbleicht, als das vieler anderen Vögel; und
wir wissen, dafs Oberägyptien und Nubien einer Seits, und die nördlichsten Striche der Kafferei anderer Seits, sich in der geographischen
Lage nach den Parallelkreisen nicht sehr unterscheiden. Gleichwohl

(*) Bewahrt uns ja sogar die ethnographische Anthropologie ähnliche Züge von
nachbarlicher Berührung klimatischer Extreme auf.
»Die nomadischen Tibbos und Tuaryks. Diese beiden Nationen bewohnen die Wüste
»zwischen Bornou, Fezzan und Niederägypten.... Die Tuaryks.... bieten eine merkwürdige
»physiologische Erscheinung dar. Einzelne Stämme derselben sind nach Beschaffenheit des
»Klima's weifs, gelblich, ja fast schwarz, (doch ohne Wollhaar und ohne ne-
»gerartige Gesichtszüge.)« — Humboldt Ansichten d. N. I, S. 87.

bleichen die genannten Vögel, in so fern sie abändern (*), in dem nördlicheren, fast nur von trocknen Sandwüsten und heifsen steinigen Ebenen (gegen welche die geringen Dünste des schmalen rothen Meeres kaum in Anschlag kommen) rings umgebenen, von einer ausgedörrten Atmosphäre erfüllten Nubien bedeutend aus; sie gleichen dagegen den unsrigen oder den südeuropäischen in dieser Hinsicht im Osten des südlichen Afrika's, dessen Luft von Seewinden gekühlt und feucht erhalten wird. (Wie denn überhaupt allenthalben die südliche Erdhalbkugel feuchter ist, wo nicht wieder dürre Sandebenen durch ihre nächtliche Wärmestrahlung auch diese Sache für weite Landstriche umkehren. (Hier wirken also gewifs sogar hygrometrische, nicht blofs thermometrische Verhältnisse des umgebenden Luftkreises mit!

Leicht wird es nun (bei Erinnerung an §. 3.), hiernächst auf den Grund zu kommen: warum im Norden, und namentlich oft im Nordosten, so wie auch in Nordamerika, die Standvögel immer wieder blafs gefärbt, die Zugvögel hingegen wieder dunkel werden mögen? —

Erstens sind die Ursachen der Wärme-Erzeugung im Sommer dort notorisch noch lange nicht im Stande, den Kälte erregenden Momenten des Winters das Gegengewicht zu halten, sondern letztere bleiben ihnen weit überlegen. So heifs also, wenn man die Lage nach der geographischen Breite betrachtet, nach Verhältnifs die Sommer auch sein mögen, die Winter sind verhältnißmäfsig immer noch weit kälter, (**) müssen folglich schon defshalb einen sehr starken Einflufs direct bewirken, mehr noch als jene. —

Zweitens findet, in weiterem Bezuge hierauf, auch noch ein sehr wesentlicher indirecter Statt. Der Grad von Abnutzung des Gefieders nämlich, welcher im Laufe der kalten Jahreszeit geschieht, ist (gewifs zum grofsen Nutzen der befiederten Geschöpfe!)

(*) Dieses Abändern durch Verschiefsen beschränkt sich nämlich (unter den europäischen) auf die Ufer- und Felsenschwalbe, und auf beide Segler.

(**) Darüber s. Alex. v. Humboldt Fragmente, übers. v. J. Löwenberg, I. Theil. »Vergleicht man einen Theil der britischen Inseln mit dem Continental-Mittelpunkte von Rufsland, z. B. Edinburg mit Kasan, die gleich weit vom Äquator entfernt sind; so bemerkt man, »wie die Differenzen im Winter (von +3°,7 Cent. und — 16°, 6) weit bedeutender sind, als die »Differenzen im Sommer (von 14°,6 und 18°,8 Cent.)« Seite 210. — In der That ergiebt sich ein Verhältnifs dieser Unterschiede fast genau wie 5 : 1; wobei zu bemerken, dafs Edinburg allerdings nahe an, (Moskau jedoch auch nur 76, und) Kasan 45 Toisen über dem Meere liegt. —

schon bei uns, im Verhältnisse gegen die starke Abreibung während der wärmeren Periode, ein höchst geringer; er muß also dort, vollends bei der viel längeren Dauer und größeren Strenge derselben, ohne Zweifel ein noch weit unbedeutenderer werden, kann aber in dieser Unbedeutendheit natürlich nur bei Standvögeln eintreten. Zugvögel, welche die langen Winter in wärmeren Ländern, und zwar in fernen, unverhältnißmäßig viel wärmeren zugebracht haben, müssen gewiß, abgesehen davon, daß sie zugleich ein minder festes Gefieder besitzen, zum späten Frühlinge in einem schon bedeutend abgenutzten Kleide dort anlangen: während sich das Gewand der dort gebliebenen Standvögel noch beinahe in der ganzen Frische eines neu angelegten erhalten hat. Nun steht aber, wie bekannt, keineswegs ein streng-allgemeines Gesetz über den Zeitpunkt fest, in welchem bei allen Individuen Einer Art die Mauser angefangen haben oder zu Ende gehen müßte: eben so wenig, wie der Grad des Abreibens überhaupt bei sämtlichen Individuen der Art in gleicher Zeit ein gleicher ist; sondern es fallen immer Unterschiede von ein Paar, häufig von mehr Wochen vor, und es kömmt hierbei mit auf das besondere Bedürfniß des Einzelwesens an: denn diejenigen mit am meisten abgeriebenem Gefieder wechseln dasselbe zeitiger, als die mit weniger verstoßenem. Demnach müssen sich, einer sehr sicheren analogen Folgerung gemäß, unter so bewandten Umständen die Zugvögel dort gewiß viel eher mausern, als die Standvögel; und während so die Mauser der letzteren vielleicht sehr bald nach der Mitte der warmen Jahrszeit erfolgt, wird sie bei ersteren bis gegen den Eintritt der kälteren verschoben bleiben können. Ein Ereigniß, welches sogar vielleicht auch so nothwendig, als bestimmt nützlich ist; denn es wird ihnen vermöge desselben auch wieder der Umstand sehr glücklich zu Statten kommen: daß das frische, allenthalben noch unversehrte Kleid um so dichter und wärmer, folglich für die Kälte um so undurchdringlicher ist. Wobei wir gar nicht einmal die Möglichkeit in Anschlag bringen, daß selbst schon das Dasein beginnender oder das Vorgefühl kommender Kälte, eben so gut bei den Vögeln, wie bekanntlich bei den Säugthieren in gleichem Falle, die Erzeugung einer stärkeren Bedeckung (schon bei einfacher Mauser) bewirken kann.

Endlich ist eben der sonst ungewöhnlich späte Eintritts-
punkt der Mauser bei manchen Vögeln, welche, im gelinden Westen der alten Welt Standvögel, dort, in dem strengen Hochasien,
Zugvögel werden müssen, gerade der Haupt-Begünstigungspunkt
für das klimatische Abändern. [Wir sehen dieß an der Stein-
oder Felstaube, dem Urstamme der gemeinen Haustaube. Sie ändert (*), im Übrigen den europäischen in jeder Hinsicht gleich
bleibend, erst in dem fernen, transalpinischen Daurien ihre Farbe
nach dem sonst südlichen Character dahin ab: daß sie, bei anscheinend etwas dunklerem Totalcolorite, eine breite weiße Querbinde
über den Schwanz bekömmt, welche bei den europäischen nur auf
der äußeren Fahne der äußersten Seitenfedern klar angedeutet ist.
Nun mausern aber die Tauben überhaupt erst zu Anfange, oder
gegen die Mitte, ja bisweilen gegen Ende des Winters: also zu
einer Zeit, wo die daurischen, nachdem sie dort im Sommer eine
Luftwärme gefunden haben, wie sie dieselbe kaum irgendwo in
ganz Südeuropa (als wo sie nicht wandern) zu finden pflegen,
schon lange tief nach Süden zu ziehen gezwungen gewesen sind;
nach dem aber, was wir oben, namentlich bei den Bachstelzen, in
Bezug auf die Unterschiede gesehen haben, welche die unter südlicheren Himmelsstrichen gewechselten Federn gegen die unter
nördlicheren vermauserten leicht annehmen, werden wir diesen
Umstand zu würdigen vermögen.] — Somit darf es uns gar nicht
überraschen, wenn einmal ein Vogel im fernen Osten von
Mittelasien nach der sogenannten südlichen Richtung abändert, der sich in Südeuropa gar nicht ändert.

In ziemlich ähnlicher Weise mag das Mausern im Winter dort
dem Variiren solcher Vögel zu Statten kommen, welche auch bei
uns wandern, hier aber nicht so früh davon zu eilen brauchen,
weil die Sommer länger sind; [z. B. dem Kuckuke, den Schwalben, unter welchen wir die Rauchschwalbe besonders haben hervorheben müssen.]

Anmerk. Mangel an Gelegenheit, selbst zu sehen, läßt mich
außer Stande, eine bestimmtere Meinung darüber abzugeben: ob
schon durch einen unter jenen Klimaten möglichen Zustand besondrer

(*) Pallas Zoogr. rosso-asiat. n. 172.

Erregtheit der, später zu bezeichnende Fall zu Wege gebracht werden könne: daſs selbst ein überall wandernder Vogel daselbst mit Farbenerhöhung und Verdunklung variiren könne, der im heiſsen Afrika nicht so variirt? [Pallas (*) führt nämlich mit vollster Bestimmtheit eine solche Varietät von unserem Mauersegler auf. (Siehe d. Verzeichniſs der variirenden Arten.)]

§. 13.

In wie fern Verschiedenheiten der Gröſse, der Form und einzelner Verhältnisse ebenfalls bloſs klimatisch sein, d. h. mittelbar durch klimatische Momente hervorgerufen werden können.

Bis hierher hätten wir die klimatischen Abänderungen hauptsächlich nach der Richtung verfolgt, welche die stets am meisten vorwaltende ist: d. h. wir hätten sie von Seiten der Färbung betrachtet; — wobei wir denn gesehen: daſs alle diese neuen Farben-Erscheinungen nur Modificationen (in dem einen Falle durch Verstärkung, in dem andern durch Schwächung entstehende Modificationen) schon vorhandener Farben sind; daſs sich immer nur Gleichartiges aus Gleichartigem, schon bestehendem, und zwar unter sonst gleichen Umständen auch an ganz ungleichen Orten, aber auf stets gleiche und stufenmäſsige Weise entwickelt, sich sich klarer aus Ähnlichem und Gemischtem hervorhebt, oder umgekehrt undeutlicher darin verliert, hingegen niemals Heterogenes sich mengt; und daſs da, wo ja scheinbar ungewöhnliche Veränderungen eintreten, diese immer wieder nicht bloſs durch allgemeine Grundursachen, sondern auch durch die allgemeine Wirksamkeit erklärt werden, welche diese verändernden Momente auf alle diejenigen Thiere ausüben, auf welche sie ihrer Natur nach Anwendung finden können. Daneben fielen, durch die Erläuterungen hierzu, natürlich schon von selbst die Gründe in die Augen, welche auch im Haushalte der lebenden Wesen Veränderungen hervorbringen und Manches unter anderen äuſseren Verhältnissen ganz anders gestalten müssen.

(*) Pallas *ibid. n.* 160. — Es giebt indeſs ähnlicher Beispiele noch mehr; selbst unter den nicht wandernden; z. B. das graue und Stein-Rebhuhn, den gemeinen Fasan.

Es bliebe folglich noch übrig, nachholend anzuführen: ob und in wiefern auch ein Variiren nach Form und Größe, nach einzelnen Verhältnissen der ersteren etc., durch Einfluß des Klima's vorkommen könne; ob es wirklich vorkommen möge; und ob es sich ebenfalls entweder durch allgemeine physikalische Gesetze erklären, oder mit analogen Erscheinungen in Verbindung bringen lasse? —

Die Größe ändert gewöhnlich schon bei den recht eigentlich in einem Lande einheimischen Vögeln einer Art merklich ab; ja, sie ist häufig bei solchen Jungen, welche in Einer Brut von einerlei Geschlecht sind, und noch öfter zwischen solchen von verschiedenen Bruten, recht wesentlich verschieden. Deßwegen muß man bei solchen, welche zwar Einer Art angehören, aber nicht eine und dieselbe klimatische Varietät bilden, sehr behutsam verfahren, und darf nur erst auf eine größere Zahl von Exemplaren ein Urtheil begründen: um sich nicht sogleich nach einzelnen, eben vor der Hand liegenden Fällen, welche im Allgemeinen gerade zu den seltneren gehören können, zu einer allgemeinen Bestimmung verleiten zu lassen, die sich nachher im Ganzen als falsch erweisen kann. Ich habe mich daher auch in meinem Handbuche d. N. G. d. V. E. nur bei sehr wenigen Arten gedrungen gefühlt, eine auf die Größe bezügliche Angabe über die klimatischen Abänderungen einzustreuen.

Wenn denn auch übrigens solche Verschiedenheiten wirklich Statt finden, so liegt doch immer das, hin und wieder von Einem oder dem Andern in Anspruch genommene Recht, neue, selbständige Arten darauf basiren zu dürfen, noch unendlich weit entfernt; selbst dann, wenn die Unterschiede ziemlich beständig wären. Man sieht doch wahrlich nicht ein, warum nicht z. B. eine Vogelart an ihrem nördlichsten Wohnplatze gewöhnlich so klein, und am südlichsten gewöhnlich so groß solle vorkommen können, wie sie auch mitten zwischen den Endpunkten ihres Vaterlandes noch öfters, d. h. mit einzelneren Individuen, vorkömmt! Warum soll nicht unter verschiedenen, oft sehr, sehr verschiedenen Klimaten die Mehrzahl der Exemplare eben derselbe Einfluß treffen, der, wie wir ja Alle wissen und im Frühlinge fast täglich aufs Neue sehen, — in jeder der mitten inne liegenden Regionen doch ein-

5

zelne Individuen trifft? — Ich habe selbst die bestimmtesten Ver-
sicherungen über solche Abweichungen, ganz besonders, wie sie
so häufig und immer so zuversichtlich aus wohlbekannter Quelle
kamen, in der Regel nicht bloss durchaus nicht allgemein bewährt
gefunden, sondern öfters das gerade Entgegengesetzte gesehen;
und Anderen ist es bekanntlich ebenso damit gegangen. In den
höchst wenigen Fällen übrigens, wo sie sich ziemlich zu bestätigen
scheinen, pflegt auch der Erklärungsgrund sehr nahe zu liegen. (*)
Es findet dies nämlich hauptsächlich nur bei weit verbrei-
teten Arten, und zwar nur in der Weise Statt: dass dieselben
sich desto mehr zu Grösenveränderungen hinneigen, je weiter sie
sich von dem Centrum ihrer Gesamt-Verbreitung entfernen; dann
bei solchen, deren Nahrung von der Art ist, dass das
Klima, und oft schon eine beschränkte Örtlichkeit, einen
namhaft merklichen Einfluss auf Zu- oder Abnahme derselben auszuüben vermag. Eine Menge von Beispielen hat vor
Andern Hr. Temminck (**) aufgestellt. Es bedarf daher hier nur
höchstens einer beiläufigen Erinnerung daran. Doch hat, wie bereits erwähnt wurde, vielleicht keine naturhistorische Erscheinung
so wenig Anspruch auf den Namen einer Regel, keine Regel eine
so wenig allgemeine, durch Ausnahmen so schwankend gemachte
Gültigkeit; keine wird, aus meistens leicht ersichtlichen örtlichen
Gründen, schon durch enge Landstreifchen in so hohem Grade
modificirt, wie diese; und bei keiner Gelegenheit muss man sich
sorgfältiger vor dem höchst wesentlichen, nur leider so gewöhnlichen Fehler hüten: die geographische Lage unter wissenschaftlich imaginirten Parallel-Kreisen mit dem wirklichen, realen Klima
zu verwechseln. — Dass bei Weitem die meisten warmblütigen
Thiere, dafern sie, von uns aus gerechnet, in der Grösse variiren,
mit dem Fortrücken nach Norden an derselben verlieren, ist eine
schon längst bekannte und nicht etwa bloss von Hausthieren ent-
nommene Erfahrung: für welche jetzt besonders Hr. Nilfson wieder so viel neue Belege geliefert hat, dass es zu weit führen würde,
auch nur die wichtigsten namhaft zu machen. Es gilt aber wieder

(*) Wenigstens für Denjenigen, welcher ihn suchen will! —

(**) Mit exacter Ausführlichkeit und Gründlichkeit an mehreren Stellen der *Hist. nat. des pigeons et des gallinacés.*

nicht ohne Einschränkung. Einzelne geradezu entgegengesetzte Ausnahmen kommen auch bei Vögeln vor. Aber wenn eine vorurtheilsvolle, nur an mechanisches Betasten und geistlos-arithmetisches Abmessen gewöhnte, recht eigentlich unwissenschaftliche Kurzsichtigkeit dieselben gleich wieder nach ihrer gewohnten abenteuerlichen Manier auffafst und benutzt, statt sie umsichtig auf die natürlichste Art und Weise zu erklären; so liegt die Schuld wenigstens nicht an der Sache, nur an dem Interpretanten. (*) [Wenn es z. B. ausgemacht bleibt: dafs das Renntbier immer schlechter gedeiht, je mehr man es von seiner nunmehrigen eigentlichen Heimath, dem hohen Norden, entfernt und nach Süden hinbringt: und wenn es endlich bald gar an den Folgen eines zu milden Klima's zu Grunde geht, während man doch so manche andere Thierart ganz ohne Nachtheil unter recht merklich verschiedene Temperaturverhältnisse versetzen kann (**), und der Organismus von nicht wenigen eine Biegsamkeit besitzt, die ihn fast allen Zonen sich anschmiegen läfst; — warum soll denn da unter andern der weifsschwänzige Seeadler nicht ebenfalls nach Norden zu schon allein defshalb immer besser gedeihen, und so stufenweise defshalb schon immer an Gröfse zunehmen können: weil vielleicht auch ihm das dasige Klima schon in rein-atmosphärischer Hinsicht, in seiner directen Wirkung, je höher hinauf, immer um so besser zusagt?! Und warum soll diesem einen Umstande von unmittelbarem Einflusse nicht zugleich der andere, indirect wirkende zu Hülfe kommen: dafs die Fische, und mit ihnen die Seevögel, welche sich meistens von ihnen nähren, während der Seeadler von beiden lebt, beide nach Norden zu immer häufiger werden? — Nicht zu gedenken der, zwischen dem westlichen Norden der alten und dem östlichen der neuen Welt herrschenden, wärmeren und heftigen Meeresströmungen: welche, eben so gut, wie sie jenen Strichen des Oceans eine höhere Temperatur geben, mit den Treibholzmassen auch eine Menge Seethiere, zahl-

(*) Freilich liegen solche Dinge immer noch ein Stückchen über das Ende des Zollstabes hinaus, gewöhnlich in einem Gesichtskreise, in welchen allerdings der Blick Desjenigen nicht reichen kann, welcher nicht doch wenigstens einige, einige wenige, allgemeine Kenntnisse und Ideen von Naturwissenschaften ins Gesamt besitzt! —

(**) Was jedoch bei solchen Thieren nnmöglich scheint, die sich ursprünglich nur in einem extremen (Polar- oder äquatorial-) Klima verfinden. — Sehr begreiflich! —

5*

reicher als in vielen mittäglicheren Regionen, ans Ufer schwemmen etc., und dadurch den Fleischfressern die Ernährung an der einen Strandseite erleichtern, wie es das Treibeis auf einer anderen thut; u. dergl. mehr. —]

Es darf aber nicht unerwähnt bleiben: daſs nur wenige Arten von uns aus nach Mittag hin an Gröſse zunehmen; ja, daſs manche, je nach Beschaffenheit ihrer Nahrung, vielleicht auch schon allein vermöge der Eigenthümlichkeit ihrer Leibes-Constitution, sogar abnehmen: wenn sie Gegenden bewohnen, wo ihnen zu gewissen Zeiten des Jahres die, aus Klima- und Lokal-Eigenheiten entspringende Dürre oder sonstige Ursachen die Subsistenzmittel schmälern. — So bewährt sich denn nach vielleicht nirgends in der Welt häufiger, als hier, der alte Satz: daſs einzelne Ausnahmen die Regel nicht umstoſsen, sondern sie im Gegentheile, genau betrachtet, gerade sehr oft nur noch unterstützen und befestigen!

Anmerk. Bei Säugthieren haben wir vielleicht öfter, als bei Vögeln, den abermals in andrer Hinsicht umgekehrten Fall: daſs Wesen einer Art besser in einer dürftigen Gegend gedeihen, als in einer ergiebigen. [Um wie viel fetter werden z. B. die Schaafe in der dürren, sandigen und sonst unfruchtbaren, aber an trocknen aromatischen Kräutern reicheren Mark, als in dem fruchtbaren, meistens durch trefflichen, und überall durch besseren Boden ausgezeichneten Schlesien! — während es beim Rindviehe gerade umgekehrt ist. Und welche Landstriche bringen die fettesten Schaafe in der Welt hervor, deren Zellgewebe theilweise mit einer wahrhaft erstaunlichen Masse von Feist erfüllt ist? Gerade die allerdürresten (unter den natürlich nicht geradezu unfruchtbaren) Asiens und Afrika's: die Tartarei nebst den umliegenden Gegenden, und die inneren Theile der Kapkolonie.] Also kann ein Wesen nach seiner Art im Überflusse schwelgen, wo ein bestimmtes anderes darbt; und so umgekehrt. — Es kann etwas im Allgemeinen sehr richtig bleiben, ohne doch auf alle besondere Fälle anwendbar zu sein. Ein Seitenstück hierzu liefern die zahmen Gänse. Sie werden nirgends in ganz Deutschland so auſserordentlich groſs, (und zwar auch schon ohne Verbastardirung mit Anas cygnoides L., der so genannten chinesischen Schwanengans,) wie in den Küstengegenden: die doch, wie allbekannt, durchaus nicht zu den fruchtbarsten gehören, und obgleich auch viele andere Wasser genug haben. Ein Punkt, an welchem allein es gar nicht liegt. (*)

(*) Wer überhaupt sieht, wonach die Verbreitung der Gattung eigentlicher Gänse über die Erde sich richtet, wird sich auch erklären können: warum?

Auf einzelne, meistens nur geringe, Form-Abweichungen hat man ebenfalls Nichts zu geben. Sie kommen mit noch weit gröserer Unbeständigkeit unter denselben Verhältnissen, in einerlei Gegend vor, wie die Gröſsenabweichungen; und sie nehmen noch seltener, als diese, einen auch nur einiger Maaſsen bestimmten klimatischen Character an. Die immer und immer wiederkehrende Erfahrung: daſs unbefangene Untersuchungen, von wahrheitsliebenden Forschern und mit reicherem Materiale dazu angestellt, nur zur nothwendigen Widerlegung des groſsen darüber erhobnen Lärms führen, — zeigt hinlänglich den Werth solcher beschränkten, von ihrem Urheber freilich (aber auch nur von ihm) mit einer bisher beispiellosen Selbstliebe, und mit nicht minder anmaaſsendem Absprechen über die Ansichten aller übrigen Ornithologen als Gegenparthei, stets als einzig richtig und heilbringend angepriesenen Ansichten und ihrer Resultate. (*) Selbst Faber gestand hierin noch, ohne Zweifel mehr bloſs vorläufig, als aus wahrer und entschiedener Ansicht, mehr zu, als wir jetzt angemessen finden. — [Ein sehr schlagendes Beispiel von Veränderung der Varietät durch Fortpflanzung verdient unter den von Bruch (**) dargelegten hier besonders hervorgehoben zu werden. Er setzte aus der groſsen Zahl wilder Zug-Enten, welche zum Winter in Menge die Gegend von Mainz zu besuchen pflegen, (und unter denen sich Individuen Einer Art von so verschiedener Gröſse vorfinden, daſs sich das Verhältniſs zuweilen wie 1:2 stellt,) ein Paar von den sonst gewöhnlich hoch im Norden brütenden Pfeifenten, unter welchen sehr oft groſse helle Weibchen neben anderen weit kleineren und dunkleren vorkommen, auf den dortigen Festungsgraben. Die Jungen wurden jedes Jahr meist durch Wasserratten

(*) Man vergleiche hierüber einige ausführliche Aufsätze von Hrn. Notar Bruch, Isis von 1828, S. 715 - 734, (wo besonders S. 720 - 25 die neue ornithologische Schädellehre widerlegt ist,) und Isis 1829, S. 623 - 632; von dem verstorbenen Faber, Isis von 1826, S. 317 - 326; und von mir, Isis v. 1827, S. 590 - 609, und S. 688 - 704. — Hr. Temminck hat daher dieses Verfahren schon längst ausdrücklich durch die Benennung »manie« bezeichnen zu müssen geglaubt; und Ex. Nilsson sagt mit Beziehung darauf bei der Beschreibung des Turdao salicetí Tem. (Skand. F. B. II, S 193): »Doch ist unter 30 Stücken, welche ich vor mir habe, die Schnabelform kaum bei 2 vollkommen gleich. Derjenige, welcher bloſs nach solchen Kleinigkeiten »Arten bilden will, narrt sich selbst und Andere. [Den, som endast efter sådana minutier »vill bilda artas, narrur sig sjelf och andra.]« —
(**) In der Isis v. Jahre 1828, S. 730.

vertilgt; doch kamen einige davon auf: hierunter ein Weibchen, welches schon im ersten Jahre größer und von hellerer Farbe war, als seine Mutter, die ihr dunkles Kleid in 8 Jahren noch nicht geändert hatte.] — Wie höchst oft sind Junge aus Einem Neste einander sehr bemerkbar ungleich!

Ich habe (*) noch mehr Belege geliefert zu dem, auch von Bruch mehrfach bewiesenen Erfahrungssatze: daß besonders manche kurzschwänzige Vögel bei einer sehr mäßigen Anzahl von Schwanzfedern entweder schon von Geburt aus ein Paar mehr, als gewöhnlich, haben oder gar erst später noch bekommen können. Bei einer großen Anzahl derselben können gewisse Wasservögel zuweilen, ja manche nicht eben selten, gar zwei Paare mehr, als sonst gewöhnlich, besitzen. Bei manchen Vogelarten nun ist das Erstere selbst etwas Gewöhnliches; und es kömmt dabei mitunter, wahrscheinlich aber nur eine Zeit lang, sogar Asymmetrie vor. [So fand ich im Sommer 1828 unter 12 damals erhaltenen Eisvögeln, wovon (mit Ausnahme eines einzigen eben kürzlich ausgestopften) je eins der Alten, die übrigen dessen Brut aus Einem Gehecke, und alle lebend waren —, nicht weniger als 3 mit 14 oder 13 Schwanzfedern, statt mit 12. Und Hr. Bruch sah an 2 gefangenen Saatgänsen und 1 Reiherente die Schwanzfedern durch Nachwachsen von immer Einer zunehmen. —] Es soll Fälle geben, wo Abweichungen dieser Art klimatisch werden. (Doch bedarf es hier fürs Erste nur einer beiläufigen Erwähnung, indem die ihnen angeblich unterworfenen Vögel keine Landvögel sind.)

Daß manche Gestalt- und Verhältniß-Abweichungen klimatisch, und doch eigentlich nur scheinbare Abweichungen sein können, mag, so geradehin ausgesprochen, eben so paradox klingen, wie es nichtsdestoweniger wahr ist. An vielen südlichen Vögeln scheint z. B. der Schnabel darum größer in allen Dimensionen, weil sich die Kopffedern nicht allein zunächst um ihn her, sondern auch überhaupt, so bemerklich durch das stärkere Abreiben verkürzt haben: daß der Umfang des Kopfes allenthalben nicht unwesentlich ab-, daher die Größe des Schna-

(*) In meiner letzten Abhandlung in der Isis, welche einige vorläufige Andeutungen „über das Variiren der Vögel," besonders nach dem Klima, aufstellte. — Jahrgang 1829, S. 763-64.

bels anscheinend, und seine Entblöfsung nach der Stirn zu wirklich, zugenommen hat. Dasselbe geschieht natürlich auch bei uns, wiewohl in geringerem Grade, während des Sommers im Verhältnisse zum Herbste, wo das Gefieder noch frisch ist. — Aus gleicher Ursache scheinen oft Raubvögel mit befiederten Tarsen, besonders die jungen, im Süden dünnere Beine zu haben, die alsdann, eben der gröfseren Schlankheit wegen, auch länger aussehen, ohne es wirklich zu sein. Dergl. mehr.

Eine jede besondere Formabweichung setzt natürlich, streng genommen, auch schon von selbst eine Abweichung in den Gesamt - Verhältnissen fast immer voraus. Sind also nicht bis zu einem gewissen Grade letztere schon darum zuzugeben, weil doch jene ein für alle Mal nicht abzuläugnen sind? Und kann man, sobald man diefs weifs, auf kleine Unterschiede in der Länge, z. B. des Schwanzes, gleich Wunder was bauen? — Läfst sich nicht durch einen Überflufs von Beispielen mit höchster Evidenz nachweisen: dafs der Schwanz offenbar nicht blofs bei der Vogelart, unter andern minder klaren Umständen, sondern sogar am Individuum, je nach Verschiedenheit einer Mauser gegen die andere, (und zwar im Freien) variirt? — Allerdings lassen sich Beobachtungen hierüber nur aufser der Zeit der gewöhnlichen Mauser, in Folge von ungewöhnlichen und verhältnifsmäfsig seltenen Veranlassungen, machen: da in einer eigentlichen oder Hauptmauser in der Regel, und mit wahrscheinlich nur höchst seltenen Ausnahmen, alle gewechselte Federn nach dem Verhältnisse unter sich gerade die richtige Länge erreichen (*). Während der Mauser selbst nun ist es an den unvollständigen Schwänzen selten mit Sicherheit, nach derselben natürlich nie möglich, zu erforschen: ob eine Änderung des Gesamtlängen - Verhältnisses derselben erfolgt sei, oder nicht. Aber ich habe (**) gezeigt: dafs die hier besprochene Unregelmäfsigkeit oft sogar in einem nicht unbedeutenden Grade eintritt, und

---

(*) Dann nämlich, wenn (wie meistens) der Wechsel rasch vor sich geht. — Hingegen wird die Ausnahme viel häufiger bei den, besonders in der Jugend sehr langsam mausernden Tagraubvögeln: als bei welchen gegen das Ende eine bistentend andre Prädisposition des Organismus eingetreten sein kann, als zu Anfange derselben.

(**) Ebendort, S. 764 - 65.

zwar eben so wohl durch Zunahme, wie durch Abnahme. [Als merkwürdiges Beispiel für letztere ist eine Sperber-Grasmücke angeführt, welcher auf einer Seite des Schwanzes 4 Federn im Frühlinge ausgefallen, oder durch einen Feind ausgerissen worden, und nun beim Wiederwachsen um fast $\frac{1}{12}$ der Gesamtlänge zu kurz geblieben waren. Als noch deutlicher beweisendes Beispiel für die Zunahme diente vor andern ein rothrückiger Würger, bei welchem die 5 neu gewachsenen Federn der einen Seite um mehr als $\frac{1}{12}$, ja fast um $\frac{1}{8}$, zu lang geworden waren.] Da wir jedoch erfahrungsmäßig annehmen müssen: daß bei einer und der nämlichen Art nach Umständen Beides geschehen könne; so ergiebt sich hieraus: wie erstens zwei Individuen Einer Art, welche vor der Mauser gleich lange Schwänze besaßen, sich nach der nächsten Mauser einander um mehr, als $\frac{1}{6}$, in der Länge desselben ungleich werden können, und wie zweitens späterhin, nach einem abermaligen neuen Federwechsel, dieselben zwei Individuen ins umgekehrte Verhältniß treten können: daß also, nach Umständen, in verschiedenen Mausern sehr wohl eines und dasselbe Individuum die zwei entferntesten Extreme durchlaufen kann. Je weniger es aber hiernach Jemanden einfallen würde, behaupten zu wollen, daß dadurch zwei, einander früher gleiche Individuen jetzt auch zu verschiedenen Arten geworden seien; desto einleuchtender erhellt die wissenschaftliche Unzulässigkeit des Verfahrens, auf einzelne solcher ziemlich bedeutenden Fälle, oder gar auf weit unbedeutendere, häufig in der That nur eingebildete Kleinigkeiten, unbedenklich specifische Unterschiede zu bauen. Immer wird es und kann es einer solchen Methode nur für einige Zeit, nur bei einer geringen Zahl untersuchter Gegenstände, anscheinend gelingen, die Natur nach derlei subjectiven An- und Absichten in so enge Gränzen einzuzwängen; denen sie, weil sie ihr ewig fremd bleiben, stets spottend widerstreben, nie sich fügen wird.

Selten kann das gegenseitige Längenverhältniß der Schwungfedern unter einander ein stets sicheres Kennzeichen für eine Vogelart abgeben: am allerwenigsten, wie es scheint, bei Raub- und manchen anderen, sehr viel fliegenden

Vögeln. (*) Ja, nach Hrn. Bruch's Erfahrungen muſs man bestimmt annehmen: daſs die Unterschiede bei manchen gewöhnlich, aber doch auch wieder keineswegs immer, vom Alter abhängig sind, und Vögel von gleichen Jahren einander meistens
darin gleichen; [z. B. bei der Rohrweihe.]

Stimme, Gesang, Farben und mancherlei Lebensverhältnisse,
Aufenthalt etc. alles kann sich modificiren; und alles modificirt
sich wirklich, wie wir zum Theile bereits gesehen haben, mehr
oder minder, nach allerhand Umständen und nach gar mancherlei
Zufälligkeiten, die bald klimatisch und lokal sein, werden oder
scheinen können, bald aber auch nicht. Aller Orten erleidet bald
das eine, bald das andere einige Abänderungen, welche machen,
daſs auch an einerlei Orte zwei Individuen unter vielen
einander nur selten so absolut gleichen: daſs es nicht
möglich sein sollte, immer noch einige, wenn auch vielleicht sehr feine, doch für unsere Sinne, und namentlich für die
durch anhaltende Übung geschärften Sinne des Naturforschers,
bei genauem Vergleiche bemerkbare Verschiedenheiten zwischen ihnen wahrzunehmen. Nie wird daher einer der
erwähnten Punkte allein hinreichen, um nach wenigen Exemplaren,
oder vielleicht gar nach einem einzigen, gleich neue Arten auf
ihn zu stützen, wenn die Unterschiede nicht sehr wesentlich und
constant sind. Wie sie indeſs zu dem Einen sein müssen, zu
dem Andern nicht bloſs sein dürfen, dieſs ist, insofern die allgemein geltenden und ganz einseitig angegriffenen Grund-Princi-
pien nicht ausreichten, von Hrn. Bruch und besonders von mir
durch mehrere Abhandlungen (**) so ausführlich angegeben, und
durch practische Beispiele aus dem Bereiche unserer eigenen und
fremder Erfahrung so erläutert worden, daſs es Dem, welcher
dadurch nicht überzeugt worden ist, (***) nur an Lust und gutem

---

(*) Hierbei will ich nur anführen, ohne es natürlich erklären zu wollen: daſs vor vorzüglich Vögel von nicht schnellem, sondern schlaffem, leichtem, aber nicht kräftigem, zum Theile
auswandernden, aber nicht reiſsendem und angestrengtem Fluge solchen Abweichungen unterworfen zu sein scheinen; z. B. Bussarde, Weihen, Milane mehr, als Edelfalken; Eulen; besonders die
Krähenfamilie; — nicht leicht schwalben- und hühnerartige. Mögen andre Ornithologen, gleich
mir, diese Wahrnehmung fernerweitig prüfen. Vergl. auch das Verz. d. var. Arten, n. 22.
Note über Corvus *spermologus* Vieill.

(**) In dem Jahrgange 1827-1829 der Isis.

(***) Und ich thue gewiſs sehr recht, mit Anwendung des Singulars zu reden.

Willen dazu, nicht an Gelegenheit gemangelt haben kann. Ich
will daher bloſs auf jene Stellen verweisen, um mich hier nicht
wieder ohne Noth noch ausführlicher darüber verbreiten zu müssen, und bloſs Eines doppelten Falls noch erwähnen, der
leicht ein klimatischer werden, und als solcher einiges
Befremden erregen kann:

Ich meine die Länge der Flügel und des Schwanzes.

Es ist ein bekannter physiologischer Erfahrungsatz: daſs die
Organe sich durch den Gebrauch ausbilden und in ihrer Entwickelung vervollkommnen, durch Verminderung oder gar Aufhören des
Gebrauchs aber nach und nach verkümmern. Wir sehen dieſs in
der Regel an gezähmtem Geflügel. (*) [Zahme Gänse fliegen
nur an manchen Orten oft, an den meisten sehr selten, an vielen
nie. Sie verlernen daher in diesem Falle das Fliegen so gänzlich,
daſs es, um sie an einem bestimmten Orte in eingeschränktem
Raume zu erhalten, schon hinreicht, sie mit einem ziemlich niedrigen Zaune einzupferchen. Und sie bekommen dann auch etwas kürzere Flügel. Ähnliches findet oft bei den Truthühnern,
weniger bei den Haushühnern Statt. Ja, in gewissem, freilich weit
geringerem Grade erfolgt eben dasselbe bei fast allen denjenigen
zahmen Tauben, welche man, weil sie, nicht häufig und nur auf
kurze Strecken von Dach zu Dach fliegend, des Besitzers Haus
und Hof nicht zu verlassen pflegen, im Gegensatze zu allen das
Feld besuchenden, vorzugsweise Haus- und Hoftauben nennt.
Kein anderer Vogel aber zeigt diese Umgestaltung so deutlich,
wie die zahmen Stock- und Bisam- (die so genannten türkischen)
Enten. Die ersteren sind des Fliegens, welches ihnen im Freien
so gut und anhaltend von Statten geht, in dem Grade unkundig
geworden, daſs die meisten gar nicht vermögen, sich (**) von der
platten Erde zu heben; und ihre, so auſser Thätigkeit gesetzten
Flugwerkzeuge haben eine so merkliche Verkleinerung
erlitten, daſs die Flügelspitze oft kaum bis an die Wurzel des
Schwanzes langt, während sie am wilden Urstamme fast das Ende
desselben erreicht. Hingegen sind, da die Ente gezähmt weit

(*) Daher brauchen wir gar nicht von dem Zunehmen der *crista occipitalis* bei heran-
wachsenden Säugthieren und andern dergleichen Erfahrungen zu sprechen.

(**) auſser durch kleine, nur vermöge der Kraft der Beine gethane Sprünge. —

mehr läuft, ihre Füſse viel dicker und dadurch kräftiger, die Schwimmhäute und Zehen aber, weil sie nun weniger schwimmt, kleiner geworden; und der Leib sogar, welcher jetzt nie mit knapp angepreſstem Gefieder die Luft zu durchschneiden braucht, nie in schneller Bewegung den widerstrebenden Druck eines so elastischen Fluidums zu überwinden nöthig hat, hat einen plumperen Umriſs erhalten. — Hier treten also die, gegen die sonstige Regel im Gebrauche zurückgesetzten Organe in dem Grade ihrer Entwickelung eben so sehr zurück, wie sich andere, sonst weniger angewendete in Folge der vermehrten Benutzung hervorheben.] — Demnach läſst es sich gar sehr wohl denken: daſs eine südliche klimatische, zum Standvogel gewordene Varietät von einer im Norden wandernden Art dort (im Süden) aus ähnlichen Ursachen etwas Ähnliches erfahren könne, wie zahme Vögel in anhaltender Gefangenschaft, ohne deſswegen, so wenig wie diese, zur distincten Species zu werden; darum, weil die Nothwendigkeit, welche dieselbe Art unter nördlicheren Regionen zwei Mal des Jahres zu einer, durch ihre Ausdauer meist wahrhaft erstaunlichen Anstrengung im Fliegen zwingt, unter einem wärmeren Himmel für sie gar nicht Statt findet. (*) Denn es begründet diefs begreiflicher Weise einen sehr beträchtlichen Unterschied, welcher, bei hundert- und vielleicht schon tausendfach oder noch öfter wiederholter Vervielfältigung der Generation, doch endlich wohl im Stande sein mag, einen bemerkbar und standhaft werdenden körperlichen Einfluſs durch eine sichtliche Differenz zwischen Vögeln Einer Art auszuüben, die an sehr verschiedenen, oft vielleicht um die halbe Breite einer ganzen Erdhälfte aus einander liegenden Standorten zugleich vorkömmt. Man wird daher, ohne es bis heut gerade als unbedingte Thatsache durchaus zugeben zu dürfen, jedenfalls nicht bloſs die einleuchtendste Möglichkeit, sondern sogar die höchste Wahrscheinlichkeit einräumen müssen: daſs,

---

(*) Übrigens hat sich, historischer Wahrscheinlichkeit gemäſs, gewiſs noch öfter das Gegentheil ereignet: indem Standvögel durch immer weiteres Hinaufrücken nach Norden hin Zugvögel geworden sind. Zoologen werden daher, nach der Verbreitungsgeschichte der Thierspecies urtheilend, wenig geneigt sein, die Ansicht der meisten neueren Physiker zu unterschreiben, deren Einige den lokalen Einfluſs der Landeskultur auf die Milderung des Klima's doch wohl gar zu niedrig anzuschlagen scheinen.

nach Umständen, südliche Vögel wohl etwas (wenn auch immerhin nur etwas) kürzere Flügel besitzen können, als nordische und östliche, ohne darum auch specifisch abzuweichen. [Und in der That hat es mir z. B. bei den ägyptischen (freilich nur in trockenen, meist gestopften und aufgestellten Bälgen untersuchten) Turteltauben, als Standvögeln oder mindestens Heckvögeln, ganz so geschienen, wenn ich sie mit unsern deutschen verglich, die im Herbste bis zu ihnen hinabziehen.]

Eben das nämliche möchte dann wohl ohne Zweifel, wenn auch in geringerem Grade, von dem Schwanze, als dem zweiten Flugorgane, gelten können. [Und wer weiß, ob nicht sonach die angeblich stets etwas zunehmende Schwanzlänge bei den weißschwänzigen Seeadlern mit ihrem Hinaufrücken nach Norden, besonders in Grönland, schon hiermit zusammenhängt; vorausgesetzt, daß die hierüber angeblich gemachten Bemerkungen allgemein zutreffen sollten.] —

Kaum ist es nöthig, zu bemerken: daß natürlich auch in diesem Falle, (sowohl in Betreff der Flügel, wie hinsichtlich des Schwanzes) gleichwie es bei den Klimaten selbst der Fall ist, die Abstufungen zwischen den, hier überhaupt gewiß niemals sehr verschiedenen, Extremen ebenfalls wieder ganz allmählig in einander verlaufen müssen; und daß ferner auf dem Zuge irgendwo leicht Vögel aus verschiedenen Klimaten zusammenkommen können. [Wie denn unter andern Hr. Bruch an einerlei Orte Saatgänse mit längeren und kürzeren Flügeln erhalten hat.] (Nach seiner Meinung kann sogar das Alter einen Einfluß auf größere Extension der Schwingen ausüben. (*) —)

Nothwendiger dürfte es sein, gleich wieder im Voraus eines Theils daran zu erinnern: daß, ebenso, wie nach Umständen zwei verschiedene Klimate sich einander umgekehrt (gegen die gewöhnliche Regel) entgegenstellen, d. h. wie manche nördlichere Orte weit milder als viele südlichere sein können, (**) so auch hier

---

(*) Eine, nach praktischen Erfahrungen sehr begründet scheinende, auch mit dem eben Gesagten völlig harmonirende Ansicht! —

(**) Findet man ja doch am nördlichen Abhange der Himalaya-Kette noch Weideplätze und behautes Ackerland in einer Höhe von 2330 Toisen über der Meeresfläche: indem hier die Gränze des ewigen Schnees bis auf vielleicht 2500 Toisen gehoben ist; während dieselbe an dem nach Süden schauenden Gesenke des nämlichen Gebirges bis 1900 Toi-

mitunter der Fall sich aus dem Grunde umkehren kann: weil ein Vogel im höheren Norden am gelinderen Strande, oder überhaupt wegen einer gleichmäßigeren Vertheilung der Jahreswärme unter die entgegengesetzten Jahreszeiten, zu überwintern vermöchte, der im Süden auf Gebirgen oder in rauheren Gebirgsländern wandern müßte. [(Eine Voraussetzung, deren Richtigkeit wir bei der Betrachtung des Klimas von Asien durch die gemeine Krähe am Obi höchst wahrscheinlich gemacht, durch die Steintaube der Färöer, der britischen und norwegischen Inseln aber schon factisch bewährt sehen.)]

Andern Theils brauchen wir uns nur die zahlreichen, über die klimatische Constitution von Asien beigebrachten Facta ins Gedächtniß zurückzurufen, um nichts weiter, als eine neue Bestätigung unserer Ansicht, zu finden: wenn der Osten, sonst in seinen organisch-verändernden Wirkungen so oft dem Süden ähnlich, sich hierin dem hohen Norden zur Seite stellte.

Anmerk. Nur beiläufig mag eines Falles gedacht sein, über welchen, bei der sehr geringen Zahl geeigneter Species, alle positive Erfahrungen noch mangeln. Es würde mit dem, was wir oben (§. 9.) überhaupt als das Wesen südlicher klimatischer Varietät bezeichnet haben, sogar auch der Umstand harmoniren: daß Vögel mit besonders langen Schwänzen im Süden gewöhnlich noch etwas längere erhielten, als bei uns. Denn es ist bekannt, daß solche, z. B. die Elstern, die Fasane, und namentl. die Männchen, auch schon bei uns mit dem höheren Alter die Vögel von mittleren Jahren hierin etwas übertreffen; und da hinsichtl. der Farbenänderung ein recht hohes Alter in gemäßigten, und die gewöhnliche Regel in wärmeren Ländern einander so vollkommen entsprechen, so wäre auch hierbei eine ähnliche Übereinstimmung beider wohl leicht zu erwarten.

§. 14.
Auch in Beziehung auf die Stimme sind gewisse klimatische Abweichungen nicht bloß möglich, sondern bereits erwiesen.

Eine von den vielleicht am wenigsten wahrscheinlichen und dennoch leicht darzuthuenden Abweichungen, welche das Klima

sen hervorbrackt. Ein wunderbares Phänomen! Allen unbegreiflich und Vielen unglaublich, bevor eine umfassende Physik und Atmosphärologie es so bündig durch die Gesetze der, in den nördlich angränzenden, hoch-ebenen Landstrichen so mächtigen Wärmestrahlung erläuterte. S. Alex. v. Humboldt Ansichten d. N. B. I, S. 95-96.

hervorzurufen vermag, dürfte die klimatische Gesangs-Ver-
schiedenheit bei Singvögeln sein.

Es darf hierbei eines Theils als bekannt vorausgesetzt werden, daſs häufigst nicht bloſs der Gesang einer und derselben
Vogelart nach Verschiedenheit der Individuen überhaupt, sondern auch der Gesang eines und desselben Individuums nach
den Jahren, merklich verschieden ist: indem er, als eine
theils mechanische, theils auch intellectuelle Fertigkeit, von dem
einzelnen Vogel mit dem zunehmenden Alter durch vermehrte
Übung vervollkommnet und immer mehr ausgebildet wird.
(Eine Erfahrung, die um so leichter zu machen ist, je schöner,
ausgezeichneter und mannigfaltiger gerade der Gesang der Art
überhaupt ist; daher am deutlichsten bei Nachtigallen und den
übrigen vorzugsweise reichbegabten Sängern; und überhaupt genommen, deutlicher bei Vögeln in der Gefangenschaft (*), und
hier leichter bemerkbar, als im Freien: weil man dort einen Vogel beständig unter Beobachtung haben kann.) — Ferner wissen
wir, daſs der Gesang einer Art sich im Allgemeinen öfters
sehr wesentlich nach den Gegenden zum Besseren oder Geringeren modificiren kann: je nachdem nämlich zuvörderst der
Individuen viele oder wenige da vorhanden sind. Denn unter
vielen erlangen doch immer leicht allenthalben wenigstens einige
ein höheres Alter, als gewöhnlich, und mit demselben kömmt ihnen progressive eine höhere Kehlfertigkeit; von ihnen aber lernen dann die jüngeren am liebsten, und die nächsten Nachbarn
überhaupt sehr oft. [Daher giebt es, wie bekannt, wahrscheinlich
schon deſshalb ganze Gegenden, die sich durch vorzugsweise gut
singende Nachtigallen, schön schlagende Buchfinken etc. auszeich-
nen; und bei den ersteren sind es besonders solche Landstriche,
wo diese Vögel einen obrigkeitlichen Schutz genieſsen: denn, je
umfassender und ausschlieſslicher derselbe irgendwo ist, und je weniger er von der Gewinnsucht umgangen werden darf, desto mehr
Ruhm pflegen die daselbst einheimischen Sänger zu verdienen.]

Indeſs muſs man hierbei vor Allem auch anderen Theils das
nicht vergessen: daſs die Singvögel, vermöge ihres im Ganzen

(*) Bevor nämlich hier die Vögel zu alt und des vergeblichen Singens, welches ihnen hier
doch keine liebende Gefährtin zuführt, endlich müde werden. —

sehr sanguinischen Temperaments, zugleich auch in höherem Grade, als alle andere, gemüthlich-sensible Wesen sind; Wesen, auf welche die zu Fröhlichkeit oder Trübsinn stimmende Umgebung in ähnlicher Weise, wie auf den Menschen, einen höchst wesentlichen, bisher noch zu wenig gewürdigten Eindruck macht. (*) Man braucht gar nicht Ornitholog, sondern nur mit einem nicht ganz unachtsamen Sinne für Naturgegenstände begabt und oft ins Freie gekommen, oder auch gar nur auf eingesperrte Singvögel aufmerksam gewesen zu sein, um mit Überzeugung bemerkt zu haben: dass angenehmes oder düsteres Wetter die Stimmung namentl. der Singvögel kaum weniger, — ja, man könnte wohl dreist sagen: noch mehr — beherrscht, als die Gemüthsstimmung der Menschen. An trüben, rauhen und veränderlichen, mit Regenschauern abwechselnden Frühlingstagen bedarf es nur eines Sonnenblicks, um die ganze befiederte Sängerwelt zu electrisiren und mit einem Male die verstummten Kehlen alle zu lustigen Melodieen zu öffnen; alle musiciren an heiteren, nur wenige, die sehr fleißige Sänger sind, auch einzeln noch an trüben Regentagen; sie hören mit dem Aufhören der atmosphärischen Heiterkeit wieder auf, und beginnen wieder, sobald es sich wieder aufklärt; ja, ist es des Morgens, wo sie sonst immer am anhaltendsten zu singen pflegen, trüb oder regnerisch gewesen, und es hellt sich um Mittag auf, wo sie sonst wenig oder gar nicht zu singen gewohnt sind, so fangen sie jetzt damit an. (**) Diefs zeigt, dafs ihnen,

(*) Es würde, läge es nicht unserem gegenwärtig nächsten Zwecke zu fern, äufserst leicht sein, ausgedehnt den Beweis von der Richtigkeit der Bemerkung zu führen: dafs der Character der Vogelgesänge im Allgemeinen schon auf eine merkwürdige und höchst interessante Weise mit dem heiteren, ernsten, erhabnen, düsteren, öden oder melancholischen Totalcharacter der Orte zusammenstimmt, welche die Arten, oder nach Umständen die Gattungen, entweder ausschliefslich oder doch hauptsächlich, bewohnen! — Und ganz vorzugsweise entschieden drängt sich diese Bemerkung bei denjenigen Gattungen auf, deren verschiedene Species einen wesentlich verschiedenen Aufenthalt haben; z. B. bei den Drosseln, Sängern, Lerchen, Piepern, Ammern.

Hierin mag wohl eine tiefere Bedeutung liegen! — Gewifs wird man einst erkennen lernen; dafs die tiefe Harmonie der Natur auch von ihrer (dafs ich so sage) moralischen Seite in dem »geheimnifsvollen Ineinanderwirken der Sinnlichen und Aufsersinnlichen«, der unbelebten Aufsenwelt auf die geistig-lebendige Innenwelt, — überall, selbst bei den geistig untergeordneten der beseelten Wesen, in einem viel ausgebreiteteren Wirkungskreise herrsche und mitbestimmend walte, als man heut im Allgemeinen ahnt. —

(**) Dafs nicht etwa blofs das Gefühl behaglicher Wärme, welche ihnen der Sonnenschein giebt, die alleinige Ursache hiervon sein könne, scheint hinlänglich aus dem Verhalten aller ge-

die hinsichtlich der gemüthlichen Seite unstreitig unter allen Thieren am höchsten stehen und den Säugthieren weit überlegen sind,
eine besondre Seelen-Empfänglichkeit (wahre Empfindsamkeit!)
innewohnt: welche sie gewiss auch sonst eben so wenig gleichgültig gegen alles dasjenige in ihrer Umgebung werden läfst, was
zur Erhöhung oder Herabstimmung solcher sanften, aber leben-
digen Gemüthsaffectionen beiträgt. [So könnte man, da, wie gesagt, auch bei Vögeln »die Übung den Meister macht«, theilweise wohl schon mit einer hieraus gezogenen Antwort das Pro-
blem lösen: warum, wie neuere Vergleiche gezeigt haben, die
Nachtigallen in unsern deutschen, wenig anziehenden Küstengegenden, (z. B. am Strande Pommerns,) denen im übrigen Deutschland so weit nachstehen; warum andere in fruchtbareren Landstrichen besser singen, solchen aber, welche so herrliche, freund-
lich-lachende Gegenden bewohnen, (wie z. B. hin und wieder
im Dessauischen etc.,) nach dem Ausspruche geübter Kenner ein
unbedingter Vorzug gebührt? — Hierbei haben wir nur die anderweitige Landesbeschaffenheit berücksichtigt, und für den Augenblick von der feuchten, oft nebelhaften Seeluft abstrahirt, welche die Atmosphäre jener Küstenstriche trüber, als die über dem
Innern des Landes schwebende, macht.]

Obwohl nun Gewohnheit überall, die Vögel nicht ausgeschlossen, in gewissem Grade ihre Macht bewährt und der Drang,
ihren zarteren Gefühlen nach ihrer Art Worte zu leihen, bei
den befiederten Tonkünstlern stark genug ist, um endlich auch
bei anhaltend trübem Wetter nicht ganz zu verschwinden; so
bleibt es doch beständig ein sehr viel vermögender Unterschied,
ob in einem Lande, dem Orte nach, oder in einer Woche,
einem Monate, der Zeit nach, eine düster bewölkte, oder ob
eine heitere Atmosphäre die vorherrschende ist. Es
würde daher von vorn herein schon die gröfste Wahrscheinlichkeit für sich gehabt haben: dafs, da die Anregung zur Übung

<hr/>

fangenen Singvögel abzunehmen. Wenn diese auch bereits mehrere Jahre lang (wo also das
Erinnerungsvermögen hieran schwerlich noch viel mitwirken kann) in einem Kerker eingesperrt
leben, der an einer Stelle des Zimmers hängt, wo sie nie ein Sonnenstrahl treffen, mithin nur
der Eindruck durch den Gesichtssinn allein noch erfolgen kann; so behalten sie doch stets die
nämliche Erregbarkeit, und fangen überhaupt zu singen, oder stärker zu singen an, sobald sie
nur den Blick durchs Fenster frei behalten, und so den Sonnenschein aufserhalb wahrnehmen.

im Singen so sehr von jenen äußeren Einflüssen herkömmt, die nach den Klimaten der Länder so wesentlich verschieden hervortreten, die Fertigkeit aber so sehr von der Häufigkeit der Übung abhängt, — Vögel in Landstrichen mit trübem Himmel im Ganzen schlechter singen werden, als unter heiterem: weil sie es dort viel seltener thun. Ebenso umgekehrt. Denn, möchte auch immerhin eine und dieselbe Generation dergl. Verhältnisse noch nicht sonderlich empfinden; so muß man doch nie vergessen, wie stark die Wirkung allmählig in der Folge der Zeiten wird: wenn nicht bloß mehrere Hunderte, sondern oft Tausende auf einander folgender Generationen immer einerlei Einflüsse erleiden, deren Erfolg sich somit immer bestimmter und bestimmter auf die nachkommenden vererbt. [Darum habe ich es nicht als etwas Überraschendes, sondern nur als eine Sache, die zu erwarten stand, angesehen, als ich in Pallas *Zoographia rosso-asiatica* besondere Lobsprüche über die Gesangsfertigkeit mancher Singvögel las: welche unter dem klaren, monatelang fast wolkenlosen Sommer-Himmel Sibirien's (*) den unsrigen sonst ähnlich, jedoch öfters durchaus schöner und stärker singen, oder doch ausdrücklich als besonders schön singend angeführt werden; darunter selbst solche, welche nicht wie der Stieglitz zu den guten oder besten, sondern, wie die Rauchschwalbe, zu den keineswegs eleganten Musikern gehören. Es fällt gleichzeitig alle Verwunderung darüber hinweg: daß englische Ornithologen in ihren Schriften den befiederten Sängern ihrer, stets von Nebeln erfüllten, selten eines heiteren Tages sich erfreuenden Insel durchgängig nicht das Lob zu spenden scheinen, welches deutsche Schriftsteller denselben Arten, und mit Recht, in Bezug auf unser Vaterland beizulegen gewohnt sind. Und nicht minder erklärlich ist es: wenn so Hr. Graba die Staare, welche die nicht minder nebelhaften, mit einem triefenden Wolkenhimmel überzogenen Färöer bewohnen, gegen ihre Brüder in dem freundlichen Holstein als weit schlechtere, des Namens kaum würdige Sänger mit geringer, viel eintönigerer Stimmenmodulation schildert; und wenn Faber nicht ohne Verwunderung den Schnee-

---

(*) Wo überdieß fast nie Jemand deren wegfängt, folglich auch alte, geübte Virtuosen um so mehr in Menge da sein müssen.

6

ammer auf dem, noch lange nicht atmosphärisch-klaren Island
durchaus weder so anhaltend, noch so mannichfaltig und so hübsch
singend fand, wie F. Boie ihn auf den heiteren Alpen von Norwegen und Lappland gefunden hatte.]

Diefs als Beispiele für die Regel. Wobei sich übrigens einzelne entgegengesetzte Fälle natürlich darum schon im Voraus
ausnehmen lassen möchten: weil ja auch umgekehrt ein so un-
freundliches Klima doch einem, z. B. für den Aufenthalt in feuchter, mit Wasserdünsten erfüllten Sumpf- oder Seeluft geschaffe-
nen Singvogel gerade mehr, als ein heiteres, zusagen könnte;
oder, weil er vielleicht, abgesehen hiervon, blofs nach seinen speciellen und rein extensiven Verbreitungs-Gesetzen, zufällig häufiger ist in einem Laude, wo dieses, als in einem Erdstriche, wo
jenes herrscht. Denn, wie wichtig eine gröfsere Anzahl vorhandener Individuen in Bezug auf die Beschaffenheit des Gesanges
werden kann, haben wir oben gesehen.

Da man sehr oft einige Verschiedenheit der Stimme nach
Höhe und Tiefe, Stärke oder Schwäche bei Vögeln gleicher
Gröfse, gleichen Geschlechtes und gleichen Alters aus oder in
Einem Neste, noch häufiger aber im entgegengesetzten Falle,
jedoch an Einem Orte, bemerkt: und da sogar öfters die Stärke
der Stimme bei zwei verglichenen Individuen sich umgekehrt
wie die Gröfse verhält; so bedarf es keines Wortes weiter, um
es einleuchtend zu machen: dafs besonders dann, wenn wirkliche,
und zwar ziemlich beständige, klimatische Gröfsenverschiedenhei-
Statt finden, auch wohl einige, für ein geübtes, an feines Hören
gewöhntes Ohr wahrnehmbare Verschiedenheit etwa in der Höhe
oder Stärke des Tones zwischen klimatisch verschiedenen Vögeln
von Einerlei Art eintreten und zur Regel werden könne. Eine
Sache, bei welcher jedoch der Beobachter die höchste Vorsicht
anwenden, nicht zu schnell urtheilen, und nie seinem Tongedächt-
nisse zu leicht trauen dürfen wird! — Sonst möchte es hierbei
blofs noch nöthig sein, daran zu erinnern: dafs erstens (wie vornehmlich Hr. Bruch gezeigt hat) die individuelle Tonbeschaffen-
heit der Stimme überhaupt und die der einzelnen Stimmlaute sich
mit nach der Gröfse des Schnabels, als mithelfenden Schallorgans,
zu richten pflegt: daher schon von Vögeln Einer Brut diejenigen

feinere und meist höhere Laute von sich zu geben pflegen, welche kleinere Schnäbel besitzen, selbst ohne an sich (körperlich) kleiner zu sein; daß jedoch zweitens die mit zunehmendem Lebensalter steigende Übung diese, wie andre, Organe stärkt und kräftig macht: daher die Stimme eines älteren, kleineren Vogels stärker, wiewohl oft rauher klingen kann, als die eines jüngeren gröſseren.

Indeſs nicht bloſs auf den Gesang an sich selbst, sondern auch auf das Benehmen dabei, können die gedachten äuſseren, namentlich Witterungs-Umstände, zum Theile eben so bedeutend einwirken.

[So steigt (was auch mehrere andre Vögel thun) der Wasserpieper auf unsern Gebirgen bei heiterem Wetter stets singend in die Luft, um sich so, regelmäſsig, nur schwebend hören zu lassen; thut es jedoch an trüben, nebeligen Tagen nicht. Hiernach läſst sich mit hoher Wahrscheinlichkeit vermuthen: daſs es auf den Färöern und in England auch wohl in der Regel, wenn nicht immer, unterbleiben, oder mindestens nicht in gleichem Grade Statt finden werde. (*) — Den Schneeammer hat Faber auf Island in der That beim Singen nicht in die Luft steigen gesehen: was doch von dem norwegischen schon früher erzählt und in neuerer Zeit, wenn auch nicht als Regel, bestätigt wurde.]

Indem ich mich, was die Erklärung wunderlicher einzelner naturwissenschaftlicher Erfahrungen in allen Fächern betrifft, hier mit auf das seltsame, (dem sonst gewöhnlichen völlig entgegengesetzte) Klimaverhältniſs im Himaleh und auf die Erklärung desselben beziehe; sei es mir erlaubt, durch die zunächst folgenden Zeilen hier einmal Kleines mit Groſsem, Zoologisches mit rein Physikalischem zu vergleichen, um zu zeigen: wie auch bei manchen im Anfange auffallenden Thatsachen zoologischer Art der Grund der Erscheinungen so nahe liegt, daſs man ihn bloſs deſshalb nicht fand, weil man ihn zu fern suchte: —

Anmerk. Man hat sich z. B. von jeher viel darüber gewundert, warum die Hunde in manchen Gegenden der Erde, in heiſsen sowohl, wie in kalten, nicht bellen, oder, wie man gewöhnlich halb unrichtig sagt, stumm sind.

(*) Hr. Graba (Reise nach Färö, S. 59.) hat über das Benehmen des Vogels beim Gesange selbst nichts angemerkt. Die ganze Stelle scheint aber viel mehr auf das Nichtsteigen hinzudenten, als umgekehrt.

Erstens haben jedoch die Erzählungen mancher schnell vorüber-
gegangenen Reisenden hier die Wahrheit übertrieben, und schon darum gesagt: die Hunde bellten nie, weil sie es blofs selten thun. (*)
Zweitens hat man übersehen, dafs auch bei uns eine ganze Race grofser Hunde fast nie, ja die meisten von ihr unter allen Umständen
fast nie, und noch seltener als andere in andern Welttheilen, zu bellen pflegen: weil sie — nie als Wächter dienen; die Windhunde nämlich. Man vergafs ferner, dafs auch fast alle andere sich nur um so
mehr individuell zum Bellen, ja zum wenig unterbrochenen Bellen,
gewöhnen, und sich wieder davon entwöhnen, je mehr man sie im
ersteren Falle zum Wachen gewöhnt und anhält; auch je mehr sie,
wenn sie jung, klein oder schwach sind, im Gefühle ihrer Unmacht
bei jedem Anscheine von Gefahr ihren Herrn oder ihre nächsten Angehörigen durch Bellen zur Hülfe aufrufen zu müssen glauben;
und je mehr man sie im letzteren Falle von der Wächterpflicht ent-
bindet; oder, je selbständiger sie auf sich selbst vertrauen lernen.

Was könnte jedoch der Hund des Kamtschadalen und Tungu-
sen, der im Sommer als freies Raubthier, von Jagd und Fischfang
auf eigne Rechnung lebend, beliebig umherstreift und erst im Winter zur Hütte seines Herrn, welche oft in Jahren kaum Ein eigentlicher Fremder besucht, wieder zurückkehrt, um hier eine bestimmte
Zeit als Zugthier zu dienen; was könnte er viel Veranlassung zum
Bellen haben? Noch weniger hat sie der des Bewohners von Congo
und Otaheite, welcher die Hunde geradezu nur als Schlachtvieh zieht
und sie mit seinen Schweinen einsperrt, um sie zu mästen.

Hingegen haben die, welche nach ihrer Einführung durch die
Europäer in Südamerika (als bellende) jetzt in Menge kolonieenweise
verwildert leben, die Lust zum Bellen, ebenfalls aus Wachsamkeit
aber hier aus rein egoistischer, beibehalten: weil nämlich auch ein
Hund den andern durch Bellen zu schrecken sucht, und weil der
natürliche, ihnen sämtlich angeborne Neid sie nur als zusammenge-
wöhnte Gesellschafts- oder Familienglieder verträglich sein läfst, aufserdem aber sie antreibt, fremde vom eignen Heerde oder Gebiete
abzuhalten. (**) — Man kann also das Nichtbellen der Hunde nicht

---

(*) So wird selbst Gieseeke's Nachricht bei Humboldt, Ansichten I, S. 113, über
die grönländischen Hunde durch des lange dort gewesenen O. Fabricius treffliche Fauna
groenland., p. 18, widerlegt.

(**) So weifs man ja längst, dafs in Constantinopel, in Smyrna, Alexandrien, Cairo und
anderen Städten des mahomedanischen Orients die, dort völlig freien Haude regelmäfsig ihre
bestimmten Viertel bewohnen und jeden Geschlechts-Fremdling, welcher sich aus einem anderen Bezirke in dem ihrigen blicken läfst, nicht blofs gemeinschaftlich anfallen, sondern ihn an-

klimatisch nennen: indem nur unter allerdings von dem unsrigen verschiedenen Klimaten jene, dem Klima selbst ganz fremden Umstände eintreten, welche die blofs sehr mittelbar wirkenden Ursachen sind, warum das Bellen mehr und mehr aufhört.

Obwohl schnell in Betreff des Nichtbellens der Hunde aufs Reine gekommen, hatte ich doch selbst länger zu thun, ehe ich auf Gründe kam, um zu erklären: warum im östlichsten Sibirien die Wachteln, wie man so sagt, stumm sind; da sie doch unbedenklich zu derselben Species gehören, wie unsere schlagenden. Folgendes scheint mir den vermifsten Aufschlufs zu geben.

[Auch hier wurde erstens die Sache zu weit getrieben, indem es hiefs: sie schlügen in ganz Sibirien nicht. (*) Man sieht vielmehr: das Verstummen geschieht in Abstufungen nach den Landstrichen. Es beginnt mit der ansehnlicheren Erhöhung des Bodens, wo die Sommer immer kürzer werden, und erscheint da am vollständigsten, wo das Land am höchsten, die Lage ganz östlich, und der Sommer ein sehr später ist. — Nun schlagen aber ferner die Männchen nur höchstens so lange, ja oft kaum so lange, bis die Weibchen, welche (aus theilweise noch dunklen Ursachen) auch bei uns sehr spät, nämlich frühestens um die Mitte des Juni, gewöhnlich erst im Juli, und nicht selten noch im August, Eier legen, zu brüten angefangen haben; wobei jedoch die Kämpfe der Männchen um die Weibchen schon bald nach ihrem Eintreffen Statt finden: welches bei uns meistens auf den Anfang des Mai fällt, oft aber auch (wie im zuletzt verflossenen Frühlinge) bis zur Mitte des Monats verschoben bleibt. Manche wiederholt gestörte Weibchen haben indefs sogar noch zu Anfange des September, wo längst kein Männchen mehr schlägt, einige frische Eier, können sie dann aber kaum noch ausbrüten, viel weniger die Jungen daraus erziehen. Es findet also gewifs entweder noch im Stillen eine Begattung Statt, wenn bereits der Paarungsruf verstummt ist: da sich

gar oft tödten. Und wer würde läugnen, dafs ein grofser Theil des ausgedehnten Nutzens, welchen der kultivirtere Mensch von dem Hunde zu ziehen weifs, nur auf der Benutzung dieses hohen Grades einer angebornen moralischen Untugend, des Neides, beruht? —

(*) Pallas (Zoogr. II, n. 225) sagt ausdrücklich: « Ad Jeniseam non minus vocales « europaeis, sed nunquam post solstitium exaudiendae. In Dauuria denique, licet fre- « quentes, plane mutae sunt, solum voci praevium apud nostras rhonchum edentes. Ad « Can tamen fluvium citra Joutiam jam canoras exaudivi. »

doch eine für so lange Zeit hinreichende Folge der Befruchtung
nicht voraussetzen läfst; oder endlich (was das Wahrscheinlichste
ist) die sämtlichen zuletzt noch gehörten sind die abgetriebenen,
unbeweibt gebliebenen Hähne; und die Vögel sind auch gar nicht
eigentlich polygamer Natur. (*)

Das aber bleibt auf jeden Fall gewifs: dafs, des spät eintretenden Sommers wegen, die Wachtel in Sibirien allenthalben nicht
so früh eintreffen kann, wie bei uns, und, je weiter östlich, immer erst desto später kommen mufs; und dafs sie daher namentlich
in Daurien erst mindestens 4-6 Wochen später eintreffen darf,
als in Deutschland. Sie kömmt also bereits gepaart, d. h. in einem
Verhältnisse dahin, welches das Männchen längst der Mühe überhebt, sein Geschrei hören zu lassen: dessen einziger Zweck das
Herbeilocken einer Gattin ist, welche es nun schon seinen Neben-
buhlern abgestritten, an sich gewöhnt, und gegen anderweitige Be-
werber gleichgültig gemacht hat, und welche es demnach in Frieden besitzen kann, bei augenblicklichem Verirren aber leicht mit
den gewöhnlichen leiseren, quarrenden Lauten wieder herbeizu-
ziehen vermag.]

Diefs scheint mir die einfache Lösung der beiden grofsen Räthsel thierischer, relativer Stummheit! —

§. 15.
Klimatisch begründete Verschiedenheiten des Aufenthalts,
und zum Theile selbst der Sitten.

Nothwendig wird es nunmehr auch, mit Beibringung einiger Beispiele jener Verschiedenheiten des Aufenthalts
zu gedenken, welche die, oft so wesentlich verschiedenen
Lokalumstände unter gleichen und verschiedenen Klimaten bei Vögeln herbeiführen, die häufig nicht blofs Eine

---

(*) Eine Annahme der neuesten deutschen Ornithologie, welcher schon ganz der laute Ant-
wortruf widerstreitet, mit welchem das Weibchen dem Männchen so oft den seinigen erwidert;
und gegen welche noch mehr das, zum jedesmaligen Herbeirufen des erstern zur Begattung sonst
wohl keineswegs hinreichende, auch keineswegs regelmäßige Rufen des letztern spricht, das
sich noch lange nicht mit dem Balggeschrei der wirklich polygamen großen Waldhühner und
der Fasane, sondern etwa mit dem der monogamen Hasel- und Schneehühner in seiner Art
vergleichen läßt. — Auch bei diesen rufen und balzen, ähnlich wie bei den Wachteln, die abgetriebenen Hähne viel längere Zeit: beim Auerwilde zuweilen fast so viele Monate, wie ihre
Verdränger nur Wochen.

Species, sondern sogar einerlei Varietät bilden. Abweichungen, mit welchen oft noch Unterschiede der Sitten in untrennbarem Zusammenhange stehen.

Wie bekannt, sind bei sehr vielen Arten die Umgebungs-Verhältnisse, mit welchen allen das örtliche Dasein (der Aufenthalt) der Thierspecies und die erforderlichen Mittel zu ihrer physischen Existenz vereinbar sind, sehr mannichfach und verschieden: also sehr ausgedehnter, bei manchen hingegen sehr bestimmter Natur. D. h., mancher Vogel kömmt in einem Lande, in einem engen Umkreise, zu einerlei Zeit, einzeln auch an solchen Orten vor, die wesentlich von denjenigen abweichen, wo in demselben Umkreise die sehr entschiedne Mehrzahl seiner Art wohnt; mancher lebt, umgekehrt, immer unter sehr übereinstimmenden Verhältnissen.

Anmerk. So beträchtlich auch die Zahl solcher Vögel ist, welche sich, ihrer Natur gemäſs, an sehr verschiedenartigen Standorten häuslich niederlassen und sie zur Fortpflanzungszeit bewohnen: bei keinem möchten diese Gegensätze leichter wahrnehmbar sein, als beim Wasserpieper; weil sich die Gelegenheit hierzu bei den auf Gebirgen wohnenden mit dem Austeigen und der Bildung der einzelnen Bergpartheien sehr bequem und nahe darbietet.

Er findet sich erst weit oben auf den rauhen Hochgebirgen, wo die Baumwälder schon aufhören und fast nur noch Knieholz (Pinus pumilio und P. mughus) wächst; jedoch auch noch weit höher. Er kömmt unbedingt überall vor, wo diese Holzarten irgend gedeihen, und geht so weit gegen die Schneeregion aufwärts, bis sie gänzlich verschwinden; steigt aber nichts destoweniger auch noch hoch darüber hinaus: auf ganz unbewachsene, fels- und meist wasserreiche Alpen, wo kalte Bäche unter den Gletschern und aus den schmelzenden Schneemassen hervorrinnen. So wohnt er auf dem Riesengebirge auf den dürresten, kahlen Berggipfeln, wie in den tiefsumpfigen, moorartigen, von unzähligen Bächen durchschnittenen Knieholzwäldern; auf den höchsten, fleckweise begrünten Felsen und an thurmhohen zerklüfteten Steinwänden eben so gut, wie an solchen Orten, wo Gestein beinahe ganz (dann aber nicht auch das Zwergkiefergesträuch) mangelt; ferner an den steilsten Thaleinschnitten und tiefsten Abgründen, wie an ganz flachen Stellen der Bergfluren: also unter höchst verschiedener Lokalität, am liebsten jedoch allerdings da, wo er diese Verhältnisse gemischt findet, im Ganzen zu vielen

Tausenden, und oft in nicht grofsem Umkreise nach allen Abstufungen der Plätze.

Hieraus leuchtet ein: dafs es Landstriche geben kann, und es ist factisch gewifs, dafs es deren giebt: wo in Betreff des Vorhandenseins so verschieden geeigneter Plätze, folglich auch in Betreff des Vorkommens derselben Vogelart, dasjenige zur Regel wird, was anderswo nur seltene Ausnahme ist; und ebenso umgekehrt. (*) Indessen läfst dieser Fall doch, bei einiger Vorsicht, gewöhnlich so leicht ein richtiges Urtheil zu, dafs es genügen wird, ihn angedeutet zu haben. Auch kann er unter so wechselnder, und doch immer so kennbarer Gestalt auftreten, dafs hier der Raum nicht gestatten würde, — eben so wenig, wie die Nothwendigkeit es erfordert —, den Gegenstand in seiner Allgemeinheit zu erschöpfen.

Auf ein breiteres und ferner liegendes Untersuchungsgebiet wird die Sache versetzt, wenn zuweilen universelle klimatische Verhältnisse überhaupt die speciellen Lokalverhältnisse, unter welchen ein bestimmter Vogel sich vorfindet und vorfinden kann, in gewisser Hinsicht völlig umkehren. Ein Fall, der allerdings öfters nicht von dem vorhergehenden zu sondern, oder auch gar noch mit ihm zugleich vereinigt ist. Diesen Satz sollen einige Beispiele erläutern.

[Es konnte (**) als scheinbarer Nebenbeweis für die, damals mehrseitig angenommene, specifische Verschiedenheit des italienischen und spanischen Haussperlings von dem unsrigen gelten, wenn man fand: dafs jene oft, zum Theile mehr, auf Feldern leben, als in Dörfern, und besonders mehr, als in Städten. Aber man bedachte hierbei nicht: dafs (***) weit mehr Nothwendigkeit, als freie Wahl, es ist, was den Vogel an Menschenwohnungen bindet; dafs es daher wohl gar so wunderbar nicht sei, wenn er jene enge, auch in so mancher Hinsicht lästige, Gefahr bringende

---

(*) Es heifst also, mit Einem Worte, unkritisch und allzu materiell verfahren: wenn jede Rücksicht auf dergleichen modificirende Umstände systematisch ausgeschlossen, und wenn unbedingt ein dictatorisches Kriterium für vermeinte neue Arten auf Dinge gebaut wird, die gewöhnlich kaum eine nur einiger Maafsen constante Varietät begründen können und oft ihr gar keine Charactere aufdrückten, welche sie, auch von ihrem Platze entfernt, noch kenntlich zu machen vermöchten.

(**) Vergl. Meyer Taschenbuch der deutschen Vogelkunde, Th. III.

(***) — wie wir vorzüglich in unserem letzten §. sehen werden.

Abhängigkeit gern aufgiebt, wo es ohne anderweitigen Schaden
für ihn selbst geschehen kann: indem er in sehr gesegneten oder
in warmen Ländern, dort, wo kein harter Winter ihm ein behag-
liches Auskommen auf den Fruchtfeldern gänzlich schmälern kann,
nun auch einsame Gegenden, fern von Menschen bezieht und da
auf Felsen und Ruinen (*) wohnt, an welche Getreideäcker an-
stofsen. Ferner wufste man nicht (**): dafs er auch in Deutschland, (wie namentlich hier in Schlesien,) recht oft den ganzen
Sommer über zwischen Feldern zwar, aber doch halbe und ganze
Viertelmeilen weit von Menschen entfernt, an Ruinen von alten,
längst verfallenen Ziegeleien, an gröfseren Feldkapellen, auf grofsen Denkmälern und unter Brücken wohnt; von wo er freilich
im harten Winter sich nach dem nächsten Dorfe oder einer nahen
Stadt ziehen mufs, wenn nicht eine belebte Landstrafse ihn durch
eine hinreichende Menge verloren gehender Körner dieser Nothwendigkeit überhebt. — Endlich war es unbekannt (***): dafs umkehrt (aber ganz entsprechend) der Feldsperling, welcher, im
Gegensatze zum Haussperlinge, nur auf Feldern, an Waldrändern
und auf Viehweiden mit hohlen Bäumen zu wohnen pflegt, und
schon bei uns ohne Noth nicht gern auf Landhöfe, höchst selten
aber in die eigentlichen Städte hereinkömmt, sich im Norden, in
Skandinavien, nicht blofs sehr zahlreich und oft bei und in diesen
vorfindet; sondern dafs er im Winter zuweilen sogar in gröfserer
Anzahl, als jener, daselbst vorkommt. Ohne Zweifel aus keinem
anderen Grunde, als, weil er dort, indem ein weit tieferer Schnee
die Felder bedeckt, im Freien nicht die nöthigen Körner findet;
wefshalb er sie also bei den Menschenwohnungen selbst aufsuchen,
und somit in jener Scheu vor Häusern auch einen Zug seiner Sitten
verläugnen mufs, welcher ihm anderwärts eigen bleibt.]

[Während der Goldammer aus völlig gleicher Ursache
wohl bei uns, sobald Schnee liegt, immer, ohne Schnee nie, auf

(*) Die er zudem beide dort überhaupt in viel gröfserer Zahl vorfindet, als es in Deutschland und Holland etc. der Fall zu sein pflegt.

(**) Und ich wundere mich sehr, der Erste sein zu müssen, welcher es sagt. —

(***) Boon aus Nilfson hat es bekannt gemacht, Skand. Fauna II, (Foglarna I,) S. 323:
»Vid hyarna och städerna förekommer han isynnerhet om vintren teirikt, stundom tal-
»rikare, an den föregaende. (*) (Husfinken.) »(*) Hr. Temminck's uppgift i Man.
»d'Ornith. I, p. 355, att Trädspinken aldrig förekommer i städer eller hyar, inträffar
»taledes icke med dess tefnadssätt hos oss.»

Höfen der Dörfer gesehen wird, bei recht hohem aber, in sehr strengen Wintern, sogar in die grofsen Städte kömmt, fällt in Italien Beides weg. Dagegen scheint er höher nordwärts hinauf aus einem Standvogel schon ein entschiedener, weit umherstreifender Strichvogel zu werden; und in Sibirien, wo er blofs die westlichsten Theile noch bewohnt, hat man ihn, allem Anscheine nach als wirklichen Zugvogel, im Frühlinge mit dem Fichtenammer durch die isetische Steppe nach oben hin wandern gesehen.] (*)

[Im Norden führt der Winter sogar den, bei uns immer höchst scheuen und listigen Raben ganz gewöhnlich an und auf die Häuser; in Deutschland nie auch nur in die unmittelbare Nähe von Dörfern. Seltene Anwendung von Schiefsgewehr macht ihn dort zugleich ganz ungewöhnlich dreist; und wenn zuweilen nordische herabkommen, so behalten sie die nämliche Kühnheit und Unvorsicht eine Zeit lang auch hier bei.]

[Von Dohlen und Saatkrähen kommen nur in den härtesten, schneereichsten Wintern diejenigen, welche dann entweder nicht von uns fortgezogen, oder erst von Norden her angelangt sind, in die Strafsen der Städte herab oder herein; sonst nie.]

[Ja, aufser Furcht gesetzt wegen der höchst selten ihm drohenden Verfolgung mit Pulver und Blei, setzt sich der edle Jagdfalke in Island etc. im Herbste und Winter häufig auf Wohnungen und auf die Flaggenstangen der Schiffsmasten. Bis zu uns her gewandert aber, wie es zuweilen geschieht, und selbst bereits im südlichen Skandinavien, sind schon die jungen Falken aufserordentlich vorsichtig geworden, und entfliehen von Weitem.] — (**)

Also auch hierbei sehen wir jenes beständige, allseitige Ineinanderfliefsen dessen, was hier örtlich oder den besonderen Zeit- und Jahresverhältnissen angemessen, dort als

---

(*) Nilfson *Skand. Fauna* II, S. 301; Pallas *Zoogr.* n. 202.

Die Abneigung vieler Vögel, ihren Standort weit zu verlassen, oder ihr physischer Kraftmangel zum Unternehmen weiter Züge, ist wahrscheinlich der Hauptgrund: warum sich manche Vögel Europa's nicht weit nach Sibirien hinein verbreiten, sondern kaum, oder nicht, bis an seine westliche Gränze vorreichen. Denn in der That, die meisten von diesen sind für Europa Stand-, oder lediglich Strichvögel; obgleich allerdings manche selbst dort Standvögel bleiben, weil sie in ihrer Nahrungsweise von Schnee und Kälte unabhängig sind; und obwohl andere leicht Zugvögel werden, weil sie, mit leicht tragenden Flugorganen begabt, ohne Beschwerde weite Reisen zu machen vermögen, z. B. die Familie der Krähen etc. — So viel hier als Hinweisung. — (Nur der Stieglitz scheint dort noch mehr Standvogel zu werden.)

(**) Wie merklich anders, als bei uns, gestaltet sich das Balzen der Waldhühner im Norden!

bestimmt klimatischer, direct oder indirect herbeigeführter Unterschied erscheint.

Ein Hauptumstand, welcher manche der wesentlichsten Verhältnisse im Vorkommen mehrerer Vogelarten unter gemäfsigten Himmelsstrichen für die nördlichen geradehin umkehrt, ist unter andern die mehrseitige, grofse Verschiedenheit der Gebirge in beiden Regionen: sowohl, was Klima an sich, als, was die hiermit zusammenhängende Production des Gewächsreiches betrifft, an die sich, fester oder lockerer, das Vorkommen von Geschöpfen aus der thierischen Mitwelt knüpft.

Anmerk. (Vergl. hierzu auch die Anmerk. von §. 11.) Die am höchsten ansteigenden Bäume und Sträucher auf Gebirgen der gemäfsigten Region, z. B. der Schweiz und Deutschlands, sind Zapfenbäume [Nadelhölzer (*Coniferae*)], PINUS, LARIX, TAXUS, ABIES, JUNIPERUS: welche dem von den Hochalpen Herabkommenden in dichten Wäldern entgegentreten; denn sie verlangen zum Gedeihen viel mehr lange, als heifse Sommer. Hinter ihnen erst folgen kätzchentragende Laubhölzer [*Amentaceae*], wie SALIX, ALNUS, BETULA. — Umgekehrt verhält es sich in Skandinavien und im gröfsten Theile des übrigen Nordens. Die lappländischen Alpen und die meisten norwegischen haben lange Tage und kurze Nächte, daher schon defshalb einen warmen und heiteren Sommer; und sie bringen überall bereits zunächst dem ewigen Schnee BETULA *nana* hervor, welche die Schweiz erst in niedrigen Sümpfen besitzt, — meistens mit SALIX *glauca*, bieten auch den Weiden (SALIX) einen nach Verhältnifs gröfseren Ausbreitungsraum dar. (*) "Am besten kann man die Alpenstriche des Nordens nach der Vegetation in folgende Regionen eintheilen: 1tens Die Schneeregion "(*Regio nivalis*) oder die eigentliche Alpe, vom Gipfel bis zum ersten Gebüsche: *a*) die Gegend oberhalb alles Pflanzenwuchses; *b*) vom "Anfange der Flechten bis zum ersten Gebüsche. 2tens Die Weiden- "und Birkenregion (*Regio betuletorum*): *a*) die Gegend für Weiden und Alpenbirken (SALICES *et* BETULA *nana*); *b*) die Gegend für "die Birke (BETULA *alba*). 3tens Die Nadelwaldregion (*Regio pinetorum*): *a*) die Region der Kiefer; *b*) die der Fichte. 4tens Die "Ackerlandregion (*Regio agrorum*)." (**)

(*) Beilschmied Pflanzengeographie, S. 83-85. Wahlenberg *Flora lapponica* und *Flora helvetica*.

(**) Nilsson *Skand. Fauna* unter der Rubrik von TETRAO *lagopus* AUCTT. (T. *alpinus* Nilss.) B. III, S. 117-18.

[So fände der Wasserpieper, ein Alpenbewohner, wel-
welcher nur bis zur allerobersten Baumgränze herabgeht, auf den
Alpen des Nordens bloß Laubgebüsch, welches er scheut; kein
Nadelgesträuch, welches er, wenn überhaupt, allein verlangt; und
einen zu warmen Sommer, zu anhaltend heitere Tage, deren hohe
Lufttemperatur ihm nicht zusagt. (*) Auf dem kahlen, quellen-
reichen Fielde der nebelhaften Färöer ist es ihm kühl genug
und das hier fehlende Holz kann er entbehren, wie er selbes
auch durchgängig auf den eigentlichen, felsigen Hochalpen der
Schweiz etc. entbehrt: (obwohl er sonst eigentlich am häufigsten
und liebsten die Krummholzkieferstrecken bewohnt, welche dort
und auf dem Riesengebirge den Schluß des Holzwuchses bilden.)
An den Küsten der ganzen Ost- und Nordsee findet er eine ge-
mäßigtere, durch die Meeresdünste oft getrübte Seeluft, und hie
und wieder Felsen, wie auf den Alpen. Er fehlt daher hier kaum
wenigen schmalen Strichen, und zeigt sich namentlich in Menge
am Strande von Britannien, häufig an dem des norwegischen und
bothnischen Meeres etc. Aber nirgends findet er im Innern des
Landes, weder in Ebenen, noch auf niederen Gebirgen, das-
nige, was er wünscht: kühle Temperatur und niedriges, sumpf-
ges Strauchwerk von Nadel-, namentlich von Kiefergehölz, am
Wasser, oder kahle Felsen ohne Bäume, mit Bächen. Daher zeigt
er sich bloß am Strande und auf Gebirgen; nie zwischen inne, außer höchstens als rasch vorübereilender Streifling. Ferner braucht
er an dem, stets winterlich wärmeren Strande, am Rande der
auch zugänglichen, offen bleibenden Meeresfläche, nicht Zugvogel
zu werden; muß hingegen die, schon zeitig mit Schnee bedeckten Alpen des Südens verlassen, bis jener wegschmilzt, und Bäche
Bergseeen, Teiche und Quellen wieder eisfrei werden.]

[Der Rohrammer, im Gegentheile das Schwarzholz ver-
meidend, ist gezwungen, deßhalb auch die Sümpfe unserer höhe-
heren Gebirge zu meiden. Dafür steigt er in Norwegen und
Oberschweden, bis fast am Polarkreise, zahlreich über die Ebe-

(*) An recht heiteren, warmen Sommertagen begiebt er sich, selbst mit seinen kaum noch
ordentlich flugfähigen Jungen, in den Hochzeiten auf die obersten, luftigeren und durch den
Windzug doch stets etwas kühleren Berggipfel; besonders um die heiße Mittagszeit. —
Auf den nordischen Alpen gränzen ihm auch Schnee- und Laubholz zu enge an einander

nen, wo er gleichfalls lebt, an die Seiten der Alpen empor: wo sich ihm Sumpfstellen mit Rohr, Weiden- und Birkengebüschen genug darbieten.]

[Vollkommen gleicher Ursache wegen kann das Blaukehlchen, gleichfalls entschiedener Laubholzvogel und blofs Freund der Sümpfe, von unsern Gebirgen nichts weiter, als tiefe Thäler, gewöhnlich blofs Flufsufer und Teichränder der Ebenen bewohnen; während es in Norwegen und Lappland so weit an den Alpenhängen hinaufgeht, als Birken wachsen.]

Auch noch andere Beispiele zeigen, auf nicht weniger sprechende Weise: dafs, wenn an einem bestimmten Orte die klimatischen Verhältnisse auf unkörperliche Dinge einwirken, indem sie einzelne Züge der Art im Leben und in den Sitten der Geschöpfe ändern; dafs alsdann die Art und Weise dieser Änderung bei ganz verschiedenen, der Gattung und Ordnung nach unter sich abweichenden Vögeln, die aber einen gleichen oder sehr ähnlichen Aufenthalt mit einander gemein haben, eine gleiche oder sehr ähnliche ist. So beim Schneeammer und Felsen-Schneehuhne auf Island: dessen Insularklima bekanntlich um ein so Bedeutendes gemäfsigter ist, als das Klima des benachbarten, continentaleren Grönland und des continentalen Europa's unter gleicher Nordbreite.

[Während nämlich der Schneeammer und das Alpen- (oder Felsen-) Schneehuhn im Norden Amerika's, Asiens und Europa's, wo beide vorkommen (*), den Sommer über stets unmittelbar bei einander auf den Hochalpen an der Schneeregion (**) und neben den Gletschern wohnen, und sich erst für den Herbst und Winter von den Bergspitzen herabbegeben und trennen: jener, um sich nunmehr, weil Schnee sein Futter-Gesäme bedeckt, so weit nach Süden zu ziehen, bis er zum Theile schneefreies Land findet; dieses, um den allzutiefen Schneelagen auszu-

---

(*) Auf den Alpen von Mittel- und einem Theile von Süd-Europa etc., wo das Schneehuhn noch vorkommt, wird bekanntlich der Schneeammer (Emberiza *nivalis* Linn.) nicht mehr gefunden, sondern ist hier allgemein durch den Schneefinken (Fringilla *nivalis* L.) ersetzt, welcher, der gemäfsigten Zone eigen, in Skandinavien nur höchst selten neben ihm lebt.

(**) — im ganz tiefen, rauhen Norden freilich auch nahe an der Ebene: weil sich hier die Schneelinie sehr tief herabsenkt; zumal an dem äufseren (nach dem Strande hingekehrten) Abhange der Gebirge. — [Dieses (Schnee-) Verhältnifs in der Schweiz umgekehrt; s. w. unten.]

weichen und in eine Region zu gelangen, in welcher es entwe-
der geradezu, oder durch mäsiges Scharren, die Knospen der
Sträucher und die Blätter des Beerengesträuppes, die Beeren des
Wachholders etc. erreicht —; so machen es auf Island, dessen
Sommer kühler, dessen Winter gelinder, und dessen Gebirge so
besonderer Art sind, sehr viele Vögel beider Arten schon im
Sommer, und im Herbste und Winter gewöhnlich alle, gerade
umgekehrt. Von beiden Arten hecken viele auf den niederen
Bergebenen, weit unterhalb der Schneeregion, viele freilich auch
noch hoch oben; im Herbste aber rücken sie sämtlich weit berg-
auf: die Ammern, um sich von den jetzt reif gewordenen Sä-
mereien zu nähren, die Schneehühner, um von Beeren und dergl.
daselbst zu leben. (*). Jene wandern also in der Regel nicht aus
dem Lande aus, und diese streichen in der Regel nicht in die Thäler nieder, sondern beide bleiben nun meistens den ganzen Winter über da. (**) Nur in solchen Jahren, wo ausnahmsweise ein
ungewöhnlich harter und schneereicher Winter die Verhältnisse
ihrer Umgebung ebenso, wie anderswo regelmäsig, gestaltet, nur
in solchen tritt auch bei ihnen beiden als Ausnahme das ein, was
in continentalen Erdstrichen als Regel für sie gilt: dafs jener ein
fremdes, südlicheres Land, dieses die Thäler und Flächen sucht.]

Mit einem sehr ähnlichen Umstande geht es unter ähnlichen
Verhältnissen in Britannien, und zum Theile selbst noch auf
den Färöern, bei mehreren Arten ganz ähnlich zu. (***) Mehreren Vögeln nämlich, denen unsere Winter um Etwas, jedoch
nicht gerade sehr viel, zu kalt sind, mehreren solchen sagt der
mildere von England noch so hinlänglich zu: dafs sie ihn ohne
Beschwerde vertragen und, bei dem meist gänzlichen Mangel an
allem liegenden oder auch nur tagelang bleibenden Schnee, sich
ohne besondre Noth ernähren können. Solche wandern daher

(*) Vergl. Faber Prodromus der isländischen Ornithologie, S. 16 - 17, und S. 10 und 13.

(**) Dieß wird ihnen, wie ich vermuthe, ganz vorzugsweise durch die beispiellos zerrissene
Formation der isländischen, durchaus vulkanischen Gebirge möglich, deren Beschaffenheit wohl
nirgends wieder so deutlich hervortritt, und welche macht; daß bei einem nicht ganz über-
mäsigen Schneefalle ein sehr mäsiger Wind schon im Stande ist, die Häupter der Berge und
die Oberflächen der Felsen bloßzuwehen; wodurch die Vögel zum Futter gelangen können.

(***) Vergl. hieran hinsichtlich einiger Landvögel die betreffende Bemerkung in dem Zu-
satze über Tetrao saatious Gm. — Der Wasser- (Sumpf- und Schwimm-) Vögel, welche
dasselbe thun, sind viele; ja es giebt deren sogar auf Island einige.

dort gar nicht aus, ungeachtet sie es bei uns immer zu thun gewohnt sind. Und doch ist, wie sich denken läßt, das Überfliegen der höchst geringen Breite des Meeres nach dem mittäglicheren Continente, besonders am südöstlichsten Ende des Landes, für alle befiederte Wanderer ohne Ausnahme nur Spiel! — (*)

In Italien werden, nach Savi's Beobachtungen (**), mehrere bei uns für Strich-, oder nach Umständen beinahe für Zugvögel geltende Arten schon gewöhnlich Standvögel, manche Zugvögel zu blofsen Strichvögeln. Noch weit verschiedner aber tritt die Erscheinung hervor: dafs, gleichwie dort bereits ein nicht unansehnlicher Theil der bei uns den Ebenen eigenen Vegetation sich über den Fuß der Gebirge, zum Theile ziemlich weit aufwärts hebt, und eine andere, von Süden heraufstreifende, unterwärts an ihre Stelle tritt, — ebenso auch eine bedeutende Zahl solcher Vögel, welche Gebirge lieben, jedoch unser Flachland noch mit bevölkern helfen, und welche entweder durch ihre sonstigen Lebensverhältnisse an jene Gewächsgruppen gebunden erscheinen, oder auch zufällig ähnliche Temperaturverhältnisse lieben, wie die erwähnten Pflanzen, dort schon nicht mehr in den Niederungen hecken, sondern dieselben blofs auf ihren Zügen besuchen; dafs andere dort merklich höher hinaufgehen, als sie es bei uns zu thun pflegen; und dafs einige dort die Gebirge mit zu bewohnen anfangen, welche wir hier vergebens in solchen suchen würden. (*)

Bedenkt man nun, dafs auch den Thieren (verschiedentlich, je nach dem Grade ihrer Entwickelung) ein Theil von jener Seelenfähigkeit verliehen ist, welche wir unter dem Namen des Verstandes begreifen, und dafs sie diesen Verstand doch ohne Zweifel dazu haben, um ihn anzuwenden und aus seiner Verwendung jeden, ihrer Natur nach möglichen Nutzen zu ziehen; so

---

(*) Nur wenn man alle dergleichen und vielerlei ähnliche Thatsachen sammelt und in Verbindung zu setzen sucht, um allmählig auf den Grund der Erscheinungen zu kommen und ihren inneren Zusammenhang aufzufinden, schafft man der Wissenschaft wahre und gedeihliche, werthvoll bleibende Resultate; — nicht indem man die einzelnen Facta mit Absicht mechanisch trennt, und so ihre gemeinschaftliche Beziehung vernichtet, um sie bei einem geistlosen ... Aufstellen mit dem Tone der Unfehlbarkeit als schlagende Argumente anpreisen zu ... !

(**) In seiner mehrfach verdienstlichen, sehr tüchtig gearbeiteten *Ornitologia Toscana*.

muſs man es wohl nicht anders als natürlich finden, wenn sie
durch Erfahrung dazu hingeleitet, an einem Orte zu ihrem Vor-
theile Dinge thun, welche sie am andern ohne Nachtheil unterlassen dürfen: und wenn sie hierdurch, bei nothwendig werdender
häufiger Übung, am Ende eine gewisse Fertigkeit in Verrichtungen erlangen, zu denen sie sonst ungeschickt sind oder scheinen.
Dieſs giebt ebenfalls ein Augenmerk, welches man nicht übersehen
sollte bei Beurtheilung solcher Seiten klimatischer Abweichungen,
wie die, welche wir soeben hier nach einander zusammengefaſst
haben. Noch auf Ein belehrendes Beispiel wollen wir so einige
Augenblicke unsere Aufmerksamkeit richten, an dem wir wieder
sehen werden: daſs dasselbe, was anderswo klimatisch sein, anderswo auch durch theils örtliche und theils zufällige Momente bewirkt werden kann.

Von den beiden Abtheilungen der Enten taucht keine in Gefahr, auſser, wenn sie des Vermögens zu fliegen zufällig beraubt
oder desselben überhaupt (in der Jugend) noch nicht mächtig sind,
und nur die eine, die deſshalb so genannten Tauchenten, pflegt
bald mehr, bald weniger oft, doch im Ganzen häufig, nach ihrer
Nahrung (Schaalthieren, Fischen, Insecten und Larven) unter
Wasser zu fahren, um sie aus der Tiefe heraufzuholen. Die andern, die eigentlichen Enten, thun dieſs nicht, sondern nähren
sich gewöhnlich zum Theile von andern, obenauf schwimmenden
oder durch bloſses Untertauchen des Halses erreichbaren, mehr
getabilischen Gegenständen. Unter sie gehört die Stock- oder
gemeine wilde Ente, der Urstamm der zahmen. Nichts desto weniger haben es die Vögel dieser Art, welche auf dem hiesigen
Stadt- (ehemaligen Festungs-) Graben unterhalten werden und
welche zum gröſseren Theile von zahmen, zum kleineren von wilden abstammen, zum Theile gemischter Abkunft sind, zu einer
ausgezeichneten Fertigkeit im Tauchen nach Nahrung gebracht.
Denn, natürlich beim Füttern weniger berücksichtigt, als die
Schwäne, und auf den schwimmenden Futterbrettern von diesen
abgetrieben, müssen sie sich an das zu halten suchen, was diesen
aus dem Schnabel ins Wasser fällt und hier meistens zu Boden
sinkt; oder sie müssen sehen, das zu erlangen, was den Schwänen
mit der Absicht, daſs die Enten es nicht erreichen sollen,

seichte Wasser nahe am Ufer gestreut wird, wohin jene vermöge ihrer langen Hälse leicht hinabfahren. Die Stockenten haben dies aber bemerkt und sich so gut darnach richten gelernt, dafs jener sie beeinträchtigende Zweck des Fütterers gröfsten Theils vereitelt wird: indem sie nicht viel schlechter danach untertauchen, als eine in ihrer Gesellschaft lebende Tafel- (eine wirkliche Tauch-) Ente. Sie thun es indefs gewöhnlich blofs im Winter, da sie im Sommer auch ohne das keine Noth haben. Die wilden hingegen thun es (nicht blofs in Grönland, sondern auch hier bei uns) gerade vorzugsweise im Sommer; und zwar in wasserarmen Sommern, wo (wie besonders im diefsjährigen) eine Menge kleiner, zum Theile sogar recht ansehnliche Teiche, Gräben etc. gänzlich, andere meistens, trocken liegen: wo also die Zahl der Wasserspiegel, auf denen sie sonst Futter suchen, aufserordentlich verringert wird, hingegen aber die Menge kleiner Fische und Schnecken, nach welchen sie sich sonst weniger umsehen, um eben so viel mehr in einen ungewöhnlich engen Raum zusammengedrängt wird, sie also für Ersteres bequem, aber gewöhnlich nicht ohne Untertauchen, entschädigt. Hier tauchen denn ganze Schwärme lange Zeit beständig auf und ab; gewifs eben so gut, und vielleicht noch mehr, als in Grönland, (*) wenn man es auch bis jetzt noch nicht allgemein gewufst hat.

§. 16.

Einflufs der Jahreszeiten und einzelner, selbst kurzer Zeiträume. — Die Klimate mufs Erfahrung kennen lehren, nicht Präsumption sie supponiren.

Nach dem, was wir überhaupt von der Wirksamkeit erhöhter oder verminderter Wärme auf Farbenentwickelung gesehen haben, kann es keinem Zweifel unterliegen: dafs, wenn es sich um die Erklärung individueller Prädisposition dazu (**) handelt, auch die Witterung derjenigen Zeit im Jahre in Betracht

(*) Es war diefs nämlich hier ebenfalls wieder ein, mit grofser Freude verkündigter Anhalt des Urhebers der »ganz neuen« Zersplitterungs-»Ansicht«, um die grönländische Stockente als Species jetzt wenigstens als Subspecies !!) von den übrigen zu trennen.

(**) Wobei wir hier von dem zufälligen, ungünstigen Umstande abstrahiren, dafs wir beim Empfange z. B. südlicherer Vögel, welche den unsrigen sehr ähnlich, bis jetzt allzu selten mit erfahren: ob sie vielleicht in bergigen oder sonst kühleren Gegenden gesammelt sind, und wie überhaupt das Klima ihrer Geburtsgegend beschaffen sei, u. dergl. m.

gezogen werden müsse, in welcher die Jungen zur Welt kommen und ihre Befiederung erhalten; in welcher sie zum ersten Male, oder überhaupt, sich mausern, oder, in welcher auch die Alten ihr Gefieder erneuern. Einzelne Erfahrungen lassen uns bereits Schlüsse darauf machen, wie wichtige Erfolge einst eine genauere Aufmerksamkeit auf diese Umstände uns zu liefern vermögen wird.

[So möchte die Erscheinung, daß gewöhnlich (*) alle in Einem Jahre, wenigstens in einerlei Gegend, auch von ganz verschiedenen Weibchen gelegten Kuckuks-Eier einander sehr ähneln, — sich wohl allerdings (nach der hierüber gebräuchlich gewordenen Meinung) durch den allgemeinen Genuß dieser oder jener Art von Nahrung im Laufe des einen oder des andern Jahres erklären lassen: da in den meisten Sommern gerade diese oder jene Raupenart vorzugsweise häufig in einer Gegend zu sein pflegt, und demnach allen Kuckuken vorliegt. Für die Erfahrung hingegen: daß es in manchem Sommer mehr, in einem andern wenigere, rothbraune oder rothbraun gefleckte junge Kuckuke giebt, — für diese dürfte der Grund wohl in der, allgemeinen oder periodischen, atmosphärischen Constitution des betreffenden Jahrgangs zu suchen sein: deren große, entschiedene Wirksamkeit ja schon der anorganischen, noch weit mehr aber der organischen Physik (Physiologie) und ihrer practischen Anwendung auf das physische Leben (der Heilkunde), so oft Veranlassung zu den anziehendsten Betrachtungen, Untersuchungen und Schlüssen liefert. (**) Spätere, genauere Beobachtungen möchten daher wohl das Resultat geben: daß ungewöhnlich warme Sommer auch bei uns eine, durch temporär-klimatische Abände-

---

(*) Gewöhnlich —, aber, wie eigne Erfahrung mich gelehrt hat, keinesweges immer; denn ich habe gleichzeitig die äußersten Verschiedenheiten gefunden. —

(**) Es kann keinem Bedenken unterliegen: daß die Nahrung in gewissem Grade im Stande sein möge, eine Veränderung in den Säften hervorzubringen, welche die Hülle eines Embryo's (die Eierschaale) färben, dessen erstes Entstehen so sehr in die Nähe der Verdauungsorgane fällt; ganz vorzüglich beim Kuckuke, dessen sonderbare Zeugungseinrichtung so nahe (ja, ich glaube: gänzlich —) von seiner eigenthümlichen Nahrungsweise abhängt. Aber es läßt sich nicht denken, daß ein Einfluß dieser Art sich je auf die Beschaffenheit des werdenden, eigentlichen Keims zum Embryo (denn der Embryo selbst entwickelt sich ja erst nach dem Austritte aus dem Leibe der Mutter) erstrecken könne oder dürfte. In der That kommen bei allen Vögeln, mögen sie noch so sehr variirende Eier legen, Junge von ganz gleichem Aussehen aus Eiern der entgegengesetztesten Färbungen hervor.

rungen denen der Sommer in südlicheren Gegenden nach Verhältniſs entsprechende Erscheinung hervorrufen.]

Bedenke man nun: in wie vielen, mannichfachen Richtungen solche miteinwirkende Zeit- und Lokal-Umstände sich, uns unbekannt, mit einander verbinden und sich unter einander durchkreuzen mögen, und wie sie somit die Erscheinungen verwickeln oder oft geradehin umkehren können; daſs sie hiermit aber doch alle die Regel durchaus nicht umstoſsen, sondern dieselbe in der That nur befestigen; daſs sie uns dieselbe eigentlich auch nur umzukehren scheinen, weil sie für unsere Wahrnehmung entweder im Einzelnen, oder in ihrem Zusammenhange, noch häufigst so gut wie gar nicht da sind; — und gewiſs, man wird in Zukunft etwas vorsichtiger urtheilen über Fälle, bei welchen man vielleicht nicht selten selbst und allein, nicht das Princip, sondern nur seine mangelhafte Anwendung, oder der Mangel hinreichender Erfahrungen zur unbemängelten Anwendung desselben, die Schuld trägt, wenn man sie befremdlich findet.

Anmerk. Überhaupt haben mehreren, selbst der sonst umsichtigern Ornithologen, einige der einleuchtendsten unter den einzelnen Erscheinungen der Art nur deſswegen befremdend geschienen: weil man in der Zoologie bisher so oft auf die wunderlichste Weise Klima und absolute (mathematisch-bestimmte) Lage verwechselt oder beide *per fas et nefas* identificirt hat! — Man hat die Klimate nicht so genommen, wie sie wirklich sind, sondern so, wie sie nach der Lage unter den geographischen Parallelkreisen sein sollten. Man hat sich dieselben also nach einer, durch unendlich viele Ausnahmen unsicher gemachten Regel selbst construirt (*); und dieſs ist es, womit man sich schon öfters Schwierigkeiten selbst erregt hat, wo in der Wirklichkeit gar keine sind. Man hat Klima und geographische Lage verwechselt; des Klima zweier Orte oder Gegenden verhält sich aber oft gerade umgekehrt wie ihre Lage; d.h., hauptsächlich umgekehrt wie ihre relative Stellung zu den Parallelkreisen: und ein südlicherer Landstreifen kann bald ein für alle Mal, bald zu gewissen Zeiten des Jahres kälter, nicht wärmer, als ein nördlicherer,

---

(*) Es begreift sich bald, daſs diese *quasi*-approximative Construction der Klimate nur dann richtig sein könnte, wenn — das Land auf der ganzen Erde überall gleichmäſsig eben, seine Atmosphäre unbeweglich oder von der des Meeres durch eine durchsichtige, aber luftdichte und mindestens einige Meilen hohe Scheidewand unbedingt getrennt, und wenn endlich der Boden selbst und seine Bedeckung überall völlig gleich beschaffen wären! —

7*

und zwei nahe gelegene können wegen Verschiedenheit der Umgebung nicht unbedeutend verschieden sein. Man muß sich also nicht so leicht irre machen lassen durch Kreuzungen der Klimate, mit welchen sich dann nach Umständen gewöhnlich auch die klimatischen Varietäten der Thiere kreuzen und kreuzen müssen.

So haben wir bereits von jenem Unterschiede der Klimate im Großen gesprochen, welchen die drei nördlichen Welttheile im Ganzen zeigen. Dabei giebt es jedoch (wie schon durch Beispiele gezeigt) je nach der besonderen Beschaffenheit einzelner, bald kleiner, bald großer Erdstriche, namentlich je nach ihrer Lage gegen benachbarte Meere und Gebirge und nach ihrer Erhebung in den Luftocean, nach dem leichten Entstehen und häufigen Vorherrschen particüller Winde etc., eine Menge von Modificationen, die sich dann räumlich bald mehr, bald weniger weit ausdehnen. Modificationen, deren genauere Bestimmung nicht hierher gehört, deren Dasein aber erwähnt werden muß, und die wir zum Theile schon in Anwendung auf unsern Zweck bringen können und in Zukunft häufig werden bringen müssen: deren Bekanntschaft folglich auch der Ornitholog zu suchen hat, wenn er Dinge genau nach ihrem Ursprunge erforschen und erklären will, zu deren Wahrnehmung und systematisch-richtiger Feststellung es nunmehr bloß einer genauen Beobachtung der dargelegten Erfahrungsregeln bedürfen wird. — Hier nur wenige einzelne Beispiele hinsichtlich Europas:

Die Differenz zwischen Sommer und Winter ist in der Nähe des Meeres geringer, als entfernt davon: daher die Sommer dort kühler. So ist z. B. die Sommerwärme in den Gebirgsthälern im Osten Frankreichs und in den deutschen Rheinlanden im Allgemeinen der Sommerwärme solcher Orte im westlichen Frankreich gleich, welche 3° südlicher liegen. Im Westen der scandinavischen Gebirge ist die mittlere jährliche Temperatur um 2° höher, als im Osten derselben; auch herrscht da ein kleinerer Unterschied zwischen der Sommer- und Winter-Temperatur. Im Süden der Alpen und im Westen Scandinaviens fällt mehr Regen. Im nordwestlichen Frankreich ist dem Weine die Meeresnähe nachtheilig durch das Herabdrücken der ihm nöthigen Sommerwärme: obgleich auch der Winter durch sie gemildert wird; östlich hingegen geht der Weinbau, ebenso wie dieselbe Sommerwärme, weiter nach Norden. — Wir haben bereits gesehen, daß die Birken im Norden, die Nadelhölzer dagegen in der Schweiz, höher aufs Gebirge hinaufgehen: auf dem Kaukasus aber, noch südlicher als die Schweiz, kehrt die Sache sich dennoch um. Die Schneelinie sinkt in der östlichen Schweiz um 400' tiefer hinab,

als in der westlichen. (*) Die Gegend von Triest zeichnet sich
durch ein, nach Verhältniß seiner geographischen Breite besonders
warmes Klima aus, welches noch wärmer ist, als das Klima des, ein
wenig südlicheren, mehr westlich gelegenen Mailand; dennoch gedeiht
der Ölbaum nicht wohl in dem Thale östlich von Triest: weil dieses
dem sogenannten Borra-Winde, und hierdurch bedeutender Kälte,
ausgesetzt ist." (**)

Ebenso wird auch den Abweichungen eines Vogels in einem
Lande gegen ein anderes in Bezug auf seine Färbung und auf
die Einrichtung seines Haushaltes nicht bloß die durchschnittsmä-
ßige Jahrestemperatur desselben, sondern auch die Mitteltempe-
ratur des Sommers und Winters, ja die Temperatur einzelner
(in Bezug auf seine Erziehung oder Mauser wichtiger) Monate,
die relative Zeit und Menge fallenden Schnees und Regens etc.
bald günstig, bald störend entgegentreten.

[Wenn also z. B. die Haussperlinge Dalmatiens, nur einfach mausernd und Standvögel, dem größeren Theile nach weniger entwickelte Farben zeigen, als die von Süd-, Mittel- und
Ostitalien; so ist dabei zu bedenken, daß Dalmatien vermöge seiner Landesbeschaffenheit fast alle Voraussetzungen (***) für sich
hat, minder warm zu sein, als das gegenüberliegende Italien in
gleicher Entfernung vom Erdgleicher. — Wenn dagegen umgekehrt schwarzköpfige Bachstelzen oft, vielleicht in der
That öfter als auf der italienischen Halbinsel, dort vorkommen;
so ist hierbei der Umstand in Anschlag zu bringen: daß, wenn
beide in gleicher, und zwar in gerader Richtung, nach Süden ziehen, (****) vermöge der Lage von Land und Meer und vermöge
der klimatischen Beschaffenheit ihrer winterlichen Bestimmungs-
orte die dalmatinischen entschieden mehr ins Warme kommen
müssen, als die italienischen: wo dann beide ihre Frühlingsmauser
bestehen, in welcher bei den älteren Männchen der graue Kopf
schwarzgefleckt, grauschwärzlich oder schwarz wird. Auch müssen sie zuverlässig aus einem so gebirgigen und von einer so

(*) — Umgekehrt in Norwegen! S. 75. Beilschmied Pflgeogr. S. 88-89, 60 und 70, 68.

(**) Schouw Pflanzengeographie S. 82.

(***) Denn noch fehlt es an beinahe allen daselbst angestellten physikalischen Beobachtungen.
Das weiß man jedoch gewiß, daß es von kalten Wintern heimgesucht wird. —

(****) Denn am Mittelmeere hören die Ursachen zur Abbeugung des Zuges nach Westen auf.

höchst gebirgigen Nachbarschaft umgebenen Lande, wie Illyrien und besonders Dalmatien ist, eher fort, und können erst spät zurück: weil der Winter nicht anders, als früher eintreten und länger dauern kann, als in dem, doch merklich ebneren Italien. Endlich können sie hier, ohne den Cours wesentlich zu verändern, meist und lange zu Lande fortgehen; während sich den dalmatinischen, einmal aufgebrochen, keine Gelegenheit zum Verweilen unterwegs, ja kaum ein Ruhepunkt, darbietet.]

Solche, weit verzweigte Verhältnisse, nicht bloß die Grade der Breite, hat man zu berücksichtigen, sobald man über das Sammeln der Thatsachen hinausgehen, und sie auch erklären will. Ein Streben, zu welchem es leider selbst bei aller Umsicht oft noch gar sehr an denjenigen Hülfsmitteln fehlt, welche andere Zweige der Naturkunde uns dafür liefern müssen! — Und die Zoologie hat es sehr nöthig, sich näher, als bisher, mit diesen zu befreunden.

§. 17.

Mit der immer größer werdenden Ausdehnung des Vaterlandes bei manchen Species sind auch manche, früher nicht vorhandene, klimatische Abänderungen erst entstanden. — (Wiederholter Beweis: daß solche also, schon deßhalb, nicht als Species aufgestellt werden dürfen.) Rückgehen derselben.

Wirft man uns nun zum Ende noch von historischer Seite die, schon früher mehrfach berührte Frage auf: ob wohl alle diese hier behandelten Abänderungen auch schon gleich anfänglich entstanden sein, oder ob sie sich zum Theile erst später als solche entwickelt haben mögen; so beantworten wir das Letztere unbedenklich mit Ja, (mit dem Beifügen: eben so gut, wie sich klimatische Raçen von Hausthieren gleichfalls erst nach und nach, wiewohl aus einleuchtenden Gründen fester, gebildet haben.) Wir kommen hierdurch in der Hauptsache auf die oben angeführte und in sehr vielen Fällen gewiß stets richtig bleibende Äußerung von Faber zurück, die ich nur im mathematisch-buchstäblichen Sinne nicht unterschreiben möchte; auf die Ansicht: daß die weitere Verbreitung der Vogelarten allmählig, von einer centralen Region ausgehend, in immer weiterem Umkreise erfolgt sei; dafs sie also wenigstens nicht bei allen von jeher so gewesen sein könne, wie sie heute ist. Sobald dieser, leicht darzuthuende Satz erwiesen ist, so folgt auch mittelbar aus demselben: dafs solche weit verbreitete Arten, wenn sie überhaupt klimatisch variiren, summarisch genommen, in der Vorzeit nicht immer schon alle die verschiedenen Charactere an sich getragen haben können, welche sie, ins Gesamt gerechnet, (d. h. alle jetzt unter den verschiedensten Klimaten obwaltende Verschiedenheiten summirt,) gegenwärtig besitzen. (*) — Indem ich es mir vorbehalte, mich späterhin, vielleicht in einigen Vorbemerkungen zum 2ten Theile des ornithologischen Handbuchs, ausführlicher über die historischen Data zu verbreiten, welche die allmählig geschehene und noch fortwährend geschehende Erweiterung des Vaterlandes so mancher Vogelarten (**) beweisen; so will ich nunmehr hier nur die, für die meisten Leser noch neuen Erfahrungen über einen einzigen Landvogel aufnehmen, der in dieser Hinsicht noch darum ein erhöhtes Interesse gewährt, weil er bei seiner Gemeinheit gerade unter diejenigen gehört, welche sehr bedeutend nach dem Klima abändern und defshalb zum Theile in mehrere Arten zerspalten worden sind. [Es ist der Haussperling.

Bei ihm läfst sich die Zunahme seiner Verbreitung im asiatischen Rufsland chronologisch genau nachweisen. (***) Er geht hier so weit nördlich und östlich, als es noch Saatfelder giebt, erschien aber auch nirgends früher, als bis es deren gab; z. B. am Irtisch in Tobolsk, nachdem die Russen das erste Ackerland gepflügt hatten. Nun kam er 1735 sogar am Obi hinauf bis nach Beresow, im Jahre 1739 nach Naryn, etwa 15° L. wei-

---

(*) Je mehr sich, bei weiterem Forschen und Vergleichen, je die Richtigkeit dieser Ansicht durch Zunahme der einzelnen Beweisfälle als allgemein gültig bewähren sollte; um so mehr müssten auch die (im Folgenden) für Einen Fall in Betreff der Selbständigkeit der Arten gezogenen Folgerungen immer mehr allgemein anwendbar werden. Und wie grofs möchte sich nicht die Zahl solcher Fälle bereits gegenwärtig machen lassen! — Doch, diefs gehört mehr in eine besondere Geschichte der Vögel und ihrer Verbreitung, die man hiervon eben so gut trennen kann und soll, wie man die Geschichte der Pflanzen und ihrer Verbreitung von der allgemeinen Pflanzengeographie getrennt hat. Vergl. Schouw, Einleitung.

(**) In Europa, namentlich in Deutschland, das Heraufrücken südlicherer Species; wofür schon Hr. Bruch (Isis 1831, S. 409) einige Belege geliefert hat, die sich noch sehr beträchtlich vermehren liefsen.

(***) Pallas hat diefs gethan in der *Zoographia rosso-asiatica* Th. II, n. 197.

ter östlich (*). An der Lena in ihrem oberen Laufe, im Gouvernement Irkutzk, war er, wahrscheinlich von Süden her, schon im Jahre 1710 erschienen; aber an allen diesen Orten ist er jetzt gemein, zum Theile sehr häufig, und er fehlt dem unbebauten Kamtschatka immer noch. Ebenso ist er nicht blofs nicht immer so weit nach dem Norden Europas hinauf gegangen, wie gegenwärtig; sondern es läfst sich, mit Zuziehung der eben genannten und anderer historischen Facta, auch darthun: dafs zu der Zeit, als noch Auerochsen und Rennthiere ganz Deutschland bewohnten, sich gewifs noch kein Haussperling bei unseren Vorältern angesiedelt hatte: da er in den damaligen, fast ununterbrochenen Wäldern seiner Natur nach begreiflicher Weise gar nicht leben konnte, und die ältesten Urbewohner unserer Heimath anfänglich nichts von Getreide, dann kaum ein Wenig Hafer bauten, Weizen und Gerste aber, die Lieblingsfrüchte des Vogels, erst durch die römischen Kolonien kennen lernten, und den Roggen noch später erhielten. Wenn er nun aber in dem damals schon ziemlich ebenso fleifsig und allgemein wie heut kultivirten, also (**) wohl klimatisch ebenso wie heut beschaffenen Italien gewifs so oder fast so aussah, wie heut, dagegen jedoch bei uns jetzt, nach seiner von dorther erfolgten Verbreitung zu uns, anders aussicht, als dort; so ist die vermeinte specifische Verschiedenheit der italienischen, spanischen und griechischen Stammraçe (Fringilla *cisalpina* Temm. und Fr. *hispaniolensis ej.*) von unseren deutschen, von den holländischen und von allen noch nördlicheren Abkömmlingen derselben ja schon historisch umge-

(*) Welch' bedeutendes Fortrücken binnen einem so kurzen Zeitraume! Hier zeigt sich wohl sehr deutlich jener, ihm besonders von Nilsson erfahrungsmäßig zugeschriebene, wunderbar feine Instinct, neu-angelegte Wohnungen und neu-bebaute Felder sogar in der Entfernung aufzufinden. Derselbe scheint indefs zugleich auf die Möglichkeit hinzuweisen, dafs auch er unter den eigenthümlichen Klimaverhältnissen von Asien in manchen Gegenden desselben Zugvogel werden könne; und vielleicht stehen hiermit die beiden Umstände im Zusammenhange, dafs er das weit entfernte, wüste Felsenland Daurien bewohnt und dafs er bereits in der Buchavei (nur zuweilen?) mit ausgezeichneter Erhöhung der Farben variirt. Ferner läfst sich die Ausübung jenes besonderen Spür-Instincts, den er noch jetzt in Nordländern zeigt, füglich nur mit den Eigenschaften und Sitten eines Strichvogels, nicht mit der Gewohnheit eines Standvogels vergleichen, für welchen wir den Haussperling bei uns allgemein, aber wahrscheinlich schon häufig mit Unrecht (in Städten gewifs mit Recht) ansehen. Also auch hierbei Verschiedenheit unter verschiednen Klimaten. —

(**) — da das unbestimmende Hauptmoment der Klimate, die so genannte relative Weltstellung (in Hinsicht auf umgebende Länder oder Meere), so unveränderlich ist, wie die Lage, —

stofsen: (*) (ganz abgesehen also von den Gegenbeweisen, welche noch die Continuität der endlosen Abstufungen, nicht allein unter verschiedenen Klimaten, sondern sogar unter einerlei Himmels-region, uns liefert.)]

Anmerk. Denn sie fernerhin noch als Arten trennen zu wol-len, statt sie als blofse Abänderungen wieder unter Einem Namen zu vereinigen, wäre die völligste *petitio principii* in Bezug auf einen vor Aller Augen liegenden Grundsatz der Natur, der eben so allge-mein anerkannt, als erwiesen ist, und der sich sogar Jedem von Anfang her aufdrängt: dafs der Zweck der Fortpflanzung die Erhaltung der Species ist. Die Nachkommen also für Wesen anderer Species halten wollen, als die Individuen des Urstammes, das hiefse doch der Fortpflanzung nicht die Erhaltung der vorhandenen, sondern auch die Hervorbringung neuer Species zuschreiben. Es hiefse der Natur das Gestatten eines regellos-willkührlichen Phänomens zu-trauen, dessen unausbleibliche Folge eine unabsehbare Verwirrung sein müfste, eben so grofs, wie seine Unbeschränktheit. Würde ja doch selbst eine Bildung neuer Arten durch Verbastardiren von je zwei anderen Arten schon in weit, weit minder laxe Gränzen einge-schlossen sein, als deren Entstehen aus der Begattung von Individuen Einer Art, möchte dasselbe auch immerhin so allmählig geschehen, als es irgend wollte! Und gleichwohl findet schon sie nicht Statt. Jedermann kennt vielmehr das, allen Anzeigen nach unbedingte In-terdict, mit welchem die Natur in dieser Hinsicht die Zeugungskraft der Bastarde belegt hat: (**) dafs sie sich nicht als selbständige We-sen für die Dauer erhalten dürfen, sondern dafs sie (ohne ein beson-deres, mühsames und künstliches, noch dazu höchst selten durch Er-folg gekröntes Zuthun des Menschen) stets individuell wieder unter-gehen müssen, so wie sie nur individuell entstehen dürfen; dafs sie also nie Rechte auf ein fortbestehendes Dasein, auf ein Dasein als Species, erwerben können.

(*) Defshalb würde man, vom streng-geschichtlichen Gesichtspunkte aus, allerdings rich-tiger nicht sowohl den italienischen, spanischen und ägyptischen Sperling als die südliche Abänderung des unsrigen, sondern diesen vielmehr als nördliche Varietät von jenem, und jenen als Urstamm, anzusprechen haben. Indefs bleibt diefs eine blofse, für die Sache an sich gleichgültige Formalität, sobald der Umstand, dafs man doch immer zunächst für das Vaterland schreibt, die billige Rücksicht erheischt: beständig von dem Vaterländischen, als dem Nächsten und Wichtigsten, auszugehen.

(**) — insofern sie sich nicht etwa, wie zuweilen, mit einem der beiden Urstämme ver-mischen; in welchem Falle ihre Nachkommen in diesen zurückschlagen. — Doch scheint ja auch dieses Ereignifs schon ein solches, welches nie im Freien vorkommt; wie besonders in Skandinavien die Erfahrungen über den Bastard der Auerhenne mit dem Birkhahne zeigen.

Überdiefs haben wir ja auch gerade beim Haussperlinge, wie bei anderen Vögeln, gesehen, dafs an einem Orte das höhere Alter ganz das Nämliche bewirkt, was an einem andern das Klima thut. Es wird aber doch wohl einer Seits Niemand die lächerliche Behauptung wagen wollen: auch das Alter mache Species aus Individuen; und anderer Seits kann, wer irgend nur einigermaafsen consequent verfährt und folgerichtig denkt, doch unmöglich blofs darum (diagnostisch) gleiche Dinge für (specifisch) ungleich halten, weil sie sich nicht auch an ganz gleichen Orten befinden (*); — zu geschweigen, dafs auch wieder jedes bestimmte Abgränzen dieser verschiednen Orte rein unmöglich ist. Wenn es also keine Alters-Arten giebt, so kann es auch keine klimatische Arten, sondern blofs Abänderungen geben! — *Tertium non datur!*

Weder die logische Definition, noch die naturhistorisch-systematische Feststellung und Werthbestimmung dessen, was wir Abänderung nennen, (sei es nun klimatische oder Alters-Abänderung in bestimmter Absonderung beider von einander, sei es in ihrem gewöhnlichen Ineinanderfliefsen —) keines von beiden kann uns je verhindern: eine Abänderung erst dann, aber dann auch überall, als solche zu betrachten, wenn und wo sie als solche erscheint. Denn ein Vogel kann nicht blofs einen jungen erzeugen, welcher fürerst, und nach Umständen vielleicht für immer, zu einer anderen Abänderung gehört, als er selbst: sondern der junge mufs sogar, wenn der alte ja eine entschiedene Altersabänderung (Varietät des höheren Alters) bildet, natürlich *eo ipso*, als junger, zuerst einer andern Varietät angehören; und da wir wissen, dafs klimatische und Altersvarietät untrennbar in einander fliefsen, so wird, was für die letztere gilt, auch für die erstere gelten. Dafs hingegen ein Vogel einen Nachkommen zeugen sollte, der eine andere Art ausmachte, als er selbst, diefs giebt weder die Logik, noch die Systematik zu, noch könnte es je die Natur gestatten.

Sobald man weifs, wie klimatische (namentlich Farben-) Varietäten entstehen, so kann es keinen Zweifel unterliegen: dafs sie wieder zurückschlagen, d. h. sich dem Urstamme nach und nach wieder nähern können, nach Umständen sogar nähern müssen, wenn sie wieder unter den entgegengesetzten kosmischen Einwirkungen zu leben anfangen. Sehen wir diefs schon

---

(*) D. h. z. B., um bei dem vorliegenden Falle zu bleiben: es ist, wo möglich, mehr als verkehrt, wenn Jemand einen süd- oder mitteldeutschen, der FRINGILLA *cisalpina* gleichenden Haussperling doch nicht zu dieser Quasi-Species zählen will, — darum: weil der Vogel deutschen Ursprungs, und nicht jenseits der Alpen geboren ist! —

bei Hausthierraçen, auf deren Erziehung der Mensch so vielen Einfluss ausübt, und die er mit Mühe rein zu erhalten sucht, weil blofs bestimmte Raçen ihm zu bestimmten Zwecken so vortheilhaft geeignet erscheinen; so mufs dieses um so mehr bei Thier-Varietäten der Fall sein, welche ihrer vollen natürlichen Freiheit geniefsen und somit die ungeschwächte Wirkung des Klimas fühlen, dessen Macht keine menschliche Sorgfalt und Kunst von ihnen abhält. Und doch beruht, wie Jeder weifs, der Character der Hausthierraçen gewöhnlich auf ganz andern, unendlich viel fester stehenden Dingen, als auf — der Farbe; demjenigen Punkte, welcher, unter allen der am leichtesten veränderliche, in seiner Veränderung fast allein das s e h r bedeutend Characteristische der klimatischen Varietäten ausmacht. — [Ganz bestimmt werden italienische und spanische Haussperlinge, zu uns gebracht, den deutschen, besonders aber deutsche (*), nach jenseits der Alpen und Pyrenäen an den Fufs der spanischen Hochebenen und den Strand des Mittelmeeres versetzt, den dortigen nach einigen Jahren entweder schon selbst ähnlich sehen; oder es werden wenigstens ihre dort gezeugten Nachkommen im zweiten, dritten Gliede jenen gleichen. TETRAO *scoticus*, nach Lappland gebracht, wird gewifs, und vielleicht bald, zum gewöhnlichen T. *saliceti* werden, und umgekehrt; d. h. die winterliche Farben-Veränderung wird beim ersten dann wieder eintreten, beim zweiten aufhören. (**)] Wenn es bekannt und gewifs ist, dafs sogar die, schwarz gebornen, Neger zu bleichen fähig sind und besonders dann etwas heller werden, wenn sie noch jung bereits gegen Norden gebracht wurden; so darf man wohl billig wiederum gar nichts Wunderbares darin finden, wenn die frei lebenden Thiere durch abwechselndes Versetzen hier lichter, nach Umständen zum Theile weifs, und nach Süden hin dunkler werden. (***) Aber ein, durch die dabei obwaltenden Umstände besonders verbürgter Fall soll hier angeführt werden, weil derselbe zeigt: dafs manche

(*) — diese natürlich defshalb um so eher und gewisser, weil sie im höheren Alter vielleicht auch schon hier bei uns so geworden sein würden —

(**) So könnte man gewifs unbedenklich darauf rechnen, dafs Exemplare von LEPUS *borealis*, aus Scandinavien nach Britannien geschafft, hier die Neigung, einem weifsen Winterpelz anzulegen, nach einigen Generationen nicht mehr besitzen würden.

(***) Vergl. hierneben auch die Note zu S. 14 – 15.

klimatische Varietäten, wenigstens solcher Species, die vorzugsweise vor vielen andern zum Variiren geneigt sind, sich sogar recht schnell ändern können.

[Das zoologische Museum zu Berlin erhielt vor mehreren Jahren im Winter einen lebenden sehr weifsen Mäusebussard mit so verstofsenem Gefieder an Flügeln und Schwanz, dafs er so nicht ausgestopft werden konnte. Doch war, da solche Vögel nicht zu den gewöhnlichen Erscheinungen gehören, von denen nicht jeden Winter viele aus Norden zu uns kommen (*), sein Besitz für die Sammlung erwünscht. Defshalb wurde er zur Pflege in die Königliche Menagerie auf der Pfaueninsel bei Potsdam gegeben, um ihn zuvor dort mausern zu lassen, dann zu tödten und zuzubereiten. Als er jedoch nach erfolgtem Federwechsel abgefordert werden sollte, war er zu einem so gewöhnlichen braunen geworden, dafs man ihn in seinem damaligen Zustande für das Museum gar nicht wiedernahm, indem er so ganz entbehrlich war; wefshalb er nunmehr dort blieb. (**)]

(*) Obwohl in manchen Sommern, wahrscheinlich nach lange anhaltenden Wintern, einzelne hier zurückbleiben; wo sie sich alsdann mit gewöhnlichen braunen verpaaren.

(**) Die mir genau mitgetheilten Umstände hierbei waren von der Art, dafs sie einer Verwechselung des Vogels mit einem andern durchaus keinen Raum gelassen haben; besonders, da auch damals gar kein Bussard weiter in der Menagerie gehalten wurde.

Zusätze

und

ausführlichere Erörterungen.

Zu §. 1., S. 3.

Die hellen Farben-Ausartungen entstehen also durch eine gewisse Mangelhaftigkeit. Bei Ausartungen der Form, welche endlich zu sogenannten Monstrositäten werden können, und selbst bei Ausartungen in regelwidrig dunkle Farben, kömmt missleiteter Bildungstrieb hinzu.

Zu §. 3., S. 7.

»Durch chemische oder dynamische, Zersetzungs- oder Stimulations-Processe, oder durch beide zugleich.«

Für die Entwickelung erhöhter Zersetzungs-Processe durch erhöhte Wärme unter südlicherem Himmel, und überhaupt unter gewissen relativen Klimaten in oft ziemlich beschränkten Districten, möchten selbst schon mit die Erfahrungen der Botanik unter ähnlichen Umständen ein sehr lautes und verständliches Wort sprechen. Vergleichen wir hierzu die bekannten Erfahrungen blofs über eins der bekanntesten und am meisten gebauten Gewächse, den Weinstock:

Anmerk. (*) »Die geographische Breite wirkt auch auf die Beschaffenheit und Güte der Trauben und des Weins. Im nördlichen Europa hat der Wein eine gröfsere Neigung zur Säure, als im südlichen. Man vergleiche den Rheinwein mit den sicilianischen oder griechischen (**) Weinsorten. Auch die Stärke des Weins nimmt in der Regel gegen die Wendekreise zu. Eine Vergleichung der eben genannten südeuropäischen Weine, so wie des Madeira-Weins, mit den nordeuropäischen wird diesen Satz beweisen; doch erhalten letztere durch Alter eine gröfsere Stärke. (***) Übrigens scheinen specielle Lokalitäts-Verhältnisse von bedeutendem Einflusse zu sein. So zeichnen sich verschiedene ungarische Weine (z. B. der Tokayer) bekanntlich durch Stärke aus, deren Ursache Wahlenberg (****) in den vorherrschenden trockenen östlichen Winden sucht. (†) Oft trifft man in einer gewissen Gegend, oder auf einem einzelnen Berge, Wein von eigenthümlichem Geschmacke (Constantia, Hochheimer u. s. w.)« (††)

(*) S. Schouw Pflanzengeographie, S. 211-12.

(**) — und spanischen — (die herben spanischen werden aus unreifen Trauben gekeltert.)

(***) Wem müfste hier nicht auch der Erfahrungssatz einfallen, dafs sogar die Vögel bei uns im Alter den südlicheren ähnlich werden?! —

(****) Flora Carpathorum principatum pag. CII. und CIII.

(†) Sind doch auch die Hausmäugethier-Racen Ungarns zum grofsen Theile von eigenthümlichem, ebenfalls dem rauhen südlichen ähnlichem Character! — Siehe weiter unten.

(††) Hierzu würde der Inhalt fast des ganzen §. 7. gegenüber zu halten sein.

Auch bei den Thieren, namentlich bei Säugthieren, werden wir später (*) den Einfluss kennen lernen, welchen zum grofsen Theile gerade die nämlichen klimatischen Verhältnisse, wiewohl bei ihnen vielleicht mehr durch stimulirende Wirkung, ausüben.

Das Dasein verstärkter Erregungs-Processe ist, insoweit solche sich auf Erhöhung der animalischen Temperatur beziehen, in neuerer Zeit schon durch Untersuchungen der Physiker und Physiologen auch materiell dargethan. J. Davy (**) hat durch eine Menge von Versuchen in sehr verschiedenen Weltgegenden gefunden: dafs die Einwohner wärmerer Klimate wärmer sind; dafs Menschen, welche aus einem kälteren Klima in ein wärmeres kommen, wärmer werden; dafs ferner namentlich die Vögel unter allen Thieren am wärmsten sind.

Mögen immerhin dergleichen beobachtete, für künstliche Mefsinstrumente empfindbare Unterschiede nominell nicht bedeutend sein, so müssen wir doch nicht vergessen: dafs auch bei andern Steigerungs- und aufgeregten Zuständen das mechanisch-Mefsbare nur sehr entfernt dem organisch-Empfindbaren entspricht. Bekanntlich wird z. B. auch bei der gröfsten Erwärmung des Körpers im Zustande der höchsten Transpiration das Thermometer eine gegen die gewöhnliche erst um wenige Grade, d. h. in einem für das organische Gefühl durchaus aufser Vergleich stehenden Verhältnisse, gesteigerte Temperatur ergeben. Das Leben läfst sich nicht greifen, noch messen. —

Das Licht, unter heitererem Himmel in reinerer, viel weniger mit sichtbaren Dünsten, welche die Sonnenstrahlen schwerer durchlassen, erfüllter Atmosphäre viel stärker wirkend, kann auch eben sowohl als chemisches (zersetzendes), wie als dynamisches (stimulirendes), hier vorzüglich als Wärme erzeugendes Moment, in seiner Kraft zeigen.

Es ist bekannt, dafs Licht sowohl auf anorganische, wie auch auf organische Körper, und in beiden Richtungen, namhaften, zum Theil aufserordentlichen, Einflufs äufsert. Nach den neuesten und ausgedehntesten Untersuchungen (***) erstrecken sich die Veränderungen, welche es hervorzubringen vermag, auf alle Arten chemischer Processe; und vorzugsweise sind die säurehaltigen Stoffe seiner Einwirkung unterworfen. — Der höchst wesentliche Einflufs des Lichts

(*) Gegen das Ende dieser Zusätze.

(**) *The Edinburgh philos. journ.* T. XIII (1825), p. 300–312; T. XIV (1826), p. 38–47: Über die Temperatur der Menschen und Thiere.

(***) Die chemischen Wirkungen des Lichts; dargestellt von Prof. Dr. Gust. Suckow. 1832; besonders S. 119 ff.

auf die Erhöhung der Farben bei Pflanzen ist bekannt; Vogelfedern und Säugthierhaare aber sind Pflanzen auf Thierkörpern. Licht ist zur eigenthümlichen Entwickelung des Colorits den meisten durchaus nöthig. So kann z. B. hitziges, aufregendes Futter in der Gefangenschaft, besonders in dunklen Zimmern, durch Stimulation zwar die Vermehrung des Colorits bewirken; aber der Mangel am nöthigen Lichte führt dann den gereizten und dabei nicht auf rechte Bahn geleiteten Bildungstrieb auf Abwege. Dann werden bekanntlich Sperlinge, Gimpel, Lerchen, Meisen, Wachteln und viele andere Vögel durch den Genuſs des, in jeder Hinsicht reizenden Hanfsaamens leicht schwarz: und zwar diejenigen um so eher, denen diese Nahrung seltener im Freien zu Theile wird. — Hier tritt unverkennbar die zersetzende Wirkung des Lichts sehr energisch auf.

Zu §. 5, S. 16 ff. d, und §. 6, S. 25.

Ein gar merkwürdiger Umstand, welcher abermals für die ausnehmende Kraft der rostrothen Farben zeugt, bleibt das Röthen der Kehle bei mehreren Vögeln, entweder unter südlicheren oder sonst relativ-warmen Himmelsstrichen, oder im Frühlinge, und zwar ganz vornehmlich bei Männchen. Sollte es vielleicht (außer mit dem Zustande allgemeiner Reizung, welchen wärmere Atmosphäre, Wander- und Begattungstrieb herbeiführen) auch mit dem hohen Grade örtlicher Aufregung, welchen das viel häufigere Schreien beider Geschlechter, oder der Männchen, im Frühlinge wohl hervorbringen kann, in Verbindung stehen? (*)

Wir bemerken es beim männlichen Wiesenpieper, einem fleiſsigen Sänger, doch allenthalben nur im Frühlinge, und weit minder und seltener an Weibchen; beim Ortolane im Süden, sehr selten in Deutschland: er ist aber auch ein fleiſsiger Sänger, ja das Weibchen gegen andere Vogelweibchen, besonders im Käfige, ein ungemein emsiger (**); beim Blankehlchen, auch einem fleiſsigen Sänger, an wärmern Orten, hinsichtlich des lichtern Brustflecks (***);

(*) So wie das Anschwellen des Halses und Schwarzwerden seiner Haut bei den männlichen Edel- und Dammhirschen (Cervus elaphus und C. dama) und großen Rohrdommeln (Ardea stellaris) zur Begattungszeit mit ihrem gleichzeitigen Brüllen. ——

(**) Anmerk. Eins, welches ich noch vor Vollendung der ersten Mauser hier kaufte und lange unterhielt, sang, obgleich leise, doch ganz angenehm, aber (wie es auch bei andern Strauchsängern der Fall ist) auf eine vom Männchen in Ton, Modulation, Reichthum und Schönheit und durch ungemein anhaltende Sätze gänzlich verschiedene Weise: theils so, wie eine leise modirende Feldlerche, theils wie ein Rothkehlchen im Herbste. Auch ein bei Wien gefangenes, vorjähriges Weibchen des Grafen Gourey v. Dreitammont sang.

(***) Hier um so eher möglich, da, wie Hr. Brehm sehr richtig behauptet, die jungen Männchen während des Winters das Kehlgefieder, und nur dieses, nochmals mausern. Ob das aber nicht bei alten auch, wenigstens mit den blauen Federn, geschehen mag? —?

bei den Wachtelmännchen im Frühlinge, wo sie, sonst stumm, durch ihr Schlagen die Weibchen herbeirufen; beim Haussperlinge, welcher es zum Frühlinge am Schreien wahrlich nicht fehlen läfst, im höheren Alter und in wärmeren Erdstrichen; dort auch selbst zuweilen beim *Grauammer* und der *Kalanderlerche*.

Ein für alle Mal sei auch hierbei noch wiederholt: dafs die klimatisch gesteigerte Entwickelung der Farben nur selten allenthalben (d. h. an allen Theilen des Thiers) in gleichem Grade fortgeht: dafs vielmehr, umgekehrt, ein Vogel einer Art in Einer Gegend sehr häufig den Bauch schon dunkler hat, als ein anderer, welcher im Gegentheile wieder einen mit mehr verstärktem Colorite begabten Rücken hat, als jener: eben so gut, wie wir das Nämliche häufig genug bei uns finden.

So treten auch in diesem Punkte, wie in anderen, die buntesten Kreuzungen hervor.

Obwohl es übrigens in den Bemerkungen über das Variiren der einzelnen Farben aus den hierzu namhaft gemachten Beispielen deutlich zu entnehmen ist, so möge es doch hier ebenfalls noch wiederholt ansgesprochen sein: dafs, wo die beiden Geschlechter einer Art sehr oder ganz verschiedene Farben tragen, nur dasjenige von beiden überhaupt oder in merklichem Grade eine Farbenänderung erleidet, welches allein, oder dasjenige in weit geringerem, welches weniger dazu geneigte Farben besitzt (sonst beide in gleichem Grade). Belege liefern der Haussperling, der Rohrammer, der Sperber, die gelbe Bachstelze, die Röthlinge etc.

Zu §. 8, S. 32, Note (*).

Den Wasserpieper (Anthus *aquaticus*) betreffend.

Ich finde es nöthig, hier, nachdem von diesem Vogel so oft beziehungsweise die Rede gewesen ist, einige Zeilen beizufügen, welche ihn allein für sich und ins Besondre betreffen. Denn, wenn es sich ereignet, dafs Jemand, welcher, durch einen scharfen, richtigen und nicht von egoistischen Vorurtheilen bestrickten Beobachtungsgeist geleitet, dem nutzlos verwirrenden Aufstellen neuer, unbegründeter Arten entschieden abhold ist, und welcher so oft am rechten Orte die feine satyrische Geifsel darüber zu schwingen weifs, wie Hr. Graba, — wenn ein Mann dieses scientistischen Characters sich doch einmal für eine dieser Neuigkeiten erklärt; so ist es der Mühe werth, und es wird der Ursachen wegen in der Regel auch für die Wissenschaft interessant sein, dafs man hierauf Rücksicht nehme. (*)

(*) Den unkritischen eitlen Schreier, welcher, auch der ganzen wissenschaftlichen Welt gegenüber, doch immer noch allein Recht zu haben wähnt, kann man dagegen um so unbesorgter

Hr. Graba hat (*) die specifische Unabhängigkeit des sogenannten Ufer- oder Felsenpiepers vom Wasserpieper in Schutz
genommen. Hierbei stellt er zwar eine Behauptung auf, aber ohne
Beweise dafür zu liefern; ja, er hat im Gegentheile den schönsten
bis dahin noch zu führen übrig gebliebenen Beweis dagegen nachge-
bracht, den allein noch fehlenden, wiewohl schon nicht mehr nöthigen,
für die Identität beider aufgestellt. Derselbe besteht in seiner bestimmten Wahrnehmung: daſs der sogenannte Felsen- oder Uferpieper auch *noch im Norden*, nämlich auf den Färöern, hin und
wieder einzeln die kahlen Berge (das Field) bewohnt, völlig
so, wie der Wasserpieper im Süden es gewöhnlich thut.

Ins Besondere sagt Hr. G. von den Sitten: sie seien verschieden. Diese Behauptung blieb jedoch ohne Unterstützung durch nähere
Angaben und Gründe; denn hierbei darf man doch wohl, wie üblich,
auch überhaupt fragen: welches sind diese Unterschiede? Und endlich denke ich noch besonders die Frage stellen zu dürfen: wo ist
denn das Kriterium, dem zufolge von Verschiedenheit die Rede sein
könnte? Wo hätte Hr. Graba bis jetzt etwas wahrhaft Genügendes
über die Sitten und Eigenschaften des Wasserpiepers gefunden, um
darnach die des Uferpiepers vergleichen und hinlänglich beurtheilen
zu können? Er ist nicht in dem Falle, beide selbst beobachtet zu
haben; so wenig, wie ich beide im Freien gesehen habe. Ich habe
aber den Wasserpieper mit aller Sorgfalt und Vollständigkeit in zahl-
loser Menge beobachtet, und meine Erfahrungen Hrn. Naumann
für den 6ten Band seines Werks mitgetheilt: wo sie bereits seit fast
3 Jahren gedruckt (wiewohl vielleicht noch in diesem Augenblicke
nicht durch den Verleger publicirt) sind. Sollte dort Hr. G. einst
Dinge finden, welche mit seinen Erfahrungen über den Uferpieper
unvereinbar wären, dann möchte er das Recht behalten, in seinem
Glauben zu beharren, wo nicht, ihn am Ende doch aufgehen. Bis
dahin aber kann ich eine competente Auctorität für meine Ansicht
anführen.

Dieser Bürge ist Hr. Temminck; competent hierin vor allen
jetzigen Ornithologen, deſshalb, weil allein er Gelegenheit gehabt
hat, beide, den Wasser- wie den Uferpieper, hinlänglich im Freien
zu beobachten: jenen auf seinen beiden Alpenreisen, diesen gar Jahr
aus, Jahr ein am Strande seines Vaterlandes, seines eigenen Wohn-
ortes selbst. Je näher und bequemer ihm nun der letztere bekannt

noch Belieben gewähren lassen, wenn man überall die erfreuliche Erfahrung macht: daſs, je
ärger mit tobenden Persönlichkeiten der Lärm, um so geringer der Erfolg wird.

(*) In seiner, besonders ornithologisch interessanten Reise nach Färö, S. 56–59. —

8

geworden war, um so entschiedener hätten ihm doch sicherlich die
Abweichungen des ersteren auffallen müssen, sobald er ihn auf
seinen ornithologischen Wanderungen im Süden Europas an seinen
hohen Wohnorten sah. Er aber ist nie der Ansicht gewesen, diese
Vögel specifisch oder auch nur als Raçen oder dergl. zu trennen:
ist auch bei der entgegengesetzten geblieben, nachdem ich ihm zum
Überflusse, und mit ausdrücklicher Hinweisung auf den damaligen
Streit hierüber, noch eine schöne Auswahl von Exemplaren, auf
unsern Hochsudeten gesammelt, übersendet hatte. Da nun Hrn. T.
wohl um so mehr zuzutrauen ist, dafs er so wahrhafte specifische Unterschiede aufzufinden wissen werde, wo sie wirklich vorhanden sind:
da er ja bekanntlich früher geneigt war, oder bei nicht zureichender
Anzahl von Übergangsstücken auch noch jetzt öfters geneigt ist,
manche blofs klimatische Differenzen für specifische Unterschiede
anzusehen; so glaube ich, man würde sich auch über den Uferpieper hiermit beruhigen können, da er seine Specifität verwirft. —
(Überdiefs kennt man keinen Singvogel, vielleicht sogar keinen Landvogel, der ein ausschliefslicher Strandbewohner wäre. —)

Nochmals sei es wiederholt: nur die besondere Achtung für
Hrn. G.s gesunde, selbstständige Ansichten und sein ausgezeichnetes
Beobachtungstalent, nicht aber eine ganz überflüssige Rücksicht auf
irgend einen Anderen, der mit in den Streit hierüber verwickelt war,
hat mich zu gegenwärtigem Excurse in einer Sache bewegen können,
in welcher ich früher selbst eine Parthei war.

Zu §. 9, S. 35, Note von S. 34.

Anmerk. Beiläufig will ich hier anführen: dafs keineswegs alle, sondern nur manche
der Schleiereulen aus Brasilien ein wenig höhere Füfse besitzen, ebenso, wie es dergl.
unter den unserigen giebt; und dafs nicht Lichtenstein, sondern schon Illiger, sie im
Berliner Museum als Species aufstellte, wo ersterer sie nur einstweilen provisorisch als solche
bestehen liefs, bis eine gröfsere Zahl von Exemplaren in allen Verschiedenheiten einlief. —
Eine Erklärung, welche Hr. Geheime Rath Lichtenstein mir unter dem ausdrücklichen Bemerken mittheilte: dafs er sich ein für alle Mal eben so wenig, wie er sich fremde Verdienste
zugeschrieben zu sehen wünsche, zur Vertretung fremder Fehler und irriger Ansichten Anderer
geneigt fühle; da er vielmehr in diesem und allen ähnlichen Punkten ganz die hier vorgetragenen Ansichten theilt.

Zu S. 36, Note von S. 35.

Über das klimatische Variiren des Stahrs

ist oben (die Bemerkung über das Färben der Füfse abgerechnet)
einstweilen jede Äufserung bis hierher verspart worden. Denn, der
einzige Landvogel Europas mit einem Gefieder von solcher
Form, Färbung und Textur, ändert er auch nur allein insofern
auf eigenthümliche Weise ab, als dieselbe unter den übrigen Land-

vögeln nicht ihres Gleichen hat hinsichtlich des ungewöhnlichen Vereins zusammenwirkender Ursachen.

Die Gestalt der Federn, sonst abgerundet, ist im mannbaren Alter (d. h. bereits nach der ersten Mauser) bei ihm zugespitzt und lang gezogen. Die Farbe, sonst mit wenigerem Glanze, meist ohne allen lebhaften Schimmer, findet sich bei ihm mit starkem, metallischem Glanze gepaart: welcher, wie bekannt, nur durch eine besondere Glätte des Gefüges oder der einzelnen, kleinsten, dem unbewaffneten Auge als solche nicht unterscheidbaren Federtheilchen entstehen kann. Hiermit verbindet sich eine nicht minder eigenthümliche sanfte Härte des Gefieders, aus der Beschaffenheit der kleinen, zerbrechlichen Partikelchen entspringend.

In der Jugend, wo das Gefieder eine rundliche, auch bei andern Vögeln gewöhnliche Gestalt und die gewöhnliche Weichheit zeigt, ändert er (so lange natürlich, als er dasselbe noch frisch besitzt) im Süden hinsichtlich der Farbe so ab: dafs er etwas dunkler wird, als bei uns; also auf die gewöhnliche Weise.

Im männlichen Alter kehrt sich die Sache, namentlich für Sardinien, auch bereits für Ungarn, um. Das ganze Gefieder wird meistens viel heller, als es bei den unserigen zu sein pflegt, auch weit ärmer an Glanz: und diefs, je näher der Mauser, stets um so bemerklicher. (Sturnus *unicolor* Marm.) Diese Veränderung erfolgt auf die Weise: dafs die kleinsten (dunkelsten und glänzendsten) Fäserchen der Federn (die tertiären Fähnchen oder Fibrillen) oberhalb vermöge der wärmeren Trockenheit der Luft, welcher sie zumal in jenen sonnigen, oft weithin sehr baumarmen Gegenden ausgesetzt sind, abbrechen und ganz verloren gehen: wodurch die weifsen (tertiären) Schäftchen und unteren Theilchen der kleinsten Fähnchen auf eine Weise zum Vorscheine kommen, welche zwar nur bei starker Vergröfserung (*) ganz deutlich wahrnehmbar ist, natürlich aber in ihrer Totalwirkung darum sehr sichtbar wird, weil diese kleinsten Partikelchen des Gefieders zusammen doch einen grofsen Theil des Federraumes einnehmen.

(Auch hier zeigt sich wieder die Ähnlichkeit der Wirkung unserer Sommer mit den Folgen des dortigen Klimas überhaupt. Alle (alte) Staare verlieren nämlich dann bei uns dieselben

---

(*) Es war, bei sehr günstigem Lichte, eine etwas über hundertfache Vergröfserung, auf welche Hr. Prof. Purkinje sein trefliches, einer mehr als tausendfachen fähiges, Wiener Microscop stellte, als er die Güte hatte, das Gefieder der Staare mit mir zu untersuchen; wovon er die untersuchten Proben in seiner eben angelegten, höchst einfach und sinnreich eingerichteten Sammlung microscopischer Gegenstände aufbewahrt.

Fäserchen in einem, freilich geringeren Grade, und werden somit den sardinischen viel ähnlicher, als sie ihnen im Herbste im neu angelegten Kleide waren. Doch, wie gesagt, schon in Ungarn kommt der Staar in ähnlicher, nur noch nicht so auffallender Abänderung vor; es ist also wieder auch hier die hinreichendste, beweisendste Stufenfolge vorhanden.)

Was hingegen denjenigen Theil des Gefieders betrifft, welcher jederzeit von gewöhnlicher Textur und Ansehen ist; so tritt bei ihm wieder die allgemein geltende Regel der Verdunkelung ein, so weit diese, dem Gesetze der Farbensättigung gemäfs, irgend noch erfolgen kann. Die grofsen Flügel- und die Schwanzfedern nämlich, welche ein schwarzgrauliches, mit dem Alter auch an deutschen tiefer werdendes Colorit tragen und nur einen etwas glänzenden schwärzlichen Vorsaum haben, werden dort viel intensiver gefärbt.

Dafs die sardinischen wirklich, wenn nicht immer, doch gewöhnlich, nach Verhältnifs auch etwas längere und noch schmälere Federn zu haben scheinen, als die deutschen, entspricht ebenfalls vollkommen der Regel von Übereinstimmung der Vögel höheren Alters unter ächt gemäfsigten mit der klimatischen Varietät unter wärmeren Klimaten, erklärt sich also hierdurch. Je älter nämlich der Staar, um so länger und schmäler wird sein Gefieder schon bei uns: und ein einjähriger Vogel, besonders ein weiblicher, unterscheidet sich in der Hinsicht noch dreimal mehr von einem alten, etwa fünf- bis sechsjährigen, als dieser von dem sardinischen und zumal vom ungarischen.

Dafs und warum diese südlicheren ein reineres Gefieder erhalten, an welchem die hellen, bräunlichen, glanzlosen Federspitzchen unserer jüngeren, namentlich der Herbstvögel, theils in Folge veränderter organischer Bildungsthätigkeit überhaupt, theils durch mechanische Ursachen, früher verschwinden, braucht kaum erwähnt zu werden.

Anmerk. Wie man die Verschiedenheiten zu würdigen habe, welche in den Sitten der sardinischen herrschen sollen, zeigen schon die Widersprüche, in welchen die Schriftsteller, zusammengenommen, hierin gegen einander erscheinen. Schon Wagler war, ohne dafs damals [*] einer von uns an microscopische Untersuchungen dachte, der Übergänge wegen hierüber ganz gleicher Meinung mit mir. Auch er verwarf den *Sturnus unicolor* als Species.

Es dürfte leicht zu tieferer Einsicht über Manches führen, wenn ausgebreitete Untersuchungen mit dem Microscope über das Gefieder klimatisch verschiedener Vögel einer Art angestellt würden. Vielleicht entschliefst sich Hr. Prof. Purkinje dazu, wenn sich Gele-

[*] Als ich im J. 1828 ihn einige Zeit hindurch täglich sprach.

genheit zum bequemen und sichern Herbeischaffen des hierzu nöthigen Materials ereignet.

Zu §. 11, S. 47.

Das so genannte schottische Schneehuhn nur eine Varietät des Weiden- Schneehuhns.

Entsprungen ist diese Ansicht eigentlich hauptsächlich und zuerst aus der außerordentlich engen, sowohl unter den Vögeln, wie auch sogar unter den Säugethieren bis heut ganz beispiellosen Beschränktheit des Vaterlandes, welches diese vermeinte Vogelart inne hat. Und es sprechen ferner für sie: die gänzliche Übereinstimmung aller Verhältnisse des Vogels mit denen des Weidenschneehuhns, die Gleichheit der Sommerfärbung, des Aufenthalts, der Lebensart und der Sitten, so weit dieselben bisher bekannt geworden sind. — Dazu kommt noch auf der einen Seite die apodictische Gewißheit: daß überhaupt viele jetzt nordische Thiere ehedem auch viel weiter südlich gewohnt haben, als jetzt; und daß dieselben erst in neueren Zeiten (nicht bloß einzig darum, weil sie durch die von Menschen erlittenen Verfolgungen gedrängt wurden, sondern theils zugleich um der allmähligen, durch immer weiter verbreitete Landescultur fortwährend steigenden Milderung des Klimas willen, theils sogar vielleicht schon wegen dieser allein) sich so hoch nach dem Pole hinauf zurückgezogen haben; ebenso, wie andere sich ihm aus dem letzteren Grunde vom tieferen Süden her immer mehr nähern konnten, und wirklich genähert haben. Auf der andern Seite aber steht noch gar die Möglichkeit, wo nicht die Wahrscheinlichkeit: daß das schottische Waldhuhn erst von der Jagdlust der Landesbewohner an seinen jetzigen Heimathsort eingeführt worden sein könne. — Die Ansicht ist zu neu, und zu entschieden der gewohnten Meinung widerstrebend, als daß es nicht erforderlich werden könnte, sie ausführlicher zu begründen.

Es scheint an einem wunderlichen Zufalle gelegen zu haben, daß bisher noch Niemand auf den auffallenden Umstand aufmerksam geworden ist, welcher in der überaus engen Verbreitung des schottischen Huhns liegt; sonst hätte man daraus längst Verdacht schöpfen müssen.

Nehmen wir von Vögeln, und selbst von Säugethieren, solche, die anerkannt unter allen das beschränkteste Vaterland haben, zum Vergleiche: so bleibt deren Verbreitung doch immer noch eine unendlich weit ausgedehnte gegen die Verbreitung des in Rede stehenden Vogels. [Angenommen z. B., der Mouflon (Ovis *musimon*) wäre

118

wirklich nur auf Korsika, Sardinien und Kreta (nicht einmal mehr
auf Cypern, nicht in Nordafrika und nicht auf dem Festlande von
Asien) zu Hause, wie es nicht der Fall ist; so würde seine Verbreitung doch immer noch über etwa 18 geographische Längen- und
über 8 Breitengrade reichen. Beim schottischen Schneehuhne betrüge
dieselbe schon so noch lange, lange nicht die Hälfte. In der That
erreicht sie aber noch lange nicht den vierten Theil; indem (*) der Muf-
lon noch die Serra de Gerez, das höchste Gebirge des nördlichsten
Portugals, bewohnt. —]

[Wieviel höher wird nun der Abstand erst beim Vergleiche mit
Vögeln! — Unter ihnen besitzen allerdings die Hühner, weil sie (mit
Ausnahme der Wachteln und Flughühner) nicht wandern können,
eine besonders geringe Ausdehnung nach der geographischen Breite;
wiewohl manche doch eine recht weite nach der geographischen Länge
einnehmen. Gleichwohl übertrifft das rothe Rebhuhn, eine der
eingeschränktesten Hühnerspecies, das schottische Schneehuhn noch
mindestens um das Zwanzigfache; ja, bei dem letzteren ist die Erstreckung nach beiden Richtungen fast gleich; — ein, bei geringen
Dimensionen nicht minder ohne Beispiel dastehender Umstand! —
Einer der seltensten und der am spätesten entdeckten unter den kleinen Vögeln, dabei zugleich ganz ungemein schwer aufzufinden, und
nie von Jägern, nur von Ornithologen gesucht, auch ein äußerst
schlechter Flieger, ist der Fluſs-Rohrsänger; aber doch würde
der Flächenraum seines Vaterlandes, so weit man dasselbe bis heute
schon kennt, im Sommer bereits zehn bis zwölf Mal das Vaterland
des schottischen Schneehuhns in sich einschließen können; indem es
Frankreich, ganz Deutschland, Ungarn, Litthauen (nach Eichwald),
also gewiſs auch Polen umfaſst; (und im Winter muſs er gar über
das ganze Südeuropa hinausreichen.)]

In den Verhältnissen dieses sogenannten schottischen Schneehuhns und des Weiden-Schneehuhns findet durchaus kein Unterschied Statt. Sie stimmen namentlich in der relativen Länge der
Schwingen gegen einander, — also in einem Punkte, in welchem sich
sonst die beiden europäischen Schneehühner bestimmt von einander
unterscheiden, genau mit einander überein.

[Das kleine Wiesel hat nur in Folge unseres wärmeren, das Hermelin in Folge eines noch südlicheren Klimas alle Neigung verloren,
eine ganz weiſse Winterfärbung anzunehmen: die beide im hohen

(*) Nach der Versicherung H. F. Link's, (dessen Phys. Erdbeschr. I., S. 239.) der selbst
in Portugal war. — Nach manchen Anzeigen scheint jedoch das Thier noch sonst weiter verbreitet.

Norden immer besitzen, und die vielleicht beide auch bei uns damals
besaſsen, als Deutschland noch rauh genug für Rennthiere und manche
andere, jetzt rein-nordische Thierarten war; und selbst beim nordischen Hasen schwächt sich diese Neigung an seinem jetzigen südlichsten Wohnorte in Skandinavien.] Warum soll dasselbe nicht auch
bei dem, sonst nördlicheren Weidenschneehuhne in Schottland der
Fall gewesen sein? Schottland hat, als der gebirgige Endtheil
eines auffallend milden, von dem nächsten nordischen Festlande
durch einen breiten Meeresarm von mehr als 5 Längengraden getrennten, und von demselben klimatisch sehr wesentlich verschiedenen
Inselraumes, offenbar das Entweichen desselben Vogels nach Norden zu unbedingt gehindert; vorausgesetzt nämlich, daſs er ursprünglich dort vorhanden gewesen sei. Inseln aber sind überhaupt klimatisch viel gelinder, als benachbarte Festländer; und namentlich
sind in Europa die westlichen Theile gar ungemein viel milder, als
die östlicheren; gerade Britannien aber ist vor allen durch sein
unverhältniſsmäſsig mildes, zumal im Winter höchst gemä-
ſsigtes, und durchs ganze Jahr ungewöhnlich gleichmäſsiges
Nebel-Klima bekannt. (*) Ist es wohl also ein Wunder, wenn
das Weiden-Schneehuhn seine Neigung zur Annahme einer weiſsen
Winterbefiederung in Schottland verloren hat: da ja die nördlichste
Spitze dieses Landes immer noch um einige Breitengrade weiter nach
Süden liegt, als der südlichste Punkt seiner Verbreitung auf der,
schon überhaupt weit kälteren scandinavischen Halbinsel, — nämlich
als der See Siljan? Spricht nicht ferner auch wieder der Umstand
dafür: daſs es noch in England, dicht an der Gränze mit dem südöstlichsten Schottland, einzelne Fälle giebt, wo das schottische Huhn zwar nicht regelmäſsig weiſs wird, aber doch bald so,
bald in einer hellen, weiſslichen Färbung an Einem Orte und
als Race, d. h. in mehreren sich so fortpflanzenden Familien, vorkömmt? (**) Spricht nicht ebenso auch die Erfahrung: daſs im
Sommer, den neueren und neuesten Erfahrungen zufolge, die ältesten

(*) Daher ja auch gewöhnlich noch eine nicht unbeträchtliche Anzahl von Vögeln öfter
oder weiter in England, als in Deutschland, hinaufgehen, oder manche dort überwintern, während
sie hier auswandern. Man denke an die Steindrähen, den Zip- und Zaun-Ammer, den Staar,
die Becken-Braunelle, den Buchfinken, das rothe Rebhuhn etc.

(**) Nach einer von Selby (*Illustrations of british Ornith.*, I.) herrührenden, freilich
nicht sehr verständlichen Mittheilung durch Hrn. F. Boie in der Isis v. 1831, S. 540, wo diese
Abänderung »rahmfarbig« (also gelblich- oder milchweifs?) genannt wird. »...Die
»interessante Mittheilung: daſs sich in Durham aus dem, sich auch durch seine Hinneigung zum
»Verlieren in Weiſs als wahres Schneehuhn beurkundenden Tetrao scoticus eine rahmfarbige
»Race gebildet hatte.... « Sie waren aber wohl nur im Winter so? — ?

Weiden-Schneehühner Norwegens ebenso den weifsen Bauch und die weifse Fufsbefiederung nicht haben, wie die schottischen sie zwar gewöhnlich nicht, aber doch sehr oft, sehr oft noch haben? Denn hiernach hört dieses, selbst noch von Temminck angeführte Unterscheidungszeichen ganz auf, ein solches zu sein: und es wird (wie fast immer und bei fast allen Arten) dasjenige bei der südlichen Abänderung allgemein, oder doch gewöhnlich, was unter einem etwas nördlicheren Klima nur eine Eigenheit des höheren Lebensalters ausmacht. Endlich könnten die beim Weidenschneehuhne gewöhnlich vorkommende weifse Farbe des Bauches, auch im Sommer, und die beständige Weifse der Schwungfedern, beide schon überhaupt nie einen gültigen Einwurf gegen die specifische Identität desselben mit dem schottischen bilden. Denn, da bekanntlich alle junge Schneehühner bis zur ersten Herbstmauser, wo sie eben das erste Mal ein weifses Gewand anlegen, ohne Ausnahme braungraue, einzeln rostgelblich gefleckte vordere Schwingen samt gewellten Fufs- und Bauchfedern besitzen: so versteht es sich ja eigentlich schon von selbst, dafs doch wohl diese Theile nicht erst eine weifse Färbung annehmen werden, wenn sich der Trieb zum Weifswerden nunmehr überhaupt verloren hat. Die weifsen vordersten Schwingen nun abgerechnet, sind aber die vermeinten beiden Huhnarten einander so absolut ähnlich, dafs früher sogar Hr. Temminck das Sommergefieder (in welchem bei ausgestopften Exemplaren dieses Kennzeichen des Weidenhuhns leicht übersehen werden kann) von beiden verwechselt, oder dafs er vielmehr den TETRAO *scoticus* als Sommervogel von T. *saliceti* beschrieben, und beide für identisch gehalten hat. Ein zwar von ihm selbst später als grofser Mifsgriff bezeichnetes Verfahren, in welchem ich jedoch im Gegentheile ungemein viel mehr Richtiges, als Irriges, zu finden vermeine.

Dafs sich das schottische Schneehuhn nur einfach mausere, ist wohl von Einem oder dem Andern vorausgesetzt, in Folge der Erfahrung: dafs es die Farbe nicht wechselt; es bliebe aber fürerst noch durch wirkliche Beobachtungen zu erweisen: denn noch wüfste ich wenigstens nicht, dafs ein dort einheimischer practischer Ornitholog irgend etwas hierüber geäufsert, viel weniger, dafs er es dargethan hätte. Und selbst, wenn es sich als richtig erwiese, so könnte dies ebenfalls eine leicht mögliche Folge des Klimas sein. Denn, man mag nun eines Theils teleologisch den dann liegenden Schnee und den Wunsch der Natur, den Vogel durch Ähnlichkeit seiner Färbung mit seiner Umgebung vor den zu übermäfsigen Nachstellungen seiner Feinde zu schützen, als Grund der Veränderung ins Weifse zum

Winter und ins Rothbraune zum Sommer durch doppeltes Mausern annehmen; oder man mag andern Theils, physiologisch, die Wirkung der Kälte als Ursache davon ansehen: in der Gestalt der Frage wird dadurch Nichts geändert. Die Lage der Sache bleibt immer die: daß beides in Schottland, besonders aber in England und Irland, ganz anders als in Scandinavien, und noch verschiedener als in dem continentalen Nordeuropa, erscheint.

Anmerk. Hierüber geben die folgenden kurzen Data der mittleren Temperatur-Verhältnisse schnellen Aufschluß. Ich will dabei bloß erinnern, daß einer Seits Edinburg, Kopenhagen und Moskau so nahe am 56° d. Br. liegen, daß sie nach ihrer Stellung unter den geographischen Parallelkreisen geradezu als gleich angenommen werden können; und daß Edinburg dem Centrum der Verbreitung von Tetrao *scoticus* angehört, Christiania aber schon um 1° südlicher liegt, als der bereits erwähnte Siljansee, und um mehr denn 1° nördlicher, als die nördlichste Spitze von Schottland.

Ort.	Jahres-Temp.	Sommer-Temp.	Winter-Temp.	Differenz.	Unterschied der kältesten und wärmsten Monate
Edinburg	6,5°	11,3°	+ 2,9°	8,4°	8,7°R.
Kopenhagen . . .	7,0	13,5	− 0,3	13,8	15,5
Moskau	2,8	14,7	− 9,5	24,2	28,3
(Christiania . . .	4,1	12,1	− 3,2	15,3	16,9)

Wie ungewöhnlich mild und gleichmäßig ist also das Klima von Schottland schon gegen das von Dänemark! —

Schwerlich läßt sich glauben, daß Britannien die wahre, eigentliche Heimath des schottischen Huhns sein möge; oder wenigstens bestimmt nicht, daß es auch jetzt seine ihm wahrhaft angemessene sein könne. Dieß scheint bereits aus der Erfahrung hervorzugehen: daß es, obgleich jetzt nur auf dieses Inselreich allein beschränkt, obgleich überall gehegt, und bei einer schon überhaupt höchst strengen, ganz aristokratischen Jagdgesetzgebung noch durch eine ausdrückliche Verordnung in seiner Fortpflanzung geschützt, sich doch durchaus nicht über das Ganze der Länder verbreiten mag, sondern sich vielmehr durchgängig bloß in den nördlicheren und gebirgigen Theilen hält; in denen also, die wenigstens ihrer Lage und Bodenbeschaffenheit nach bei Weitem noch die kältesten sind, und die noch lange nicht die Hälfte von Gesamt-Britannien ausmachen. Dabei darf man nicht vergessen, daß die in der Jagdlust unübertroffenen reichen Engländer gar nicht unterlassen haben, seine allgemeine Verbreitung über ihre Eilande zu versuchen; jedoch ohne Erfolg.

Daß aber einst das Weidenschneehuhn, besonders in Westeuropa, auch viel weiter südlich einheimisch gewesen sein möge, als heut, darauf lassen einer Seits mehrere Säugethiere schliefsen, die früher entschieden viel weiter südlich gewohnt haben, als jetzt; anderer Seits zeigen es auch manche Vögel, die ehedem nicht so weit nördlich gingen und gehen konnten, wie sie heut gehen. [Es leidet gar keinen Zweifel, dafs den Renthieren das südlichste Scandinavien, wo sie jetzt durchaus nicht mehr gedeihen und kaum einige Jahre auszudauern pflegen, wo aber ihre Geweihe so oft aus den Torfsümpfen von Schonen aufgegraben werden (*), nicht zu gelinde war; und es scheint den Nachrichten der alten Schriftsteller zufolge, namentlich nach römischen Classikern, hinlänglich entschieden, dafs sie einst sogar in Deutschland gewesen seien.] Als später die immer zunehmende Landescultur, das Ausroden kühlender, feuchter Wälder und das Austrocknen kalter, bewachsener Sümpfe, die hierdurch entstehende stärkere Erwärmung des Bodens, besonders aber die erhöhte Temperatur der Luft, und ähnliche Ereignisse das Klima mancher Länder so milderten: dafs sich mehrere Thierarten auch defshalb, nicht blofs darum, weil die Menschen sie vertrieben, tiefer nach Norden zogen; so fehlte doch dem Weidenschneehuhne jedenfalls die Fähigkeit, von Britannien aus ein höher gelegenes Land zu erreichen; da jedes, auch das nächste, doch immer noch zu ferne lag. Es mufste sich also zum Bleiben bequemen; und Nichts konnte von ihm den Einflufs des milder gewordenen Klimas abhalten. — Dafs es unter gleicher Breite mit Schottland auch schon in Liefland und Kurland lebt, ohne da sein weifses Winterkleid abgelegt zu haben, macht wiederum keinen Einwurf. Diese Landstriche sind, vermöge ihrer rein continentalen und noch östlicheren Lage, noch um mindestens ebensoviel kälter, als Scandinavien, wie dieses rauher ist, als Schottland; und blofs hiermit kann und mufs man schon den Umstand erklären, dafs es da überhaupt so tief südlich noch gefunden wird. (**)

Sollte sich endlich vielleicht geschichtlich der Beweis führen lassen: dafs die jagdlustigen, schiffahrtskundigen und kriegerischen Skandinavier, welche namentlich vom Ende des 8ten bis zum Ausgange des 11ten Jahrhunderts ihre Zwingherrschaft auf allen nordischen Meeren, ja bis aufs mittelländische hinab, ausübten und dabei oft nicht minder Eroberer zu Lande waren, — dafs diese damals, bei ihren wiederholten Einfällen in England und nach der, eine geraume Zeit während Unterjochung desselben, mit der Falkenbaize in dem Weidenschneehuhne auch einen hier fehlenden leicht aufzuscheuchenden Gegenstand für dieselbe aus ihrer Heimath eingeführt hätten; so wäre

(*) I de Skanska torfmossarne firnas ofta Renhorn etc. Nilfs. Sk. F. I, S. 289.
(**) Ebenso, wie auch mehrere andere Vögel und Säugthiere des Nordens im russischen Reiche aus gleichem Grunde tiefer herunterreichen, unter letzteren Lepus borealis etc.

ein, an sich allein schon genügender Grund für die hier zoologisch entwickelte Ansicht gefunden.

Was den Aufenthalt, die Lebensart und die Sitten betrifft, so wird ins Besondere von den englischen Ornithologen Nichts angegeben, was sich nicht vollkommen mit derselben vertrüge.

Zu §. 12, S. 48, 49, 55-58.

Wir mögen nun auch wohl einige Augenblicke bei den Folgen verweilen, welche für die Thiere selbst aus dem klimatischen Abändern der Farben entspringen müssen.

Es macht einen bekannten, durch alle Erfahrungen der Physik festgestellten Satz aus: dafs, zumal bei gleicher Beschaffenheit der Stoffe, dunkle Farben gute, hellere dagegen schlechtere Wärmeleiter sind: indem jene, durch Verschlucken der Lichtstrahlen, weit mehr äufsere Wärme anziehen, aber auch die angenommene oder sonst in dem Körper, welchem sie angehören, schon vorhandene Wärme geschwinder und stärker ausstrahlen und verschwinden lassen, sobald jenes Aufsaugen von Licht- und Wärmestrahlen aufhört. (*) Dieser Umstand kann natürlich nicht ohne Wichtigkeit für diejenigen Thiere sein, welche nach Verschiedenheit des Klimas hellere oder dunklere Farben annehmen.

Vielmehr werden (das haben wir bereits oben gesehen) Säugthiere und Stand- oder blofse Strichvögel in kälteren Gegenden überhaupt oder im Winter heller, weil sie Standthiere sind oder es werden: indem die Kälte der Farbenerzeugung hinderlich wird. Und sie können (**) eher Standthiere sein oder werden, eben weil sie heller werden, d. h. eine Farbe bekommen, welche das Entweichen der natürlichen, durch den thierischen Lebensprocefs in ihnen entwickelten Wärme verhüten hilft zu einer Zeit, in welcher schon ohnediefs auch eine dunkle Farbe, bei dem niedrigen Stande der Sonne, bei der seltener heiteren Atmosphäre, und bei der sehr kurzen Dauer der Tage, nur sehr wenig äufserlichen Licht- und Wärmestoff anzuziehen haben würde. Es findet also, hier, wie in tausend andern Fällen, gleichsam auch eine Rückwirkung des Erfolges auf die Ursache Statt.

Anmerk. Sogar in Bezug auf die überhaupt bestehende Farbengebung im Norden läfst sich diese Ansicht ganz allgemein durchführen. Bekanntlich würde ja selbst der Schnee, welcher sich im Winter dem stärkeren Entweichen der Erdwärme in die kältere

(*) Daher, wie Jedermann weifs, dunkle oder gar schwarze Kleider im Sonnenscheine so warm sind. —

(**) Insoweit diefs lediglich von ihrer Organisation, nicht zugleich von dem Vorhandensein wärmerer oder reichlicherer Nahrung abhängt. —

Luft entgegengestellt, diesen Zweck viel schlechter erfüllen, wenn er nicht die reinste Weiße bräche oder gar schwarz wäre. Daß mehrere Säugthiere, und unter den Vögeln die zum Wandern ungeeigneten Schneehühner, regelmäßig im Winter weiß werden, muß ihnen um so ersprießlicher sein; weil sie entweder immer, oder doch gewöhnlich, auf und über dem Schnee, also in der mehr durchkälteten Atmosphäre leben, oder weil sie mindestens ihrer Nahrung hier nachgehen müssen. Die kleinsten aller Säuger aber, welche, wie allen Körpern von geringem Umfange, ihre Wärme um so schneller entweichen würde, wenn sie sich oberhalb befänden, gerade die kleinsten, die Mäuse, werden nicht bloß nirgends weiß zum Winter, sondern es giebt sogar nirgends in der Welt Mäusespecies von weißer Farbe. Sie halten sich aber auch sorgfältig unter dem Schnee, welcher auch für sie, als der wärmeren und im Winter wärmer bleibenden Erde Angehörige, eine feste Scheidewand gegen die, selbst kältere und erkältende Luft oberhalb bildet. (*) Im recht hohen Norden endlich, wo der, fast stets dort liegende Schnee die thierische Existenz unter demselben (wegen der allzu sehr unterdrückten Vegetation) fast durchaus unmöglich macht, sind mitevt die wenigen noch vorhandenen Säugthiere, ja sogar die Mehrzahl der Seevögel, weiß oder gelblich-weiß; auch wenn sie groß, folglich (vermöge der Größe) der Wärmeverflüchtigung minder ausgesetzt sind. So die Eisbären und Walrosse, (selbst das Seeeinhorn,) Hasen, die Elfenbein- und Eismöve, die Schneegans etc.; die andern wenigstens zum größten Theile.

An denjenigen nordischen Thieren, welche nicht ganz (klimatisch oder überhaupt) weiß werden, wird es vor Allem der Wurzeltheil der Haare und Federn: an welchem, weil er dem Heerde der inneren Wärme-Entwickelung am nächsten liegt, eine stark leitende dunkle Farbe in der Kälte am nachtheiligsten wirken müßte in der hohen und ungewohnten Sommerwärme aber auch, umgekehrt, durch Fortleiten der äußeren Licht- und Wärmestrahlen wieder am unbequemsten werden würde. (**) So behalten im Norden der Hühnerhabicht, der Jagdfalke, der Mausebussard und der Uhu, welche entweder überhaupt, oder besonders im Alter, gewöhnlich Standvögel sind und nur seltener oder ausnahmsweise weit fortziehen, (sich gleichsam aus der Heimath verirren,) die dunkle Farbe zuletzt nur noch in der Mitte und am Ende der einzelnen Federn bei, nicht an dem Seitenrande; also nur da, wo die Ausstrahlung geringer ist, als an dem zackigen, in kleine Endfäserchen zertheilten, und somit mehr Fläche darbietenden Ende der kleinen secundären Fähnchen. (***) Gewiß würde diesen, da sie dasselbe Kleid auch für den Sommer behalten, alsdann, nachdem sie der heftigen und anhaltenden Winterkälte gewohnt geworden sind, die hohe Sommerwärme vermöge der langen Einwirkung des Lichts in den langen Tagen um so empfindlicher werden, wenn nicht jetzt diese ihre

(*) Daher die Saaten, wie die Mäuse, in den kältesten Wintern mit Schnee nicht leiden, wohl aber beide in sehr gemäßigten ohne Schnee.

(**) Nicht anders, als höchst angemessen, kann hiernach die Einrichtung erscheinen: daß es ganze vorzugsweise in den nördlicheren, weniger schon in den gemäßigten Gegenden, gar nicht mehr aber in den tropischen Ebenen, solche (warmblütige) Thiere zu geben scheint, an welchen sich diese helle Wurzelfärbung der Körperbedeckung vorfindet.

(***) Die noch nördlicher aufsteigende Schneeeule verliert zuletzt das Dunkle ganz.

Federn (abgesehen von der nun erfolgenden Abreibung) auch die äufsere Wärme minder anzögen und minder auf den Körper fortleiteten: welcher als thierisch-lebendiges Wesen, stets eine sehr gleichmäfsige Temperatur entwickelt, deren Unterschiede selbst in ihren Extremen noch gegen die Temperatur-Extreme der umgebenden Atmosphäre bei einem nordischen Klima höchst unbedeutend bleiben. Wogegen die Schneehühner, als doppelt mausernde, und die Säugthiere, als zweimal haarende Geschöpfe, im Sommer ein anderes, zwar dunkleres, aber auch weit dünneres oder kürzeres, und defshalb viel minder warmes Kleid erhalten. Und wenn im Norden vor andern Theilen meist die Schwungfedern, oder überhaupt die Flügel, zuerst oder am meisten weifs sind oder werden; so kann es uns, bei der gröfseren Isolirung derselben vom Körper, nicht schwer werden, den Vortheil auch hiervon einzusehen.

Anmerk. Vögel mit einem nur einfach zu wechselnden Gefieder, welches sehr fein zerschlissene, also wegen der Vergröfserung der Oberfläche zu stärkerer Wärmeausstrahlung geneigte Federbärte hat, werden im Norden zum Winter (wo die Kälte einer Seits, durch Anregung der centralen Vitalität, den Appetit reizt und die Verdauung befördert, anderer Seits aber, durch Herabstimmen der peripherischen, die Ausdünstung verringert) leicht fett, und erhalten in der Fettlage einen zweiten Schutz, wie die Raubvögel; oder sie haben, bei noch getheilteren Federn, auch wohl aufserdem noch dazu eine dicke, sehr dicht gewebte Haut, wie die Schwimmvögel. Von letzteren giebt es indefs wenige, die nicht ein besonderes Winterkleid bekämen; und dieses zeigt bei solchen, welche nur streichen oder nicht weit wandern, regelmäfsig hellere Farben: entweder überhaupt, oder an einzelnen Theilen, besonders an minder geschätzten Stellen des Körpers. Ja, zu mehreren, welche, wie die Taucherartigen, fast die ganze Zeit auf dem Wasser zubringen, wird am Halse zum Herbste oder Wintersanfange Schwarz oder sonst dunkle Farben geradehin mit Weifs vertauscht. —

Südliche Thiere mit verdunkelten Farben würden daher, im Vergleiche mit nördlichen helleren derselben Art, offenbar unter zu grofser Hitze schmachten: wenn nicht erstens jenes stärkere Wärmeausstrahlen, und zweitens nicht die Eigenschaft der Haare und Federn, sich durch höher steigende Wärme immer mehr abzunutzen und daher überhaupt die Eigenschaft einer wärmezurückhaltenden und wärmeanziehenden Körperhülle mehr zu verlieren, Statt fänden; und wenn nicht drittens mit der Zunahme der erwärmenden Sonnenwirkung auch das Abnehmen der Farbenintensität (das Verbleichen) Hand in Hand ginge. Doch können diese Umstände die Gesamtwirkung des Klimas zwar schwächen, vermögen aber durchaus nicht, sie zu brechen. (*) Es ist sonach nicht füglich anders möglich, als dafs dort die schon begonnene Verdunkelung (natürlich unter sonst gleich bleibenden Umständen) an dem Individuum

(*) Auch ein sehr abgetragener schwarzer Rock bleibt (in der Sonne) immer noch viel wärmender, als ein neuer von lichter Farbe.

immer wieder so lange die Ursache zu neuer und stärkerer
Verdunkelung werden, sich also so lange schon mittelbar durch
sich selbst steigern muſs, als überhaupt eine Verdunkelung, der Grund-
beschaffenheit der Farben und der färbenden Säfte gemäſs, noch möglich bleibt: ebenso, wie umgekehrt im Norden das einmal angefangene Bläſserwerden aus gleichem Grunde schon aus sich
selbst wieder Stoff zu fernerem Wachsthume schöpft, bis
es den Umständen nach ebenfalls nicht weiter steigen kann. So kann
das Zunehmen des Varietäts-Characters mit dem Alter nur als eine
physiologische, durch physikalische Gesetze erzeugte Nothwendigkeit
erscheinen.

Soll überhaupt ein Thier, ins Besondere ein Vogel, wahrhaft
klimatisch abändern, (insofern er nämlich überhaupt dazu geneigt sein kann,) so wird erfordert: daſs seine Verbreitung eine
weite Ausdehnung einnehme, und unter wesentlich verschiedene Temperaturverhältnisse überhaupt falle; besonders aber
daſs sie auch höhere Gegensätze in Bezug auf den Unterschied
der Jahreszeiten in sich fasse.

Je mehr sich ein Wesen blofs auf die wärmere Zone beschränkt,
(und je einfacher vollends sein Aussehen ist,) um so weniger schon
erleidet es jene, von der Aufsenwelt abhängigen Veränderungen; und
daſs endlich gar eine rein tropische Vogelart irgend merklich klimatisch variirte, welche sich beständig nur in den heiſsen Ebenen zwischen den Wendekreisen hält, wo die wärmere und kühlere Jahreszeit gleichmäſsiger temperirt sind, als irgendwo sonst, — davon ist
mir, so grofs auch die Anzahl jener Wesen, kein Beispiel bekannt. (*)
Darum sind die Grade und Richtungen des Variirens so ungemein
viel höher und schärfer ausgeprägt in Asien, wo die periodischen Gegensätze des Klimas unter gleichen Breitengraden so
sehr viel entschiedener, gröſser und standhafter sind, als in
Europa.

Ein anderer der Berücksichtigung würdiger Gegenstand bei
Beurtheilung der Grundursachen hiervon scheint für einen sehr grofsen Theil Asiens, aufser den schon angeführten, noch in der
Verdünnung der Luft über Hochebenen und in jener bekannten
stärkeren Anströmung der organischen Säfte von Innen nach
Aufsen (durch Verringerung des Luftdrucks) zu suchen,
welche sie, wie überhaupt, ganz besonders im heiſsen Sommer ver-
ursachen muſs, wo noch die Wärmeerhöhung ihrer Seits die Luft

(*) Kann auch, wenigstens im Centralstriche der Tropen, gar nicht als denkbar angenommen
werden, sobald das Thier nicht zugleich auf Gebirge oder hohes Tafelland hinaufgeht. —

ebenfalls verdünnt. Rechnet man ferner hinzu: daſs die Wärme der heiſsesten Sommermonate in continental gelegenen hoch nördlichen und in jenen östlichen Gegenden an sich fast der Wärme der Wendekreisgegenden nahe kömmt, aber wegen der Länge der dortigen Sommertage offenbar eine um Vieles verstärkte Wirkung erhält im Vergleiche mit den Gegenden ewiger Tag- und Nachtgleiche; so würden wir uns sogar mit Recht wundern können, wenn namentlich manche ächte Sommervögel, besonders solche, deren Mauser in die Zeit der höchsten Wärme trifft und die sich über Winter weit südlicher aufhalten, dort nicht eben so gut, oder nicht zum Theile fast oder vielleicht noch stärker abänderten, als sie es in dem heiſsen oberen Afrika thun.

(Diese stärkere und beständige Verdünnung des umgebenden Mediums durch die Wärme, und die physiologischen Wirkungen jener, müssen natürlich allenthalben unter wärmeren Himmelsstrichen mit in Betracht kommen, wenn wir nach dem Ganzen der ursächlichen Momente fragen, welche dem Variiren der Thiere durch natürliches Klima zum Grunde liegen. —)

Endlich möchte wohl in Asien die bedeutende, durch die neuesten Messungen der Herren Alex. v. Humboldt, Gust. Rose und Erman d. j. erwiesene Trockenheit der dortigen Luft im Sommer, nach demjenigen, was wir oben (S. 3.) gesehen haben, mit in Anschlag gebracht zu werden verdienen.

Zu S. 12, 13 und 16?

Es stellt sich also von selbst der Satz fest:

Die Natur nimmt bei biegsamen Constitutionen, (d. h. bei solchen Wesen, die, wie so viele, einer weiten eigenwilligen Verbreitung oder auch unfreiwilligen Versetzung unter merklich verschiedene Temperaturverhältnisse fähig sind,) überhaupt nach Maafsgabe des Klimas das unnütz Gewordene, und giebt Nöthiges. Oder — jenes geheimnifsvolle, bis heut weder durch Beobachtung, noch von der Philosophie erfaſste, dunkle und stets überall mächtige Walten, welches die Wissenschaft mit der Benennung des »Lebens« oder »ewigen Lebensprincips« bezeichnet, hat gemacht: daſs vor Allem der Organismus belebter Wesen Kräfte in sich trage, um nach Erfordernifs der Umstände aus sich zu entwickeln, was nothwendig, und sich dessen zu entledigen, was überflüſsig wird.

Anmerk. Die Botanik sogar hat Erfahrungen die Menge gesammelt, welche darlegen, daſs sich dieser Satz häufigst auch auf die Pflanzen ausdehnt.

Unter den, in einer verdünnten Atmosphäre vegetirenden Alpenpflanzen giebt es solche, bei welchen die Wirksamkeit der analogen Athmungsorgane, der Blätter, die so viel nöthige Stoffe aus der Luft anziehen, verbrauchen, und entbehrliche wieder ausstofsen, noch durch eine mehr oder minder grofse Zahl feiner Haare an diesen und dem Stengel unterstützt wird. (Doch sehr behaarte sind da seltener.) Von ihrem natürlichen Standorte in die Ebene gebracht, verlieren die meisten jene Behaarung nicht blofs dann, wenn sie hier aus Saamen gezogen werden, ganz; sondern eines und dasselbe Individuum sogar trockzy von den Alpen herunter versetzt, neue Blätter und Stengel, welche jetzt, statt wollig, völlig glatt und haarlos werden. [So vor andern besonders ACHILLEA nana; vergl. Neue Alpina.]

Alpenpflanzen haben im Allgemeinen merklich gröfsere Blüthen, aber geringere Gröfse überhaupt, als Gewächse der Ebenen; und solche Species, welche hier und auf hohen Gebirgen zugleich wachsen, treiben auf letzteren nicht blofs kleinere, festere Stengel und Blätter, und gröfsere Blumen, und umgekehrt; sondern auch eines und dasselbe Individuum wird durch Versetzung demselben Wechsel unterworfen; indem hierdurch die entgegengesetzten Beziehungen jener zartesten, und festeren oder festesten Theile der Pflanze zu dem sie umfliefsenden Medium umgekehrt werden.

An den Pflanzen in Sibirien, China etc. erhärtet durch die dortige Sommerhitze und das Übermaafs des Lichtes das Holz früher und mehr, als an den nämlichen im Europa. Diefs macht aber, dafs sie auch der überstrengen Winterkälte besser zu widerstehen, und manche örtlich sogar weiter nach Norden zu gehen vermögen. (S. Mirbel in Mém. du Mus. d'hist. nat. XIV, 350 f.) — Daher ist hier den Gewächsen, deren passive Kräfte der Sommer gereift und gestärkt hat, der längere und härtere Winter, dessen zerstörende Gewalt der Sommer im Voraus gebrochen hat, nur ein längerer und tieferer Schlaf; der so nur dient, um in verlangerter Ruhe noch mehr thätige Kraft zu sammeln für das Gedeihen im belebenden und zu höher Reizung erweckenden Sommer.

So erblicken wir in Allem, was die Natur schafft und wirkt, den wunderbarsten, stillen, still geschäftigen Einklang ihrer Kräfte, die sich alle zu Einem Zwecke gegenseitig und abwechselnd entfesseln und binden; so, dafs selbst scheinbar Widerstrebende zu Einem harmonischen Ganzen sich eint, und dafs, auch anscheinend zufällig und für den menschlichen Geist zuerst aufser aller Berechnung liegend, sogar das Unvermeidliche nützlich, das von unumgänglicher Nothwendigkeit Erzwungene nur vortheilhaft wird. —

[Von Säugthieren sind Beispiele der Art schon lange gekannt, wiewohl noch nicht systematisch-verbunden zusammengestellt. Hier genüge die Erwähnung nur einiger:

Je näher gegen den Äquator, um so kürzer wird das Haar, um so feiner die Haut des Pferdes. Auch bei uns bleibt seine Behaarung noch kurz; da hier warme Ställe es im Zustande der Ruhe, Anstrengung seiner physischen Kräfte es während der Dauer seiner Benutzung durch den Menschen im Freien, gegen die Winterkälte schützen. In den Steppen Südsibiriens seit ein Paar Jahrhunderten verwildert, hat es weit längeres Winterhaar. Länger ist auch schon die Behaarung der Pferde aus den sogenannten wilden Stutereien verschiedener russischer Provinzen; und wie wahrhaft zottig schon, gegen die schön glatten, wohlgepflegten, warm gehaltenen und wenig gebrauchten Thiere an unseren Staatskarossen betrachtet, jene bedauerungswerthen Halbeselsgestalten aus, welche, einzeln in schlecht verwahrten Ställen nur unbedeutend gegen die Rauhigkeit der kalten Jahreszeit geschützt und selbst dann meist im Freien benutzt, besonders wir hier zu Lande so oft die ärmlichen Wagen polnischer Bauern unserer Landesnachbaren, ziehen sehen. Selbst höher im Norden, z. B. in Scandinavien, wo sie auch meistens gut gewartet werden, sehen die Pferde den unsrigen weit ähnlicher, als jenen eben genannten. Nur auf Röst, Värö und Moskö, Inseln im Eismeere unfern des bekannten warmen Malstroms, giebt es (*) kleine, bei dem verhältnißmäßig gelinden Winter dort beständig im Freien bleibende Pferde mit langen, dichten, struppigen Haaren.]

[Die Schaafe verlieren in den heißen Ebenen Africa's die warme, dicht stehende Wolle, um sie mit viel dünnerem, straffem Haare zu vertauschen; in Guinea werden sie sogar halbnackt. Auf Island dagegen sollen sie zum Theile, zu einer, freilich schlechten Wolle, noch rauhes Oberhaar hinzubekommen. Spanien, welches zwar weit südlich gelegen, aber auch sehr gebirgig ist und in seinem Innern die höchsten und ausgedehntesten Bergplateaus unseres Welttheils besitzt, wodurch es hier ein eigenthümliches Klima, namentlich mit schroffen Gegensätzen von Tageswärme und nächtlicher Kühle, erhält; Spanien bringt Schaafe mit der feinsten, dichtesten und zugleich langen Wolle hervor: die aber gewiß in jeder Hinsicht weit herunterkommen würden, wenn man die Heerden in Stallungen einstecken müßte, statt sie beständig, im Freien weidend, das Land durchziehen zu lassen. England verdankt ohne Zweifel nur seinen kühlen Sommern und den gelinden Wintern, welche beinahe durch alle Tage des Jahres das Hüten der Heerden im Freien gestatten, den Vorzug: zunächst mit Spanien in der Zucht dicht- und feinwolliger Schaafe wetteifern zu können. Ungarn, weit nördlicher, als Spanien, aber gleichsam fast alle Klimate vereinigend, glühend und kühl zugleich (**), indem mit bedeutendem Wärmeunterschiede Tag und Nacht einander folgen, (so, daß sich selbst der eingeborne Mensch durch eine, stets nach Verhältniß recht warme Sommerkleidung vor Erkältung schützen, der Ausländer aber um so mehr dem Beispiele folgen muß,) und weit trockener dabei, als England; Ungarn zieht vorzugsweise Schaafe mit einer, wenn auch nicht guten, doch ungemein reichen, durch außerordentliche Länge bei schwacher Kräuselung ausgezeichneten Wolle, und mit den gewaltigsten Hörnern. Man weiß ferner: daß das, wie man sagt, in manchem Betrachte ähnlich beschaffene, strichweise (namentlich in seinem südlichsten und südöstlichsten Theile) durch ähnliche, noch schärfere Temperatur-Gegensätze merkwürdige Australien den aus England und Spanien eingeführten Schaafen in jeder Hinsicht ein noch ge-

(*) Nach Nilsson, Skand. Faun. I, S. 324.
(**) Vergl. Csaplovics Gemälde von Ungarn; Wahlenberg Flora Carpath. princ.

deihlicheres Fortkommen gewährt; so, dafs sie sich von selber noch
verbessert haben, und dafs Neuholland, wäre es am Centrum der ci-
vilisirten Handelswelt gelegen, sicher Spanien selbst bald in der reich-
lichen Production der feinsten Wolle überflügeln würde. (*)]

[Gleichwie Ungarn, umgeben von Gebirgen, deren natürliches
Klima und Lage einen so merkwürdigen Wechsel meteorischer Con-
traste bedingt, und warme Ebenen in seinem Innern einschliefsend,
die langhörnigsten Schaafe, so bringt es auch Rinder mit den gröfsten Hörnern in Europa hervor; Rinder, welche in diesem Punkte
kaum von den abyssinischen übertroffen werden, die ein in mehrerer
Hinsicht ähnliches Land bewohnen. So grofs und hochbeinig seine
Schaafe, eben so hoch und schlank (**) sind auch Ungarns Rinder,
gleichwie die von Abyssinien; flüchtig und leicht gebaut seine Pferde. —
Wie fein und von leichtem Baue sind fast alle, wie wunderbar schlank
darunter besonders einige —, Säugthiere (zahme wie wilde, und nicht
blofs dort einheimische, sondern auch bei uns vorkommende) in den
unermefslichen wüsten Ebenen von Afrika; auf jenen Flächen, welche
schon eine ungewöhnlich freie und weite Beweglichkeit aller nicht
flugfähigen Wesen nicht blofs leicht thunlich, sondern (um Nachstellungen zu entgehen in Regionen, wo nichts sie vor dem Auge der
Verfolger deckt,) sogar zur Nothwendigkeit machen, ohne jedoch hier,
in so heifsen Gegenden, auch eine solche Anstrengung erfordern zu
dürfen, wie in kälteren! (***) — Wie flüchtig, schlank, feingebaut
und wahrhaft schön sind die wilden Esel Persiens und Südsibiriens
auf ihren ausgedehnten Bergebenen und Wüstenflachen; wie langsam,
plump und schlecht gestaltet gegen sie schon die, sonst doch wohl-
haltenen und gut gepflegten Lastträger in den engen Gebirgen Südeuropa's; um wieviel mehr erst die im nördlicheren? —]

[Wie glatt pflegen müfsige, weichliche Stuben- und Schoofs-
hunde zu sein; wie viel raucher der kräftige, abgehärtete, bei allem
Unwetter Haus, Hof und Wagen seines Herrn bewachende Spitz!
Welch' einen gewaltig dicken Haarpelz bei ansehnlicher Länge haben
erst die sibirischen und grönländischen (meist weifsen oder weifs-
grundirten) Hunde, das Schlittenzugvieh der Kamtschadalen, Tungu-
sen und Esquimaux, bekommen: die, fast nie künstlich bereiteter

(*) Wir werden uns in der physiologischen Erklärung kaum täuschen, wenn wir hier, in
Spanien und Ungarn mit in der sonst ungewöhnlichen, hier durch die stets Abwechslung be-
wirkten, und doch auch ebendadurch zugleich von Erschlaffung fern gehaltenen Erregtheit die
Ursache dieser besonderen Reproductions-Thätigkeit zu finden meinen.

(**) Hirschartig schlank, nach Wahlenberg, gegen die untersetzten der Schweiz.

(***) Man vergleiche hierzu, was oben (§. 13, S. 74.) über die Schlankheit der wilden
Stockenten gegen die zahmen gesagt worden. —

Wärme geniefsend, sich des Winters vor der Hütte ihres Herrn zur
Erwärmung in den Schnee eingraben. Was für schwache Behaarung
besitzen hiergegen die Hunde in den heifsen Gegenden Afrika's: die
endlich gar grofsen Theils haarlos geworden sind, bei uns aber, wenn
sie nicht aufserordentlich warm gehalten und gepflegt werden, gleich
dickhäutiger werden, auch dann wieder einiges Haar zu bekommen
anfangen, selbst wenn sie rein fortgepflanzt werden. (*) — Doch
auch noch in ganz anderer Hinsicht können und müssen sich Thiere
erst acclimatisiren. So haben die aus Europa nach Mexico eingeführten Windhunde im Übrigen keine Schwierigkeit gefunden, auf
den dortigen Hochebenen zu leben und für gewöhnlich zu athmen;
aber zum Hasenfangen dort waren sie nicht zu gebrauchen, indem sie
längst vor dem Einholen der Beute ermüdet und athemlos nieder-
stürzten: weil ihre, an das Athmen einer viel dickeren Luft gewöhn-
ten Lungen beim anhaltenden Laufen nicht vermochten, den stärkeren,
durch einen nothwendig beschleunigten Athmungsprocefs erregten
Blutandrang bei dem um so Viel verringerten äufseren Luftdrucke
auszuhalten, welcher nun keinen hinreichenden Gegendruck mehr ab-
gab. Die von ihnen dort gezeugten Jungen hingegen, vom ersten
Augenblicke an des Einathmens so verdünnter Luft gewohnt, lernten
sogleich eben so gut Hasen in Mexico fangen, wie ihre Eltern es nur
in Europa konnten. (**)] — [Auf Newfoundland, welches bei seiner
Entdeckung gar keinen Hund besafs, hat sich nach Einführung derselben eine eigene, grofse, schöne und merkwürdige, neue Raçe gebildet; welche sich nun, durch viele Generationen fest in ihren Characteren geworden, auch bei uns lange rein erhalten läfst.]

Zu §. 13 und 17.

Solche Unterschiede klimatischer Raçen der Hausthiere nun sind
bleibend, sind bedeutend, sind in der Regel allgemein, und treten,
wie man sieht, gar häufig eben in den Fällen am stärksten hervor,
wo der Mensch, welchem sie dienen, sie gerade noch am meisten ihrer natürlichen Freiheit wiedergiebt: wo also nicht sein Übergewicht
über sie das Modifications-Moment sein kann, welches hierbei den
meisten Einflufs auf sie ausübt. Diese Raçen sind ferner oft weit
auffallender characterisirt, als andere Wesen, die wirkliche, entschieden selbständige Arten bilden. Und doch, würde nicht Jedermann

(*) Ebenda (z. B. in Nubien, Kardofan etc.) wird sogar ein frei lebendes Thier der Hunde-
Gattung, der Scheckfuchs, Canis variegatus, nach Rüppell's Erfahrungen im Alter
haarlos; fast wie alte Geier minder wollige Köpfe und kürzeres Gefieder haben, als junge. —
(**) S. Froriep Notizen aus dem Gebiete der Natur- und Heilkunde. Jahrg. 1832, Juni.

9*

den Gedanken: sie darum, weil sie an ihrem Entstehungsorte bleibend sind, als Arten aufstellen zu wollen, — unter die monströsesten
Ideen zählen, auf welche je wissenschaftliche Verirrung geführt hat? —
Gleichwohl ist es doch nur ein, zur Werthbestimmung der Sache an
sich ganz gleichgültiger Zufall: dafs wir hier schon ohne alle weitere
Mühe und schwierigeres Forschen historisch wissen, wie sie entstanden, woher sie entsprungen sind. Abgesehen aber hiervon, blofs absolut nach ihrem Bestehen, ihren Unterschieden und ihrem Orte genommen, verdienten sie unendlich weit mehr für Arten angesehen
zu werden, als jene frei lebenden klimatischen Thiervarietäten, die
wir hier als unseren nächsten Gegenstand in Untersuchung gezogen
haben, und deren Verschiedenheit sich in den bei weitem meisten
Fällen auf das Vorhandensein eines höheren oder geringeren Grades
von diesem oder jenem färbenden Pigmente in der Hautbedeckung
beschränkt. — Um hierin consequent zu sein, müfste, wer nicht zufällig aus dem verzeihlichen Grunde mangelhafter Erfahrung, sondern
in Verfolgung eines Systems, klimatische Varietäten (und darunter
auch so unbedeutende Verschiedenheiten, wie wir kaum der Erwähnung werth finden konnten) als Arten hinstellte, und sich durchaus
gegen die Unterordnung von Wesen, die sich durch constante, durch
Generationen hindurch verfolgte Merkmale unterscheiden lassen, unter andere Arten erklärt, (*) — der müfste offenbar damit beginnen: die Hausthierarten zu Gattungen oder Sippen zu erheben, und
ihre Raçen, deren sich nach so verjüngtem Maafsstabe bei manchen
wohl mehr als hundert auf der Erde vorfinden möchten, zu Species
zu stempeln! — '

    Doch wir wollen abbrechen, um nicht hier mehr, als nöthig,
noch gar über ein, im Verlaufe unserer Abhandlung mehrfach ange-
deutetes Verfahren zu sagen, welches bereits seine verdiente allgemeine Würdigung gefunden hat. (**)

Zu §. 17, S. 115 - 116, und §. 1.

    Im Eingange wurde der Begriff von Abänderung (Varietät) de-
finirt, und in der Verhandlung selbst durch die beigebrachten Erfahrungen festgestellt, was ins Besondere unter klimatischer Abänderung zu verstehen sei.

(*) S. Isis 1831, S. 539 - 40. — !!

(**) Nur, um nicht durch egoistische Auslegung der Unbekanntschaft mit diesem neuesten
»Fortschritte der Wissenschaft« und der »neuesten, allein haltbaren Ansicht« (wie man das Beginnen, vermöge der naivsten Anwendung der *figura antiphraseos*, so gern nennt, —) gezeihen,
oder gar der absichtlichen Vernachläfsigung (!?) derselben verdächtigt zu werden, war die Erwähnung davon nicht füglich zu umgehen.

Neben dieser würden wir denn nun auch die mehrerwähnte, mit derselben oft zusammenfliefsende, zufällige oder individuelle Abänderung, in soweit es dieser Lage der Sache gemäfs möglich wird, zu bezeichnen haben. Als zufällige Abänderungen erscheinen nun solche Wesen: welche defshalb, weil der Bildungstrieb bereits bei werdenden Geschöpfen (*) nicht immer und in allen auf ganz gleiche Weise in Thätigkeit treten kann, sondern oft eine veränderte Leitung seiner Wirksamkeit erfahren mufs, auch wieder manche individuelle Unterschiede zeigen müssen gegen andere Wesen von derselben Art, ja häufig von derselben Brut, auf welche jene Einwirkungen nicht Statt fanden.

[So zeigen sehr viele Vögel mit gefleckten, gestreiften oder gebänderten Schwänzen, die meisten ganz besonders in der Jugend, und zwar dann auch wieder solche, welche in Einem Neste von Einem Geschlechte sind, sehr oft jedoch auch noch späterhin, gar bedeutende Unterschiede in Betreff der Zahl, Stellung und Form der Zeichnung; z. B. unter andern besonders Falken, Buntspechte. — Erst ganz kürzlich noch, in diesem Spätherbste, habe ich einen Roth-Buntspecht frisch untersucht, bei welchem ein Paar der gröfseren Seitenschwanzfedern jeder Seite von den entsprechenden der andern Seite in der Menge, Richtung und Gestalt des Streif-Desseins höchst verschieden, man könnte sagen, einander völlig entgegengesetzt waren; und zwar so, dafs die beiden einander nächsten jeder Seite im umgekehrten Verhältnisse zu einander standen. Ausgerissen und für sich hingelegt, würden sie vielleicht jedem Ornithologen dafür erschienen sein: sie gehörten zwei ganz verschiedenen Buntspecht-Arten an. — Bei Vögeln besonders mit keilförmigen oder ähnlichen weifsen

---

(*) Aus Ursachen, zu deren genügender Erkenntnifs und Würdigung es bis jetzt noch an hinreichenden materiellen Mitteln gebricht, die aber einst mit schon bekannten, hier entwickelten Gründen zum klimatischen Variiren im Wesentlichen, wo nicht völlig, zusammenfallen dürften. —

Die Ursachen von Beidem im Ganzen als sehr eng verbunden anzusehen, berechtigt namentlich eine Menge von ornithologischen und selbst botanischen Erscheinungen:

Bei den Vögeln, wo nie alle Eier zugleich gelegt werden können, sondern längere Zeit, sehr häufig über eine Woche, damit hingeht, und wo nie alle Junge einer Brut zugleich ausschlüpfen, u. dergl. mehr, — bei Vögeln kommen solche zufällige, individuelle Abweichungen weit öfter vor, als bei den Säugthieren. (Vergl. oben S. 43 u.)

Bei Pflanzen gar, welche für alle atmosphärische Einflüsse noch weit empfindlicher sind, als Thiere, wachsen sehr häufig Exemplare einer Species in fast allen bei dieser überhaupt vorkommenden Varietäten auf Einem Haufen, aber zu verschiedenen Zeiten emporgekommen, neben einander. Von gröfseren, höher werdenden Stengelpflanzen zeigt dann nicht selten sogar ein einziges Individuum unterhalb die Charactere der einen, mehr oberhalb die der entgegengesetzten Varietät: offenbar mit defshalb, weil es, durch etwas Zufällig-Günstiges an seinem Plätzchen rascher getrieben, andere seines Gleichen überholt hat und so den früher Vorangeeilten jetzt nachgekommen ist.

Flecken an den Ruderfedern herrscht nicht blofs im Ganzen eine Wandelbarkeit, welche sehr oft alle die sonst darauf gebauten diagnostischen Kleinigkeiten über den Haufen wirft; sondern es ist auch gar nichts Seltenes, nicht unwesentliche Verschiedenheiten an einer Seite gegen die andere bei Einem Individuum zu finden. Z. B. bei den Würgern, Grasmücken, Bachstelzen, Piepern, Lerchen, Ammern, mehreren Finken u. m. a.]

Solche Verschiedenheiten pflegen sich, wie begreiflich, sobald man ihrer mehrere neben einander hält, gleichfalls in den mannichfaltigsten Richtungen zu berühren und zu durchkreuzen.

Nachdem wir die mehrfachen, im Umfange dessen, was Species (Art) genannt wird, vorkommenden Modificationen: Ausartung, klimatische und zufällige Abänderung, — unter einander gesondert und näher bestimmt haben; so wäre jetzt nur noch die, ihrer Sachbedeutung nach bereits entwickelte Antwort auf die, gewifs Manchem im Munde schwebende, in neuerer Zeit in deutschen Journalen so vielfach kritisch aufgeworfene und von zwei Ornithologen so wunderlich unkritisch gelöste (!?) Frage in Worte zu fassen: — was ist sonach Species selbst? was umfafst der Begriff von Art im Ganzen, und nach seiner weitesten, aber festen, haltbaren Begränzung? —

Die Benennung Art (*species*) wird als Abstractum den concreten Gesamt-Inbegriff einer Summe von Eigenschaften bezeichnen, welche sich je nach Verschiedenheit des Geschlechts, des Alters, der Jahreszeit und zum Theile des Ortes mehr oder minder klar ausgeprägt an solchen Thieren vorfinden, die von freien Stücken, und ohne Zwang von Seiten des Menschen oder der mittelbar durch ihn herbeigeführten Umstände, sich unter einander zu dem Zwecke vereinigen: um durch Begattung und Zeugung die nämlichen Charactere in den wieder von Geschlecht, Alter, Jahreszeit und localen Einflüssen bedingten Modificationen auf ihre Nachkommen überzutragen, und so das Fortbestehen von Wesen zu sichern, welche unter gleichen (äufseren und inneren) Verhältnissen vollkommen gleiche Eigenschaften an sich tragen oder annehmen, und welche im grofsen Haushalte der Natur dieselbe Stelle einnehmen, dieselben Bestimmungen erfüllen und die nämlichen Lebensäufserungen entfalten werden, wie diejenigen, von welchen sie zunächst und bis aus der Urzeit her abstammen.

Zum Schlusse des Ganzen möge denn noch eine kurze Hinweisung zeigen: dafs auch selbst in dem übrigen organischen Reiche
der Erdkörper sich, — hervorgerufen durch ausgebreitete, weder von
geistiger Befangenheit, noch von materieller Armuth beschränkte Erfahrungen, — jetzt immer weiter und allgemeiner ganz entsprechende
Ansichten geltend machen; indem wir uns zu diesem Behufe der
Worte eines geistreichen, geübten Botanikers (*) erinnern, welche, obgleich zu einem specielleren Zwecke ausgesprochen, doch eine sehr
ausgedehnte Bedeutung haben:

»Nirgends kömmt es so sehr, als in der Pflanzengeographie, darauf an: nur von der
»Natur umgränzte Species zu haben, nicht nach Ansichten so oder anders aufgestellte.
»Wie in der ganzen Pflanzenkunde die unvergängliche Integrität der Species das
»einzige Feste (**) ist, um welches sich sowohl die Lebenswechsel der einzelnen
»Pflanze, d. i. ihre Metamorphose, als auch die Formabweichungen derselben Species,
»d. i. ihre Varietäten, und endlich die Ähnlichkeitsbeziehungen derselben zu anderen Ge-
»wächsen, d. i. ihre Verwandtschaften, in fortwährendem Schwunge und Schwanken
»drehen, bei dessen Fahrenlassen selbst dem Zuschauer schwindelt; so besonders hier, wo
»auf die verglichene Anzahl so viel ankommt. Hier vorzüglich müssen wir uns hüten, zu
»rechnen wie die Kinder: welche einen Finger, einen Arm und einen Menschen zusammen für
»drei Menschen zählen. Die Schwierigkeit mufs zwar oft entschuldigen, welche da um so
»gröfser ist, wo (wie in manchen der natürlichsten Gattungen, z. B. Myosotis, Aconitum,
»Rosa) die Species nach Einiger Meinung einander von Natur näher zu stehen scheinen, (***)
»und wo es sich eben um die ursprüngliche Geschiedenheit mancher nunmehr gut schei-
»nenden Arten noch handelt, und vielleicht noch lange handeln wird. (Auch diese Unterschei-
»dungen haben anderweitig ihren Nutzen.) Aber ohne festen Grund ist kein Heil.«

Diesen festen Grund kann nur Verbinden der Wahrnehmungen und der besonderen Wissenschaftszweige, nur
allseitiges Forschen und Auffassen, nicht einseitiges Trennen und Isoliren, uns sichern. — Der Buchstabe tödtet; nur
der Geist giebt Leben. Ebenso kann auch nur Verknüpfung von
Thatsachen je nach Rücksicht der Umstände, nicht das Trennen derselben ohne diese, dem Ganzen der Wissenschaft frommen! Denn
nur jenes kann auf die allgemeinen Gesetze der Erscheinungen führen; nicht aber das Spalten und Zerstückeln: welches Gleichartiges oder Entsprechendes trennt, und vereinzelt unter den ungeord-
neten, ungleichartigen Haufen wirft, um es hier, bedeutungslos für
das Ganze und in falsches Licht gestellt für sich, für den wahren
Zusammenhang verschwinden zu lassen und dem übersichtlichen Blicke
gediegener Forschung zu entziehen! —

(*) Ern. Meyer de plantis Labradoricis, libri III. Lips. 1830, p. V - VIII.
(**) Vergl. auch meine, schon früher gethane Äufserung hierüber in Isis, 1827, S. 689 - 90.
(***) Oder wo (kann man hinzusetzen) in manchen, zum Abändern besonders geneigten Gattungen eine oder die andere Art, gleichsam ein vegetabilischer Proteus, endlos schwierig für den Anfän-
ger, interessant für den Geübten, in unendlich verschiedenartigen Gestalten auftritt; wie z. B. Cha-
ropodium album, wie Brassica oleracea als Grün-, Braun-, Kopf-, Wälschkohl, Kohlrabi etc.

Systematisches Verzeichniſs

der

klimatischen Varietäten der europäischen Landvögel

und der

auf sie gegründeten Nominal-Species.

Vorbemerkungen. Das hier folgende Verzeichniſs setzt natürlich die Kenntniſs von dem gewöhnlichen Aussehen des Vogels einer
Seits, und die Bekanntschaft mit dem Umfange seiner Verbreitung,
seinem Wandern oder Nichtwandern, seinem einfachen oder doppelten Mausern und der Zeit desselben anderer Seits, stets schon
voraus. (Denn geringe Ausdehnung der Verbreitung, besonders von
Süden gegen Norden, ist sehr häufig als Grund zu betrachten, wenn
ein mit sonst leicht variirenden Farben versehener Vogel kaum oder
gar nicht klimatisch abändert.) Freilich bleibt gerade in Betreff
der Verbreitung noch ungewöhnlich viel zu den bisherigen, allgemeiner bekannten Erfahrungen zuzusetzen; so, daſs dieſs eben einer
der Hauptpunkte ist, auf deren Vervollständigung ich in meinem,
in seiner ersten Hälfte beinahe druckfertigen Werke über die Vögel
unseres Welttheiles erst ganz besonders mit hinarbeiten zu müssen
geglaubt habe: da ich durch Gelegenheit zur Erlangung eines reichen Materials hierzu vorzugsweise begünstigt worden bin. Auch
wird schon aus dem bereits Gesagten, wie aus dem Verzeichnisse
selbst, manches Neue oder noch Wenigbekannte hervorgehen.

Es war natürlich hier nur möglich, die von mir gesehenen
oder zum Theile von Anderen gut beschriebenen Abänderungen in
gedrängter Kürze nach ihren Extremen zu characterisiren. Bloſs
hin und wieder konnte auch die allmählige Entwickelung dieser
letzteren aus den gewöhnlichen Characteren der Species bei der hier
gegebenen kurzen Darstellung und Beschreibung schon genauer berücksichtigt werden. Dafür ist aber die allgemeine Darstellung der

Veränderung der einzelnen Farben, nach Intensität und Ausdehnung, diesen speciellen Beschreibungen der Varietäts-Charactere als genetische Gesamt-Entwickelung derselben in unserer Verhandlung gleich zu Anfange vorausgeschickt worden.

Wie hoch sich die Summe der variirenden Arten bereits jetzt beläuft, zeigt die Zählung derselben. Sie macht schon mehr als ein Drittheil aller Species überhaupt aus (*): obgleich diejenigen, bei welchen es noch nicht völlig entschieden war, ob ihr Variiren mehr klimatisch, oder mehr individuell sei, und die, bei denen es nicht bedeutender Art ist, hierbei gar nicht mitgerechnet, sondern ohne solche Bezeichnungszahl (öfters noch mit einem vorstehenden ?) aufgeführt sind.

Gleichwie wir die Eigenschaft, das Variiren zu begünstigen, dem Klima Sibiriens in vorzüglich hohem Grade schon anderweitig haben zugestehen müssen; so müssen wir Ähnliches auch in besonderen Punkten, und zwar zum Theile ganz ausschließlich, neuerdings anerkennen.

Betrachtet man die unter n. 22, 27, 35, 44, 63, 68, 70 und 74 angeführten Fälle genauer, so scheint es factisch: daß im südlichen und östlichen Theile nicht bloß jene schon bekannte Neigung zum Variiren mit bald klarer hervortretenden, bald verdunkelten Farben nach Umständen herrschend wird; sondern daß sich daneben auch ein besonderes Streben zum Erzeugen oder Ausdehnen einzelner weißlicher oder weißer Feder-Parthieen geltend macht. [So namentlich bei der Dohle (Unterleib, Halsseiten), dem Gartenröthlinge (Flügel), der weißen Bachstelze (Flügel), der Kalanderlerche (Augengegend), dem Mauersegler (Steiß), der Felstaube (Schwanz), dem gemeinen Fasane (Unterhalsseiten), dem gemeinen Rebhuhne (Augengegend). — Vergl. hierzu auch S. 28-30.] Fehlten dort nicht so manche Species unseres Welttheiles und Afrika's, so würden wir diese Bemerkung gewiß noch an einer größeren Zahl machen; wozu übrigens auch schon weitere Nachforschungen in der Folge möchten führen können.

Somit wird die Thatsache feststehen, auch wenn fürs erste weder die Erklärung dieser Erregtheit genügend abzugeben

(*) Die Zahl der Arten deutscher Landvögel beträgt 210; die Anzahl der, als klimatisch variirend gezählten unter ihnen macht schon 75 aus.

wäre, noch die einer ähnlichen, welche macht, daſs dort einige Vögel (zum Theile dieselben), bei welchen man nicht so leicht ein Auswandern zum Winter vermuthen darf (*), nach dem südlichen Character variiren. [Z. B. der Haussperling, das graue und Stein-Rebhuhn, der Fasan.] Entweder mag hier der Aufenthalt in einzelnen wärmeren Strichen, ihr Streichen nach solchen im Winter, die relative Zeit der Mauser, eine besondere Stimulation, oder vielleicht Alles dieſs gemeinschaftlich, als Ursache wirken. Dieſs sind Verhältnisse, über welche erst die Zukunft durch erweiterte Erfahrungen Aufklärung geben muſs. —

Anmerk. Auf ähnliche Art lehrt die phys. Anthropologie: daſs bei manchen unzweifelhaften Erscheinungen zwar die Grundursache im Allgemeinen zu errathen, aber noch gar nicht auf bestimmtere Weise nach dem Wie und Warum ihres Wirkens zu erkennen ist.

Man weiſs durch ärztlich-amtliche Untersuchungen (**): daſs jene bejammernswürdigen, unter dem Namen der Cretinen bekannten, nur dem Körper nach menschlichen, und fast immer noch mit Sinnen-Unvollkommenheit behafteten (taubstummen) Wesen in der Schweiz nur entweder in engen, bloſs nach Norden zu geöffneten, daher den Sonnenstrahlen am wenigsten zugänglichen und vorzugsweise mit Lerchenbaumwäldern erfüllten Thälern, oder an solchen einzelnen Orten vorkommen, deren besondere Lage in sonst anders beschaffenen Gegenden eine ähnliche ist; nicht in offenen, freien oder mit Eichenwald versehenen Districten. — Diesen Beobachtungen entsprechen die amtlichen statistischen Zählungen der Taubstummen im preuſsischen Staate, je nach den einzelnen Provinzen und Kreisen dieser. In Schlesien namentlich, dessen einzelne Kreise die gröſste Verschiedenheit nach der physischen Beschaffenheit darbieten, zeigt sich auch die gröſste Verschiedenheit der relativen Verhältnisse. Dieſs geht so weit: daſs z. B. der wald- und thälerreichste, mit einer Menge Nadelholz versehene, an Laubholz ganz arme Gebirgskreis, der Waldenburger, den unglücklichen Vorzug eines *Plus* von fast genau 1000 *pr. Cent.* besitzt gegen den, noch nicht um 1° d. L. u. Br. von ihm entlegenen freiesten, ebenen, am meisten waldarmen, fast bloſs Laubholz enthaltenden, trockneren, etwas sandigen Strehlener: indem

(*) Was man freilich desshalb auch noch nicht im Voraus abstreiten darf. Glaubt doch Savi eben gerade für das gemeine Rebhuhn (PERDIX *cinerea*) selbst in Italien ein theilweises Wandern annehmen zu müssen; gewiſs auch ganz gegen unser Erwarten. —

(**) Aus dem Berichte der medicinischen, ausdrücklich damit beauftragten Commission an die Gesellsch. für vaterländ. Cultur zu Aarau. Magazin der neuesten Weltkunde, März 1813. — [Vgl. ferner Troxler: der Cretinismus in den Denkschriften der schweizerischen Gesellschaft für die Naturwissenschaften, I. Band, 2. Abth. Zürich 1833, S. 175. — Lichtenstein.]

jener schon unter 646, dieser erst unter 6371 Bewohnern einen Taubstummen hat. (*) —

Hier möchte das Bezweifeln des Daseins einer höchst feinen,
aber mächtigen, mittelbaren und verwickelten Einwirkung des Klima's wohl ebenso unmöglich, als ihre specielle Erklärung für jetzt
der medicinischen Ätiologie schwierig sein.

1. Raubvögel. AVES *RAPACES*.

1. Der bärtige Geieradler. GYPAETUS *barbatus* Cuv.

Die afrikanischen scheinen kleiner: ihre Länge oft unter 4'.
Unterseite des Leibes oft in der Färbung tiefer, Vorderhals dem Roth-
braunen sich nähernd; Zügel breiter schwarz. (**) S. 12 oben. Vergl.
S. 17 unten.

2. Der Thurm-Falke. FALCO *tinnunculus* L.

In Nubien die Männchen durchgängig röther, mehr ins rei-
nere Rost-, als in Röthelrothe spielend; das Graue mit Roth überflogen; Rücken zuweilen ohne Flecken (***). In Ostindien gleichfalls schöner, selbst die Weibchen. S. 18 mitten.

3. Der Zwerg-Falke. FALCO *aesalon* Gmel.

Man hat zuweilen sehr dunkle, wahrscheinlich erst von mittle-
rem Alter, aus dem mittleren Nordamerika erhalten; ähnliche,
offenbar noch jüngere und doch etwas bläulichere, aus Schottland.
S. 13 u., 14 o.

4. Der Jagd-Falke. FALCO *candicans* Gm.

Die alten weissen (****) auf Island am seltensten; häufiger
schon im übrigen Norden Europa's; weit öfter in Grönland;
immer zahlreicher werdend (nach Pallas) gegen Nordosten in
Asien; und endlich, auf Kamtschatka die weissen überhaupt entschieden häufiger, als die braunen. S. 12 u., 15 u., 90 u.

Grofs, dunkel und stark ins Rostrothbräunliche ziehend an dem
schön- und klar-gefleckten Schwanze, auch mit mehr rostbräunlichen

(*) Schlesische Provinzial-Blätter. November 1832, S. (425-) 434 und 435.

(**) Der Bart ist eben so gut vorhanden, wie bei europäischen und asiatischen! —

(***) Also dann ähnlich wie beim Röthelfalken, FALCO *cenchris* Naum. Auch unsere alten
Thurmfalken haben weniger Rückenflecken, als jüngere. Vergl. S. 15 mitten und S. 35 unten,
36 oben.

(****) Die Jungen und jüngeren sind bekanntlich in allen Ländern braun gefärbt, noch nicht
mit weisser Hauptfarbe.

Kanten des Oberleibes versehen, als nordische, sind jüngere Vögel auf einsamen Gebirgen des Südens, z. B. Arabiens, getödtet. (Falco *lanarius* Hempr.) S. 17 u.

5. Der Hühner-Habicht. FALCO *palumbarius* L.

In den (wärmeren Theilen? der) nordamerikanischen Freistaaten, aber auch schon zuweilen in Deutschland, mit sehr verdunkeltem, ganz schwärzlichem Oberkopfe und Wangenstreife. (Falco *atricapillus* Wils., Falco *regalis* Temm.) Die unsrigen, überhaupt, sehr oft eben so grofs. S. 12 o., 14 o., 37 o,

Schon nach Ostdeutschland wandern öfters bedeutend lichtere jüngere Vögel ein. In Scandinavien (n. Nilfson) und auf dem uralischen Gebirge kommen sehr weife auch noch selten, weiter nach dem Osten Sibiriens häufiger (n. Pallas), und in Kamtschatka ganz gemein solche vor, welche den weifsen alten dortigen Jagdfalken ähnlich gefärbt sind. S. 12 u., 15 u., 20 u., 48 m., 49 o.

6. Der Sperber-Habicht. FALCO *Nisus* L.

Die rostrothen Streifen der, zuweilen auch etwas dunkleren Männchen immer breiter und schöner nach Süden: in Afrika zuweilen den ganzen Unterleib fast gleichmäfsig überziehend. (Falco *exilis* Temm.) Alle Abstufungen in gemäfsigten, und besonders in wärmeren Gegenden, vorzüglich bei älteren; und anscheinend auch in Asien. S. 17 u., 19 o., 36 u., 57 u., 112 m.

Unter gleichen Umständen auch das weibliche Geschlecht oft etwas dunkler, allenthalben mit röthlicherem Anstriche, und mit stärkerem Hervortreten des Rostbräunlichen in den (braunen) Bauchbinden. S. 14 o., 112 m.

7. Der gemeine Fischadler. FALCO *haliaëtus* L.

Braune Flecken der Brust nehmen im Alter und im Süden ab, und verschwinden am afrikanischen gewöhnlich sehr bald. S. 15 m, 35 u. —

[Anmerk. Der weifsschwänzige Seeadler, Falco *albicilla* L., soll von der deutschen Ostseeküsten an nach Norden zu immer gröfser, sein Schwanz nach Verhältnifs etwas länger werden: am meisten in Grönland.] S. 67 m., 76 o.

8. Der Königs-Adler. FALCO *imperialis* Bechst.

Obgleich sonst (wohl defshalb, weil er hauptsächlich Gebirgsvogel ist) nicht sonderlich abweichend, bleicht er im Jugendgefieder doch unter wärmeren Himmelsstrichen zuweilen ungemein stark aus: wird daher in Mittel- und Südafrika dann am ganzen Leibe hell lehmgelblich, mit etwas röthlicheren Hosen und Bauche. (?Falco *obsoletus* Licht.) Alle Abstufungen. S. 8 m.

9. Der Mäuse-Bussard. Falco *buteo* L.

Im Norden sehr oft ins Weifsliche fallend, mit nicht vielem Braun gefleckt; S. 12 u., 15 m., 24 o., 49 o., 108; — aber nie so im Süden. Hier vielmehr immer dunkler schwarzbraun, und beinahe schwarz; die rostgelben und roströthlichen Kanten der Federn immer dunkler und breiter; der, bei unseren schon öfters rostroth angeflogene oder gebänderte Schwanz an der Wurzel, der Bauch, und die Hosen, bei den afrikanischen häufig rost- und bisweilen rothbraun, schwarzbraun gemischt. (Falco *tachardus* Daud., ?Falco *vulpinus* Licht., Buteo *tachardus* Dumont.) S. 9 m., 17 u., 19 u., 24 o.

10. Die Schnee-Tageule. Strix *nivea* Thunbg. (*)

Wird, je weiter nach Mitternacht zu, immer weifser (Pallas), d. h. die braunen Flecken der Federn immer einzelner: die Männchen endlich ganz weifs, wenn nicht auch die Weibchen. S. 12 u., 15 u.

11. Der Stein-Kauz. Strix *noctua* Retz.

Im Süden, schon im mittäglichen Europa, ist seine Grund- und die Zeichnungsfarbe gelblicher; erstere dadurch dem Chocoladebraunen sich nähernd. Das abgetragene Jugendkleid ans Isabellfarbene angränzend. S. 18 u., 34 u.

12. Der Wald-Kauz. Strix *aluco* L.

Verliert (n. Pallas) in Rufsland, seinem östlichsten Vaterlande, nach und nach vollends alle Neigung, ins Rostrothe abzuändern, und kömmt dort immer nur in der grauen Färbung vor. S. 20 u.

13. Der Schleier-Kauz. Strix *flammea* L.

Ändert sonst unter keinerlei Verhältnissen bestimmt klimatisch, sondern blofs individuell ab; aufser, dafs er auf Cuba, und wahrscheinlich auch sonst am Centrum des tropischen Amerika, oft in einer klimatisch scheinenden Ausartung mit weifsem und weifs-buntem Schwanze vorkömmt. Daher Strix *perlata* Illig. jetzt gar nicht mehr zu characterisiren ist. S. 29 u., 34 u., S. 114 m.

14. Die Zwerg-Ohreule. Strix *scops* L.

In Afrika und dem südlichen Asien etwas verdunkelt, auch mehr ins Gelbliche und Röthliche spielend; ähnlich schon die meisten aus der Buchara. S. 18 m., 34 u.

(*) Der Name Strix *nyctea*, obwohl bisher immer gebraucht, bedeutet eine Nachteule. Er leiht also dem Thiere einen anerkannt ungehörigen Character.

15. Die Uhu-Ohreule. STRIX *bubo* L.

Im Norden (*) Sibiriens nimmt das Schwarze in seinem Gefieder an Umfange sehr, an Intensität jedoch etwas weniger ab; das Weifsliche wird ganz weifs, das Rostgelb zu blassem Ochergelb; das Ganze seines Colorits sehr, sehr viel heller. (?STRIX *sibirica* Licht.) In Lappland kömmt der Uhu (n. Nilsson) zuweilen ebenso vor. (STRIX *scandiaca* L.) S. 12 u., 15 u., 20 u., (34 u.) 49 o.

II. Sperlingsvögel. AVES *PASSERINAE*

a. Sperlingsvögel mit Singmuskelapparat. AVES *PASSERINAE MELODUSAE.*

16. (1) Der grofse Würger. LANIUS *excubitor* L.

Selbst im Süden Europa's und im Norden Afrika's nur selten (und vielleicht nur im Sommer (**)) mit dunkler grauem, viel öfter mit gelblich überflogenem, Ober- und dunkler rosen- oder weinröthlichem Unterleibe. (LANIUS *meridionalis* Temm.) Jedoch ebenso im fernsten Nordosten von Asien und im Norden Amerika's. (LANIUS *borealis* Vieillot.) S. 13 u., 18 m., 21 m., u., 57 u., 58 m. Vergl. auch S. 14-15 u.

Der schwarzstirnige Würger. LANIUS *minor* Gmel.

Die rosenröthliche Brust wird nur unmerklich dunkler und hübscher in südlicheren Ländern.

17. (2) Der rothköpfige Würger. LANIUS *ruficeps* Bechst.

Von dem wenigen, aber doch bei allen (auch den unsrigen) vorhandenen Weifsen an der innersten Schwanzwurzel ausgehend, erscheint an südlichen nicht selten die Hälfte des Schwanzes rein an Jungen weniger und nur rostgelblich-weifs. Das Weifse der Nasenflecke und Zügel, und das Rostbraun des Kopfes, verdrängen den schwarzen Stirn- und Halsseitenstreif immer mehr, zuletzt fast ganz. (LANIUS *superciliosus* Lath.) Alle nur denkbare Abstufungen und Kreuzungen. S. 12 m., 13 o., 16 m., 17 u., 18 m., 19 o.

18. (3) Der rothrückige Würger. LANIUS *collurio* L.

Männchen im Süden, z. B. in der Kafferei und den Flufsgebieten des Senegal und Nil, oft mit besonders schönem, tief

---

(*) Ob auch im höheren Osten, darüber sagt Pallas nichts, — der sie im Winter jedoch auch im mittleren Sibirien so fand und beschrieb, aber hier als eingewandert betrachtete. Daher kamen auch die Berliner Exemplare.

(**) Denn gewifs schreibt Hr Brehm den Würgern, wie den Grasmücken, mit Recht eine doppelte Mauser zu. Ich möchte sie bei keiner Species bezweifeln.

rothbraunem Rücken, und mit lebhaft rosen- oder bleich weinrothem Unterleibe. Das Grau des Kopfes etwas dunkler; Stirn und Augenbraune weiser. S.15 o., 18 m., 21 o., u., (72 o.)

Sehr alte Weibchen beginnen hahnenfedrig (den Männchen ähnlich) zu werden. In jüngeren und mittleren Jahren ist dagegen ihr Rostroth sehr lebhaft; die schwärzlichen Striche um die Ränder der Schwanzfedern und die braunen Brustbogen verschwinden: letztere nicht selten ganz plötzlich; dann bekömmt die ganze Bauchseite einen rostgelben Teint. So, aufser dort in Afrika, nicht blofs in Bengalen, sondern auch schon in Dauurien. (LANIUS *phoenicurus* Pall.) S.15 m., 17 u., 35 u., 58 o.

19. (4) Der Eichel-Häher. CORVUS *glandarius* L.

Schon bei uns haben recht alte, und wahrscheinlich besonders die von Osten hergekommenen, die Kopffedern oft schwarz bis auf einen ganz schmalen weifsen Rand. Indem letzterer tiefer gegen Süden hin, z. B. in Syrien, vollends verschwindet, bildet sich eine ganz schwarze Platte auf dem Mittel- und Hinterkopfe. (CORVUS *iliceti* Licht.) S.12 o.

Nicht selten nähern sich unsere durch Zunehmen des Blauen auf den Vorderschwingen denen vom Himalaya, an welchen es eine Art von zweitem blauem Spiegel bildet. (GARRULUS *bispecularis* Gould.) S.22 m. — Beides kommt bald verbunden, bald getrennt vor.

20. (5) Der Kolk-Rabe. CORVUS *corax* L.

Stark, aber unregelmäfsig-weifsbunte klimatische Abänderung oder Ausartung; häufig blofs auf den Fär-Inseln. (CORVUS *varius* Brünn., CORVUS *leucophaeus* Vieill., CORVUS *leucomelas* Wagler.) S.12 u., 28 m. — S.90 o.

21. (6) Die gemeine Krähe. CORVUS *cornix* L.

Im Norden nur als Nebelkrähe, ja am Obi noch viel lichter, das Graue ganz hell, unten fast weifs; (n. Messerschmidt bei Pallas.) Im Süden und im fernen Nordosten, so wie in Nordamerika, blofs als Rabenkrähe (CORVUS *corone* auct., nicht Linn.); in den Zwischengegenden in Europa beide häufigst als Raçe getrennt, aber diese doch oft als Gatten vereinigt, hingegen in den Zwischenstrichen Asien's durchaus mehr in der Mittelfärbung (also nicht mehr als Raçen) erscheinend, und allmählig je mit dem Fortstreichen der Landstriche immer mehr in je eine jener Hauptfärbungen übergehend. S.10 m., 12 o., u., 13 m., 15 o., 43 m., u., 55 m., 58 u., 60 o., 77 o.

22. (7) Die Dohlen-Krähe. Corvus *monedula* L.

Schon im südlicheren Europa, selbst bereits in der Schweiz, treten die helleren und dunklen Färbungsnüançen in klarerem Abstiche gegen einander hervor, als bei uns; und überall klarer mit dem Alter (*). Im östlichen Sibirien dagegen sind nur wenige, und diefs ausschliefslich jüngere, den unserigen ähnlich; die älteren sehen in bunten Abstufungen immer schöner aus: zuletzt Wangen und Hinterkopf dunkler; Nacken und Seitenhals weifs; Brust und Bauch ebenso; After und untere Schwanzdeckfedern bläulich-grauschwärzlich; Rücken noch dunkler. Manche erst graulich-perlfarben oder blofs grauweifs, statt weifs. Am schönsten in den Gegenden von der Uda bis zur Selenga, um und über dem Baikal, in Daurien. (Corvus *dauuricus* Pall., Corvus *capitalis* Wagler; jung Corvus *fuscicollis* Vieill.?) S. 10 u., 11 u., 12 o., 14., 15 o., 58 o., (90 m.)

23. (8) Der gemeine Staar. Sturnus *vulgaris* L.

In einigen südlichen Gegenden heller und ärmer an Schiller. S. 114, Zusätze zu S. 9, S. 24 o., (81 u.)

? Die Wein-Drossel. Turdus *iliacus* L.

Es sind vielleicht östliche, (wo nicht, jedenfalls ungewöhnlich alte,) welche oberhalb ungewöhnlich dunkel und auf Mittelrücken, Schultern, Mittelschwingen und Flügeldecken roströthlich gekantet aussehen, auch zuweilen eine bis völlig zu Trüborangengelb gesteigerte und bis auf den Bauch hinabreichende Grundfarbe am Vorderhalse zeigen. S. 18 m., 29 m. — Von

? der Wachholder-Drossel, Turdus *pilaris* L,

scheinen ebenfalls die schönsten, mit stark schwarz-geflecktem Kopfe, grofs schwarz-bunten Seiten des Leibes, und überhaupt überall mit stark verdunkelten Farben, vorzüglich aus Asien (vielleicht

(*) Corvus *spermologus* Vieill., (auch von Wagler angenommen) überhaupt erst nach ein Paar Stücken gekannt, ist gewifs nichts weiter, als die jüngere Dohle. Diese sieht zuweilen auch bei uns so aus, bis ins zweite Jahr; und die sogegebenen Unterschiede im Verhältnisse der Schwingen unter einander sind so wandelbar, so unsicher, dafs wir, mit Waglers Angabe (Syst. avium I.) verglichen, hiernach in Schlesien und der Mark viel mehrere von Corvus *spermologus*, als von C. *monedula*, haben müfsten. — Am öftesten aber pafst weiter Eins, nach das Andere; denn Mitteldinge sind am zahlreichsten, und die Färbung bei Weitem am häufigsten die der letzteren, (C. *monedula*).

Aber diefs und Ähnliches sind die betrübenden und ärgerlichen Folgen des voreiligen Aufstellens solcher Arten nach einem oder zwei Stücken. —

auch aus dem ganz hohen Norden Europa's?) zu uns zu kommen. S. 14 o., 18 m., 58 o. Vergl. auch unten die zweite Note zu *n.* 50. (*)

? Die Schwarz-Drossel, Turdus *merula* L.,

soll auf den Gebirgen bei Nizza in der Jugend mit einer weifsen Schwanzbinde klimatisch ausarten. S. 29 m., u.

Die ächten Steinschmätzer, Saxicola Bechst.,

erhalten in südlicheren Gegenden mehr Weifs am Schwanze, oft sogar an den Wurzeln beider Mittelfedern; bleichen dort auch sehr aus, zumal im Jugendgefieder, und reiben sich auffallend ab. — Einzelne schwarzohrige, Saxicola *aurita*, bekommen einen schmalen schwarzen Streif quer über den Oberrücken. S. 12 o., m., 18 m. — Siehe auch S. 32 m., u.

24. (9) Der graue Steinschmätzer, Saxicola *oenanthe* B.,

nimmt dort unterwärts eine intensivere, und am Oberleibe besonders im weiblichen Geschlechte eine röthlichere Färbung an. (Saxicola *libanotica* Hempr.) S. 32 u.

25. (10) Der schwarzkehlige Wiesenschmätzer. Saxicola *rubicola* B.

In den heifsen Gegenden Afrika's wird besonders das Männchen oben schon rein schwarz, der Unterleib rostbraun; der Bürzel sehr oft mit rostgelbem Spitzenanfluge. Viele, nicht alle, bekommen am Schwanze oben etwas, nicht wenige schon die Hälfte, ja manche über drei Viertheile Weifs, (aber mit schwarz bleibendem Paare Mittelfedern) welches an Jungen Gelbweifs ist. (Motacilla *sibilla* Linn.?, Sylvia *sibylla* Stephens.) S. 11 u., 12 m., 17 o., 19 o.

26. (11) Der Haus-Röthling. Sylvia *tithys* Lath.

Ältere Männchen schon bei uns mit matt- oder ganz schwarzem Rücken, und mit von Weitem auffallenden Flügel-Spiegeln. Beides im Süden häufiger, und noch entwickelter. (**) (Motacilla *atrata* Gmel., Sylvia *atrata* Lath.) Weibchen meist nur

---

(*) Anmerk. Da (nach Nilfson, *Fauna* II, S. 232.) die Wälder des südlichen Schwedens häufig noch im Winter förmlich von ihnen wimmeln; so müssen nothwendig unter der grofsen bei uns erscheinenden Menge viele östliche sein. —

Auch möchten wohl, da der Winter weiter im Norden früher endigt, als weiter nach Osten, überhaupt unter denjenigen Vogeln, welche nach ungewöhnlich strengen, lange anhaltenden Wintern bei uns bleiben, um sich hier fortzupflanzen, im Ganzen leicht viel mehr östliche, als nördliche, sein. —

(**) Es würde gewifs noch auffallender sein, wenn er nicht so vorzugsweise dort nur Gebirge bewohnte; und es scheint auch bei uns schon häufiger in Ebenen, als auf jenen.

unbedeutend dunkler. S. 11 u., 12 o., m., 13 m., 15 o., 16 m., 26 o., m., 27 m., 112 m.

27. (12) Der Garten-Röthling. Sylvia *phoenicurus* Lath.

Im Süden und Osten schon die Weibchen oft merklich, die Männchen gewöhnlich in ganz auffallendem Grade verdunkelt. (*) Diese im Spätsommer oben grauschwärzlich; Vorderkopf (nach dem Bereiben) weißgrau, dieser Streif über den Augen und Ohren weg-, zuweilen bis auf den Oberrücken fortlaufend; Bauch bräunlich rostroth. Die hellen Ränder der Hinterschwingen immer größer und weißer werdend, endlich zu einem großen, oft weit nach der Wurzel reichenden weißen Spiegelflecke erweitert. In Südeuropa Beides noch nicht zum Extreme kommend: Ersteres aber vorzüglich in Nubien, Syrien und Arabien (Motacilla *alpina* Hempr., Phoenicura *atrata* Selby); Letzteres vornemlich in Asien, vom Kaukasus beginnend, und steigend am Baikal, der Selenga, dem Onon (Motacilla *erythrogastra* Güldst., Motacilla *aurorea* Pall, Sylvia *aurorea* Lath. und Sylvia *erythrogastra* ejd.) Endlose Abstufungen und Kreuzungen der Mittelstufen, ja zuweilen selbst Kreuzungen der Extreme. S. 5 u., 11 u., 12 o., m., 13 m., 15 o., 16 m., 17 o., 26 o., m., 27 m., 58 o., 112 m.

28. (13) Der blaukehlige Erdsänger. Sylvia *cyanecula* M. et W.

Im Norden, Osten und Süden etwas schöner: in Lappland, Südeuropa (?), Ägypten, Sibirien das Weibchen mit röthlicherem, das Männchen mit trüb rostrothem oder zimmtbraunem Mittelfelde (Sterne) am Vorderhalse (Motacilla *coerulecula* Pall. (**), ? Sylvia *coerulecula* Licht.), welches bei unseren weißer, silberweiß, im Alter häufig verschwunden ist. (Sylvia *azuricollis* Rafinesque, Sylvia *Wolfii* Brehm.) Jenes rothsternige doch zuweilen auch bei uns als Heckvogel; also wohl so recht alt? S. 17 u., 21 o., 22, 35 u., 48 m., 49 o., 58 o., 93 o., 111 u.

? Der Garten-Laubvogel, Sylvia *hypolais* Naum.,

soll in Italien und Piemont kleiner, dunkler gefärbt, aber in Sitten, Wohnort, Gesang, Nestbau, Farbe der Eier dem deutschen

---

(*) Schon Pallas bemerkt (*Zoogr. rosso-asiatica*, n. 115.) zu seiner *var.* β von Motacilla *phoenicurus*, und mit Beziehung auf die Gattung Motacilla (bei ihm Motacilla, Sylvia, Saxicola, Anthus, Regulus und Troglodytes umfassend) überhaupt: »*Varietatem pulcherrimis et maxime intensis coloribus insignem ad Volgam et ad Jeniseam observavi varius. Etiam in plerisque Motacillarum speciebus vel aetate vel vigore praestantia individua subinde observantur, quae coloribus vulgaria longe antecellunt.*« Leider ist darüber noch Vieles unbekannt geblieben und nicht von ihm benannt.

(**) Von ihm aber nur so benannt, nicht als verschieden von Mot. *succica* L. angesehen. —

gleich sein. (*) Zuweilen mit auffallenderen und breiteren lichten Hinterschwingenrändern. Ob so nur alt? S. 15 o., — Vergl. S. 22 u.

29. (14) Der Sumpf-Rohrsänger. SYLVIA *palustris* Bechst.

Im ganzen Afrika zum Herbste etwas dunkler; zur Heckezeit aber noch mehr verblichen. S. 23 o.

30. (15) Der Seggen-Rohrsänger. SYLVIA *cariceti* Naum.

Die im Ganzen südlichere, aber auch bei uns zuweilen zahlreich vorkommende, manchen Sommer sehr gewöhnliche, kein Jahr fehlende Varietät mit gelblicherer und röthlicherer Färbung ist SYLVIA *aquatica* Lath., der Biesen-Rohrsänger. Beide wurden, obgleich es in den Sümpfen Südeuropa's zum Herbste meist von ihnen wimmelt, doch von Seiten der südlicheren Zoologen nie specifisch, kaum als Varietäten oder Raçen, getrennt. S. 18 m.

31. (16) Die Zaun-Grasmücke. SYLVIA *curruca* Lath.

Im Süden Europa's, auf Sicilien besonders, in Arabien, oft an der Brust hell rostweinfarbig; recht alte weinrostbräunlich; indefs wahrscheinlich meistens nur zum Sommer. (SYLVIA *subalpina* Temm., Bonelli??, und SYLVIA *leucopogon* Heckel.) Junge oben mehr bräunlich angeflogen. (**) S. 12 m., 13 u., 15 o., 21 m., u., 25 u. Vergl. auch S. 14-15 u.

32. (17) Die fahle Grasmücke. SYLVIA *cinerea* Lath.

Unten ebenso, wie vorige; oben, besonders am Kopfe, nicht selten verdunkelt: jedoch die ältesten bei uns den nicht sehr alten dortigen ganz und gar gleich. (SYLVIA *conspicillata* Marm.; SYLVIA *passerina* Temm., MOTACILLA *passerina* Gm.?, CURRUCA *passerina* Risso, SYLVIA *subalpina* Bon.?, SYLVIA *leucopogon* Savi.) (**) S. 12 m., 13 u., 15 o., 21 m., u., 25 u. Vergl. auch S. 14-15 u.

33. (18) Die Mönchs-Grasmücke. SYLVIA *atricapilla* Lath.

Auf Madeira sollen die ältesten, ohngefähr der zehnte Theil aller, die Scheitelplatte so ausgedehnt erhalten, dafs auch Seiten- und Vorderhals schwarz erscheinen. (Von dem Beobachter, Hrn. Hei-

---

(*) Nachricht von einem ausgezeichneten Beobachter, Hauptmann Conradi von Baldenstein bei Chur in der Schweiz.

(**) Es ist ein seltsamer, aber bei den Bearbeitern der europäischen Ornithologieen (blofs mit Abrechnung Naumann's und zum Theile Savi's) ganz allgemein herrschender Irrthum: dafs die, hier als klimatische Varietäten genannten Nominal-Arten unserer, und mehrere andere, südliche, Grasmücken unbefiederte Augenlider haben sollten. Schon das unbewaffnete Auge, noch mehr aber die Loupe, überzeugt vom Gegentheile.

necken, wurden sie aus zahlreichen, genau erwogenen und wichtigen Gründen ausdrücklich nur als Varietät betrachtet; von einem blofsen Untersucher der todten Bälge erst als vermeinte Art [SYLVIA *Heinecken* Jardine] aufgestellt.) S. 12 o., 13 u.

34. (19) Der weifskehlige Wasserschwätzer. CINCLUS *aquaticus* Bechst.

In Syrien, gewöhnlich in Italien, zuweilen jedoch schon in Mitteldeutschland, mit ungewöhnlich ausgedehntem Rostbraun am Bauche. (CINCLUS *syriacus* Ehrenb.) S. 13 o., 17 u., 37 o.

Im westlichen Sibirien dem unsrigen meistens noch ziemlich ähnlich; im mittleren mit immer ausgedehnterem Weifs am Halse, welches weit an dessen Seiten, und am Bauche immer mehr nach unten geht, bis es fast zum After reicht. S. 12 u., 15 u., 57 o.

Umgekehrt im östlichsten oberhalb und am Vorderhalse immer mehr hellbraun überflogen, zuletzt mit hellbrauner Kehle und ganz verwischten Rückenkanten; (aber noch eben nicht eigentlich einfarbig chocoladenbraun! CINCLUS *Pallasii* Temm. (*)) Soll ebenso auf dem Himalaya vorkommen. S. 13 m., 57 m., u.

Anmerk. Dagegen ist der (ganz anders aussehende) CINCLUS *Pallasii*? Carl Bonaparte's (durchgängig von gleichmäfsiger Schieferfarbe mit schwarzen Federkanten) höchst wahrscheinlich, und der mexicanische vielleicht ebenfalls, specifisch von dem in der alten Welt lebenden verschieden.

35. (20) Die weifse Bachstelze. MOTACILLA *alba* L.

In südlichen und östlichen Gegenden alles Graue zuerst schwarzgefleckt, dann schwarz; breite Ränder der Flügeldeckfedern und Wurzel der Schwingen weit hinaus weifs. Selten so im südlichen Europa, noch seltener in Frankreich, Ungarn; (MOTACILLA *lugubris* Temm. (**)) n. Pallas im Nordosten Asiens immer häufiger werdend, auf Kamtschatka endlich und auf den Kurilen höchst gewöhnlich. (MOTACILLA *lugens* Illig.) S. 11 u., 12 o., m., 13 m., 14 u., 15 o., 16 m., 26 m., 27 m., 31 m., 58 o.

(*) Hr. T. hatte es blofs als Vermuthung hingestellt: dafs seine Species CINCLUS *Pallasii* aus der Krimm stamme. Er hatte auch, um sich keine unverdiente Verantwortlichkeit beimessen zu lassen, wenn es sich einst als falsch erwiese, (wie es wirklich ist,) den Grund der Vermuthung angegeben und das Wort *conjecturer* ganz allein in dem ganzen Artikel (*Manuel* I, p. 177.) mit auszeichnender Schrift (*cursiv*) drucken lassen. Gleichwohl schreiben ihm spätere Ornithologen jene blofse (unrichtige) Vermuthung als eine unbedingte Gewifsheit nach! — Das zur Norm genommene Exemplar kam aus dem östlichsten Sibirien.

(**) Nicht M. *lugubris* des Pallas, welcher diesen Namen nirgends hat, sondern sie an der von Hrn. Temminck citirten Stelle der *Zoogr. rosso-asiatica* im Gegentheile als Varietät der MOT. *alba* beschreibt. (S. daselbst I, n. 139.)

36. (21) Die Wiesen-Bachstelze. MOTACILLA *flava* L.

Männchen in wahrscheinlich allen südlichen Gegenden oft, bei uns zuweilen, im Norden ziemlich selten, im Osten wieder öfter — zur Zeit des Sommers mit schwarzem Oberkopfe, ganz ohne oder fast ohne die weiße Augenbraune; öfter mit nur undeutlicher, und mit schwarzgrauem, schwarzgeflecktem Kopfe und Nacken: letzterer im Anfange (wie bei uns überhaupt) bald noch mit grauen, bald mit grünen, später verschwindenden Kanten, wie bei unseren grauköpfigen sehr oft. (?MOTACILLA *melanocephala* Licht.) Weibchen nur etwas hübscher. S. 12 o., 13 m., 14 u., 23 o., m., 36 u., 48 m., 49 o., 58 o., 101 u., 112 m.

37. (22) Der Wasser-Pieper. ANTHUS *aquaticus* Bechst.

Im Norden wegen der späteren Sommer erst später, oft vielleicht gar nicht, im Sommerkleide zu finden, welches auch minder rein, nämlich an der Brust mehr gefleckt ist; und dergl. m. (ANTHUS *littoralis* Brehm, ANTHUS *rupestris* aliqq. (*)) S. 15 m., 25 u., 31 u., 36 u., 83 m., 67 m., 92 o., 112-14.

Im tieferen Süden, z. B. in Syrien, Arabien, öfters selbst im Herbste minder gefleckt. (ANTHUS *Coutellii* Audouin.)

38. (23) Der Wiesen-Pieper. ANTHUS *pratensis* Bechst.

Im Süden und Osten, wie in Ägypten, Nubien, Syrien und Kamtschatka etc. regelmäßig, im gemäßigten Europa seltener, in Deutschland selten und durchaus nur im Sommer, mit rostrothem, bei recht alten tief herunterreichendem und dann die benachbarten schwärzlichen Längsstriche verdrängendem Kehlflecke; oft auch mit ähnlichem Augenbraunstreife. Bei uns wahrscheinlich bloß Männchen so; die Weibchen allenthalben nicht so ausgezeichnet geröthet. (ANTHUS *Cecilii* Audouin, ANTHUS *rufogularis* Brehm.) [MOTACILLA *cervina* des Pallas.] S. 15 m., u., 17 u., 25 u., 36 u., 58 o. Vergl. auch S. 13 o., 17 m., 111 u.

39. (24) Der Brach-Pieper. ANTHUS *campestris* Bechst.

Südlich, besonders in Afrika, etwas dunkler, röthlicher, und an der Brust häufiger ohne den Fleckengürtel. S. 15 m., 18 m., 25 u., 36 u.

40. (25) Die Alpen-Lerche. ALAUDA *alpestris* L.

Soll auf den (rauheren) Alpen des mittleren Sibiriens (nach Pallas) minder hübsch, mit weniger ausgebreitetem Schwarz am

(*) Unter diesem Namen zwar, aber keineswegs als seyn sollende Species bei Nilfson. —

Kopfe versehen, und zugleich kleiner sein, als in den nördlichsten (natürlich im Sommer wärmeren) Ebenen. Am hübschesten wohl auf den Gebirgen des, durch seine Hochebenen besonders im Sommer warmen Mexico's. Vergl. S. 12 o., u.

41. (26) Die Hauben - Lerche. ALAUDA *cristata* L.

Im Süden stets mit mehr Rostgelb; jung nach einigen Wochen in Afrika fast isabellfarbig, verblichen. S. 18 m., u.

42. (27) Die Feld - Lerche. ALAUDA *arvensis* L.

Ebenda mehr gelblich, röthlichgelb angeflogen. Zuweilen mit stark roströthlichem Scheitel. Indefs zuweilen auch so bei uns, auf dem Zuge: ob hoch von Norden her? S. 19 m.

43. (28) Die Isabell - Lerche. ALAUDA *testacea* Gm. (*)

In Dongola am gröfsten. Allenthalben viele mit sanft rostrosenröthlichem Anfluge an Unterrücken, Weichen, Schwanzdecken; tiefer südlich am öftesten. Allenthalben nicht selten mit sehr ins Rostrothe fallendem, selten mit fast ungefleckt hell rostbraunem Scheitel. S. 19 m.

44. (29) Die Kalander - Lerche. ALAUDA *calandra* L.

In Südsibirien und Ostafrika öfters beinahe ohne die (Schaft-) Flecken der Brust, aber mit grofsen, fast zusammenlaufenden Ringflecken. Ebenda, jedoch selten, allenthalben mit röthlichem, am Kopfe und Vorderhalse besonders starkem, rostfarbenem Anfluge. S. 19 m., 58 o., 112 o.

Die sibirischen zeichnen sich vorzüglich oft durch einen langen weifsen Augenstrich, ganz weifse Kehle, einen dergl. Wangenfleck und solche Augenkreise aus. Vergl. *n.* 74, auch *n.* 73.

Anmerk. Lerchen, Pieper, Grasmücken im Süden meist immer mit deutlicheren und oft gröfseren Keilflecken etc. am Schwanze. S. 12 m., 18 m., 58 o.

45. (30) Der Grau - Ammer. EMBERIZA *miliaria* L.

Einzelne südliche zuweilen schon in der Jugend mit rötherem, rostfarbigem, an Stirn und Wangen besonders auffallendem Anfluge. S. 19 m., 112 o.

46. (31) Der Gold - Ammer. EMBERIZA *citrinella* L.

Ebenda mitunter die Weibchen mit rötherem Anfluge im Allgemeinen, aber die roströthlichen Flecke des Oberrückens und

(*) Kurzzehige Lerche, ALAUDA *brachydactyla* Leisl. Es giebt aber mehrere noch viel kurzzehigere Arten; der ältere Name ist daher der besser passende.

der Oberbrust gerade heller. S. 18 m., vergl. S. 20 m. und *n.* 49, 50; S. 89.

47. (32) Der Garten-Ammer. EMBERIZA *hortulana* L.

An südlichen, namentlich an den abyssinischen, nubischen, syrischen, selten an südfranzösischen, sehr selten an deutschen, ist der Kopf dunkler grau, anfänglich mit Rostfarbe überflogen: Unterleib fast rothbraun; untere Kopfseiten und Kehle bloß roströthlich; Schnabel und Füße merklich röther. (EMBERIZA *caesia* Mus. Francof., ? E. *rufibarba* Licht., E. *cia varietas* Roux.) S. 17 o., u., 18 m., 23 o., 24 o., 111 u.

48. (33) Der Zip-Ammer. EMBERIZA *cia* L.

In Syrien und Arabien oben etwas gelblicher, die schwarzen Kopfstreifen (durch stärkeres Abreiben) breiter. Die ins Rosenfarbene spielende, roströthliche Unterseite scheint nur zuweilen etwas dunkler zu werden. S. 18 m., u.

49. (34) Der Rohr-Ammer. EMBERIZA *schoeniclus* L.

Zum Theile im Süden Europa's, besonders jedoch im Osten, über dem Baikal, an der Selenga, in Daurien, die Männchen oft mit hellerem Rostroth oder fast bloßem Rostgelb auf dem Rükken, jedoch zugleich mehr schwarz: beides besonders auf allen Flügeldeckfedern; daher die Flügel im Sommer schwarz, mit gelblichhellen Rändern. Alte deutsche bereits ähnlich. (EMBERIZA *arundinacea* Gmel.) S. 12 o., 20 m., 35 u., 58 o., (92 u.,) 112 m.

Anmerk. Scandinavische sollen kleiner sein; sie sind es jedoch, genau betrachtet, und nach Nilfson's *Fauna* zu urtheilen, weder allgemein, noch so auffallend; ja häufig gar kaum. — — [Hiermit ist nicht zu vermengen EMBERIZA *aquatica* oder *palustris* Savi, nach allem Anscheine eine wahre Species, nicht bloße Raçe.] (*) —

Der Berg-Fink. FRINGILLA *montifringilla* L.

Manche besonders hübsche mit verdunkelten Farben sind vielleicht östlichere, oder die südlichsten; denn sie pflegen sich, obwohl nicht häufig, bei uns unter den ersten Herbstankömmlingen zu befinden. S. 58 o.

(*) Eigentliche Raçen oder Leima, (d. h. Varietäten von beständigerem, nicht so leicht veränderlichem Character,) und namentlich Farben-Raçen, scheinen sich dann zu bilden: wenn bei einer Art, vermöge der, einmal in ihr liegenden Neigung zur Vermeidung von Mittelgraden, die Extreme organischer Bildung einander genetisch zu nahe liegen, daß ein sonst geringfügiger Unterschied in den einwirkenden Verhältnissen hier schon für eines oder das andere Extrem den Ausschlag giebt. Vergl. S. 43, 60, 133, 157 Anmerk.

50. (35) Der Haus-Sperling. FRINGILLA *domestica* L.

Männchen pflegen im Süden eine, zum Theile ungewöhnlich erhöhte Farbe zu erhalten (*). Zuerst wird der ganze Oberkopf dort, selten bei uns, rothbraun, fast oder völlig ohne Grau; der Rücken lichter oder rostroth, mit grofsen schwarzen Flecken; der schwarze Kehlfleck gröfser, dabei nicht selten braunroth übertüncht; das weifse Augenfleckchen oder Streifchen meist gröfser. So schon oft in der Provençe, in Italien. (FRINGILLA *Italiae* Vieill., FRINGILLA *cisalpina* Temm.) — Noch weiter südlich, namentlich in Spanien, Ägypten, Nubien, Syrien, jedoch auch bereits (in der Umgegend der heifsen Quellen von Kara-ata) zuweilen in Buchara, wird der Rücken häufigst schwarz mit rostweifslichen, schmalen, gegen die Mauser verschwindenden Kanten; der Kehlfleck hebt sich noch mehr hervor; und der dunkle, jetzt wieder noch verdunkelte Federgrund in den Leibesseiten steigt so, von der Brust anfangend, so weit in die Höhe, dafs in den Seiten schwarze, im Alter recht ansehnliche Flecke zum Vorscheine kommen. (**) (FRINGILLA *cisalpina* Audouin (***), FRINGILLA *hispaniolensis* (!) Temm.) — Alle nur denkbare Übergänge in einander, nicht blofs aus verschiedenen, sondern häufig aus einerlei Orten. S. 12 o., 16 m., 17 u., 20 m., 35 u., 36 m., 37 u., (58 o.,) 88 u., 101 m., (103 - 5), 112 o., m.

Weibchen werden nur unbedeutend dunkler und gelber, durch Ausbleichen jedoch noch heller; Junge in diesem Falle beinahe isabellfarbig. S. 18 m.

Der Stein-Sperling. FRINGILLA *petronia* L.

Verbleicht in Afrika und Arabien, Syrien etc. merklich stärker; besonders im Jugendkleide.

51. (36) Der Grün-Hänfling. FRINGILLA *chloris* Meyer.

In Syrien häufig etwas kleiner, aber mit schönerer, mehr grüngelber Farbe. S. 23 m.

52. (37) Der gemeine Hänfling. FRINGILLA *cannabina* L.

Ebenda die Männchen fast noch schöner; die Weibchen etwas mehr rostgelb übertüncht. S. 18 m., 22 o.

(*) Oder sie haben dieselbe, historisch richtiger zu reden, gegen Norden, der Regel nach selbst schon in gemäfsigten Gegenden, abgelegt und mit einer minder intensiven vertauscht. Vergl. S. 17, S. 104—105 u.

(**) Etwas ganz Entsprechendes geschieht an den älteren, und zugleich wahrscheinlich an den östlicheren, Wachholderdrosseln.

(***) Schon in der *Description d'Egypte* unter diesem Namen, welchen aber Hr. Temminck der minder ausgebildeten ersten Varietät beigelegt hat.

53. (38) Der Birken-Zeisig. FRINGILLA *linaria* L.

Die dunkleren mit röthlicherem Rücken und überhaupt stärkerem rostgelblichem Anfluge (LINARIA *rufescens* Vieill., CARDUELIS *rufescens* Risso, FRINGILLA *flavirostris* Brehm) scheinen die südlichsten: denn sie gelangen noch am häufigsten nach dem südlicheren Europa; — oder vielleicht mit östliche. S. 18 m., 58 o.

54. (39) Der Distel-Zeisig. FRINGILLA *carduelis* L.

Verliert nach Pallas in der barabinskischen Steppe das Schwarze des Kopfes allmählig in blofse Punkte; und am Jenisei soll somit der Kopf immer dem Rücken gleich gefärbt werden. (FRINGILLA *subalata* Illig.) Diese sollen übrigens den unsrigen auch in allen Lebens- und Sittenverhältnissen durchaus gleichen, (*) und die reinsten, vollkommensten Übergänge bilden. (Das Rothe bleibt.) Vergl. S. 12 u.

55. (40) Der Erlen-Zeisig. FRINGILLA *spinus* L.

Manchen kalten Winter (**) besuchen uns solche von besonderer Schönheit, mit viel Schwarz am Kopfe, viel Gelb am Schwanze; darunter namentlich recht hübsche Weibchen, welche vielleicht mehr und weiter ins Warme ziehen, als die Männchen (wie auch bei andern Vögeln). Wahrscheinlich sind es sonst östlicher wohnende. (**) S. 12 o., m., 23 m., 58 o.

56. (41) Die Sumpf-Meise. PARUS *palustris* L.

In Nordamerika gewöhnlich mit etwas schwärzerer Kehle. (PARUS *atricapillus* L.) S. 12 o.

57. (42) Die Kohl-Meise. PARUS *major* L.

Arabische oft schwärzer am Bauche. — Die vom Himalaya, mit ein klein Wenig breiterem weifsem Endsaume der Schwanzfe-

---

(*) Pallas läfst sie daher durchaus nur für Varietät gelten. Erst Illiger wollte sie nach dem Exemplare im Berliner Museum, welches auch etwas gröfser ist, als Art aufstellen. Ich habe nur dieses, nicht die Übergänge, welche Pallas ausdrücklich nennt, gesehen; doch scheinen in der That unsere jüngeren (nicht die Jungen) wirklich sehr nahe darauf hinzudeuten: zumal da die Stieglitze meistens sehr spät und langsam, also wohl vielleicht im dortigen Winter, zu mausern scheinen, ihre Nahrung aber dort häufig und hoch wächst, sie also höchst wahrscheinlich der Kälte ungeachtet nicht wandern. Denn gerade an manchen Gewächsen aus der Familie der *Compositae*, welche vor andern diesen Vögeln durch ihre Saamen Nahrung geben, vorzüglich an hoch wachsenden, (also den Schnee überragenden,) und namentlich an *Cynarocephalis* (Distelartigen), ist Sibiriens *Flora* überwiegend reich. [S. Beilschmied S. 17, 18 etc.] Überdiefs giebt es auch dort einzelne Gegenden, wo nur wenig Schnee fällt.

(**) Ob nicht vorzüglich in solchen Wintern, wo starke Rauhreife und Glatteis oft die Baumzweige, also auch den Saamen der Erlen und Birken, überziehen und die Vögel zum Fortwandern zwingen? (Abgesehen von dem Gerathen oder Mifsrathen des Saamens selbst.) — Mir hat es im Laufe der letzten Winter hier so geschienen. Vielleicht wäre es nicht blofs Schein. —

dern (PARUS *monticolus* Gould), scheinen durchaus nicht specifisch verschieden. Vergl. S. 12 m.

58. (43) Die Blau-Meise. PARUS *coeruleus* L.

Auf Teneriffa und den übrigen kanarischen Inseln oft mit dunklerer, am Halse dem Schwarzen sich nähernder blauer Färbung. Ein Anfang dazu schon bei uns sichtbar. S. 11 u., 12 u.

Anmerk. In der Gattung der Kleiber oder Spechtmeisen scheint sich nicht bloß die syrische (SITTA *syriaca* Hempr.) mit der dalmatinischen (SITTA *Neumayer* Michahelles) die wahrscheinlich mit der griechischen einerlei ist, sondern außerdem auch die uralische (SITTA *uralensis* Licht.), und zwar beide sehr bestimmt, durch Farbe, Zeichnung, Größe und Verhältnisse, als 2te und 3te europäische Species zu characterisiren; obgleich Pallas die letztere für bloße Varietät hielt.

59. (44) Der gemeine Baumläufer. CERTHIA *familiaris* L.

Ist in Mexico (wo er also tiefer südwärts geht, als anderswo) viel dunkler: schwärzlichbraun mit weißlichen, schmal rothbräunlich eingefaßten Tropfen; am Steiße braunroth. (? CERTHIA *mexicana* Licht.) Scheint jedoch am Himaleh-Gebirge ebenso vorzukommen. — In Nordamerika sieht sie schon meist so dunkel aus, wie bei uns selten. S. 14 o., 17 o.

60. (45) Die Felsen-Schwalbe. HIRUNDO *rupestris* Scop.

In Nordafrika durch Verbleichen im Sommer hell mäusegrau; auch meist etwas kleiner. In Südafrika im frischen Gefieder oben fast dunkler, unten etwas röther. (? HIRUNDO *fuligula* Licht.) S. 61 o., u.

61. (46) Die Ufer-Schwalbe. HIRUNDO *riparia* L.

Ebenso variirend; besonders Junge beim Ausfliegen, selbst bereits in Südeuropa röthlicher. (HIRUNDO *litoralis* Hemprich.) S. 61 o., u.

62. (47) Die Rauch-Schwalbe. HIRUNDO *rustica* L.

In absolut- und relativ-wärmeren Gegenden (des Südens und Ostens) mit immer dunklerem Bauche: mit hell bräunlichrostfarbigem, an recht alten zuweilen braunrothem oder rostbraunem Unterleibe; auch mit hell roströthlichen Schwanzspiegeln, und häufig mit mehr roströthlichen Federrändern auf dem schwärzlichen Vorderhalse. Selten im Alter schon stark röthlich bei uns; gewöhnlich aber so in Amerika (HIRUNDO *rufa* Gm., HIRUNDO *americana* Wils., ? HIRUNDO *fumaria* Licht.); am schönsten jedoch in Nubien,

Ägypten und (nach der Beschreibung von Pallas) in Kamtschatka. (Hɪʀᴜɴᴅᴏ *Riocourii* Audouin, Hɪʀᴜɴᴅᴏ *Savignyi* Stephens, ?Hɪʀᴜɴᴅᴏ *cahirica* Licht.) S. 17 o., 37 m., 58 o., 63 u.,
81 m.

b. Sperlings-Vögel ohne Singmuskelapparat. AVES *PASSERINAE*
ANOMALAE.

63. (1) Der Mauer-Segler. Cʏᴘsᴇʟᴜs *apus* Illig.

In Nordafrika heller, durch Verbleichen; das Weiſs der Kehle
etwas weiter reichend. Südafrikanische meist ganz wie unsere.
S. 61 o., u.

Ein daaurischer, mit dem gewöhnlichen (dort so jüngeren)
und in gleicher Menge zusammenwohnender soll einen weiſsen Vorderhals und Unterrücken haben, aber nach Pallas durchaus nicht
specifisch verschieden, und in Geschrei, Wohnort und Sitten ihm
höchst übereinstimmend sein. Vergl. besonders *n.* 22., 27., auch 35
und 70; S. 58 o., 64 o.

64. (2) Der Felsen-Segler. Cʏᴘsᴇʟᴜs *melba* Illig.

In Nordafrika mit mehr Weiſs an der Kehle, zuweilen am
Bauche ebenfalls; auch verbleichend. In Südafrika wie in Europa.
S. 61 o., u.

? Der europäische Tagschläfer. Cᴀᴘʀɪᴍᴜʟɢᴜs *europaeus* L.

Einzelne solche Exemplare, wie man sie, recht alt, bereits mit
in Schlesien findet, müssen gegen die unbedingte Annahme eines
Cᴀᴘʀɪᴍᴜʟɢᴜs *ruficollis* Natterer (C. *rufitorquatus* Vieill.) mit roströthlichem Halsbande aus Südspanien, Südfrankreich und Nordafrika
als Species noch sehr warnen.

65. (3) Der gemeine Eisvogel. Aʟᴄᴇᴅᴏ *ispida* L.

Alte scheinen in wärmeren Ländern etwas röther und blauer,
weniger grün. S. 18 m., 22 u., (70 m.)

66. (4) Der gemeine Kuckuk. Cᴜᴄᴜʟᴜs *canorus* L.

Bei uns die Jungen in manchen Sommern mit häufigeren
rothbraunen, oft selbst zur Grundfarbe gewordenen Flecken und
Querbinden. In Südeuropa besonders wieder die einjährigen, und
namentlich an öftesten die weiblichen, entweder so, oder noch mehr
ins Rostbraune fallend; seltener diese in Deutschland (Cᴜᴄᴜʟᴜs

rufus Bechst., C. *hepaticus* Sonnerat); noch seltener hier solche, welche auch nach dem zweiten Federwechsel wieder so (statt einfach aschgrau) werden. Nach dem Äquator hin die rothen noch zunehmend, anscheinend selbst im Alter von mehreren Jahren so; gegen die Pole zu ganz abnehmend: daher nur selten noch in Scandinavien; auch die grauen gegen das Cap der g. H. wieder häufiger. S. 17 u., 20 u., 21 o., 35 u., 58 o., 63 u., 98.

Nach Versicherung des Hrn. Gouvernements - Arzt Dr. Joh. Lichtenstein, zu Mitau, giebt es in Curland (dann ohne Zweifel wohl auch anderswo) nicht selten alte ungewöhnlich weit graue Kukkuke: an denen das herabrückende *Grau des Halses* sogar die meisten schwärzlichen Bauchbinden vollends verdrängt.

67. (5) Der Grau-Specht. PICUS *canus* G m.

In Ostindien mit etwas schwärzlicherem Streife längs dem Hinterhalse, wo unsere nicht selten merklich stark schwärzlich gemischt erscheinen. Kann gar nicht einmal eine bestimmte Varietät, viel weniger eine besondere Art sein. (PICUS *barbatus* Gray.)

? Der europäische Wiedehopf. UPUPA *epops* L.

Zeigt schon in Deutschland hin und wieder alle Abstufungen zu einer zweiten, mehr nach oben stehenden weißen Schwanzbinde: und zwar in Schlesien bereits die da nistenden. Vielleicht ist höhere Ausbildung derselben eine Eigenheit der östlicheren. (Nordischen scheint sie nicht eigen zu sein.) S. 12 m.

Die Wiedehöpfe in der Krimm sollen einige Abweichung in den Flügelbinden zeigen; was jedoch noch ganz unsicher ist.

III. Taubenartige Vögel. AVES *PERISTEROIDES*.

68. (1) Die Fels-Taube. COLUMBA *livia* auctt.

Im jenseitigen Daaurien mit einer breiten weißen Querbinde auf der Mitte des Schwanzes. S. 12 m., 15 o., 58 o., 63 o., 77 o.

Anmerk. Es wäre leicht möglich, daß diejenigen, welche in Afrika nach allen Graden mit einem kleineren oder größeren schwärzlichen Flecke auf den Spitzen aller Rücken- und Flügeldeckfedern versehen erscheinen, nicht bloß wegen ihrer Abstammung von verwilderten, (denn unter den zahmen kommen dergleichen Färbungen, die so genannten hammerschlägigen, zunächst mit vor,) sondern auch ohne diesn, in Folge des wärmeren Aufenthaltes, so verdunkelt sein könnten. —

69. (2) Die Turtel-Taube. COLUMBA *turtur* L.

An afrikanischen herrscht überall ein rostgelblicher und röthlicher Anflug. Daher ist die Brust mehr rein- oder rost-rosen-

röthlich, als graulich-rosenfarb; Kopf oft beinahe rostgelbgrau; Rücken
und mittlere Schwanzfedern fast hell rostfarben, Ränder der Flügelfedern noch röther; beinahe alles Schieferfarbene unsichtbar geworden. S. 17 o., 18 m., 21 u., 35 u., 76 o.

IV. Hühnerartige Vögel. AVES *GALLINACEAE.*

70. (1) Der gemeine Fasan. PHASIANUS *colchicus* L.

Die Männchen kommen schon um den kaspischen See, ganz
besonders jedoch in der Mongolei, und zwar in den wärmeren
jener Gegenden am meisten, besonders um die chinesische Mauer,
auch am Dalai-Nor und in den wärmeren Thälern am Argun um
Abigaitu, vorzüglich am Flusse Chara-Murim, aber (nach dem
Berichte der zoologischen Reisenden) doch wahrscheinlich erst oder
meistens erst im Alter, als so genannte Halsband-Fasane (PHASIANUS
torquatus Temm.) vor: mit einem glänzendweißen, halbmondähn-
lichen Flecke am Grunde der Halsseiten; mit weißer Mischung vorn
auf den Flügeln; und mit einer Nüancirung im übrigen Gefieder,
auf welchem die kupferartig-rostrothe Hauptfarbe über die schwarz-
blaue Randmischung siegt. Nach Südosten hin am öftesten und
ausgezeichnetsten. Auch die Weibchen mit dunkleren und schärfer
gezeichneten Farben; (aber nie mit dem Halsbande.) S. 64 u.

Anmerk. Wenn auch nicht die vielfachen Erfahrungen von Pallas (*) es zeigten,
so würden nach dem, was uns jetzt über klimatische Abänderungen überhaupt bekannt wird
und geworden ist, gerade schon allein Hrn. Temminck's eigene, für ihre Verschiedenheit
vorgebrachte Ansichten (**) hinreichen, um die specifische Identität beider Abänderungen als
bestimmt wahrscheinlich darzustellen. So namentlich Hrn. T.'s Erfahrungen über die unbedenklich erfolgende Begattung beider mit einander; die ungeschmälerte Fruchtbarkeit der ge-
mischten Nachkommen unter sich, in der Gefangenschaft, (wo man sie in Frankreich und Holland oft als Raçen zieht;) und die Neigung der letzteren, späterhin wieder in eine von beiden
Haupt-Raçen überzugehen, oder auch sogleich nur die Charactere der einen (nicht die gemisch-
ten Eigenschaften beider, wie es alle wirklichen Bastarde thun! — also vielmehr wie die beiden Raçen der gemeinen Krähe,) anzunehmen.

71. (2) Das Weiden-Schneehuhn. TETRAO *saliceti* L.

Auf den gelinden britischen Inseln ohne weißes Winterkleid,
anscheinend oft auch mit verdunkeltem Sommerkleide; letzteres wahrscheinlich wegen der viel höheren allgemeinen Jahreswärme und des
viel früheren, viel längeren Sommers. (TETRAO *scoticus* Gm.) S.
S. 11 und Zusätze: S. 46, 47 o., und S. 117-23.

(*) Mit welchem auch Sonnerat und in neuester Zeit Prof. Eversmann zu Kasan,
nach den seinigen jeder, übereinstimmen.

(**) *Hist. natur. des pigeons et des gallinacés,* T. II, p. 326-35.

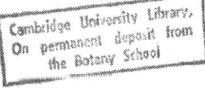

72. (3) Das Alpen-Schneehuhn. TETRAO *alpinus* Nilfs.

Auf Island wegen der kühleren Sommer in lichterer Sommertracht, besonders mit lichterer, heller rostbräunlicher Grundfarbe, als z. B. in Scandinavien. Dagegen ebendort in dem gelinderen Winter dunkler, insoweit diefs möglich ist: nämlich der schwarze Streif vom Nasenloche durchs Auge an den Nacken bin beim Männchen bemerklich breiter; beim Weibchen aber, an welchem er anderswo überall kaum bemerkbar ist, sondern, näher am Grunde der Federn, versteckt liegt, auch deutlich hervortretend: wiewohl bei jüngeren am Zügel erst gegen den Ausgang des ersten Winters ihres Lebens erscheinend, und überhaupt stets schmäler, als am Männchen. (TETRAO *islandicus* Brehm., ? TETRAO *Islandorum* Faber. (*)) Vergl. S. 11 u., 16 u., 17 o.; S. 93 u.

In der Schweiz anscheinend die Sommertracht meist heller, als in Scandinavien; oder dort so, wie bei den jüngeren hier. Vergl. S. 47 Anmerk., und S. 91.

> Anmerk. Da (nach den glaubwürdigsten Nachrichten) auch diese Art auf den Alpen von ganz Sibirien bestimmt und zahlreich vorkömmt, Pallas aber dort niemals Schneehühner mit schwarzen Zügeln gesehen zu haben versichert (**); so drängt sich die Vermuthung auf: dafs diese in Folge der ungeheueren Winterkälte dort vollends verschwinden müssen. Eine Veränderung, welche der zuerst angegebenen Erfahrungen entspricht: so, dafs hiernach von Island bis dahin eine ganz erklärliche Reihenfolge von Veränderungen Statt fände. — Vergl. S. 12 u. (Pallas *Zoogr.* n. 220.)

73. (4) Das Stein-Feldhuhn. PERDIX *saxatilis* Bechst.

Scheint bereits im mittäglichsten Deutschland den Übergang zu jenen der Bucharei und des Sinai zu machen: an welchen die Kehle etwas mehr röthlich-weifs, der helle Kopfstreif über den Augen weifser, die helle Zeichnung der Weichenfedern durch rostgelblichen Anflug getrübt, und die Rosenfarbe aus dem, auf Rosengrau aufgesetzten Olivengrau des Rückens hervorgehoben ist, der Schnabel oft etwas länger scheint. Von diesen ist PERDIX *Chukar* Gray, aus Ostindien, kaum verschieden. S. 64 u.

74. (5) Das graue Rebhuhn. PERDIX *cinerea* Lath.

Im felsigen Dauurien nach Pallas das Roströthliche im Gesichte ausgedehnt, und von der Kehle in einem daumbreiten Streife

---

(*) Man mufs anerkennen, dafs der umsichtige, vielseitig durch und für die Wissenschaft ausgebildete, jeder Belehrung zugängliche Faber nicht lange Zeit gebraucht hat, um seinen anfänglichen Irrthum hierin nicht blofs einzusehen, sondern auch mit edlem, des wahren Mannes zu würdigem Freimuthe zu bekennen. Nur schaale Flachheit und Eitelkeit kann Ehre und Gröfse im trotzigen Beharren auf erwiesenem Unrechte suchen wollen.

(**) Was ihn auch auf den Gedanken gebracht hat: alle Schneehühner für einerlei zu halten, die Verschiedenheit der alpinischen (TETRAO *alpinus s. lagopus*) von den in den Sümpfen lebenden (T. *saliceti s. albus*) ganz zu bestreiten, und beide unter einander gemischt zu beschreiben und zu schildern. —

bis auf die Brust herunter laufend. Der Mondfleck am Anfange der Stirn und ein zweiter unter dem weifsen unteren Augenlide schwarz, (wie auch schon bei uns häufig: aber hier wohl meistens bei jüngeren Thieren? —) Das dunkle (sonst tief kastanienbraune) Brustschild ausgezeichnet und schwärzlich. (Letzteres auch zuweilen bei uns.) PERDIX *damascena* Lath.? — S. 64 u.

Schon etwas tiefer nach dem europäischen Süden hin, z. B. selbst in der Schweiz, nimmt der Vogel eine gelbere Grundirung am ganzen Leibe, besonders oberhalb, und mehr und lebhafter rothe Flecke auf den Flügeln an. S. 13 m.

75. (6) Die gemeine Wachtel. PERDIX *coturnix* Lath.

Wird durch erhöhte Wärme röther gefarbt; so schon für Sibirien von Pallas beschrieben. S. 58 o. (Hier auch Abweichungen in Betreff des Schlagens. S. 85 f.)

Sehr bemerklich wird jenes in Afrika: in dessen Süden sogar schon die Jungen von beiderlei Geschlecht röther aussehen, die älteren Männchen aber an der Brust trüb gelblichrostfarben, an den Flügeln röthlichbraun, am Hinterhalse rostbräunlich, und die Zeichnung überall schöner und klarer, die dunkle breiter ist; jedoch nach allen Abstufungen. Die Kehle ebenfalls in der Regel viel röther, jedoch mit klareren Halsbändchen, als gewöhnlich an den einzelneren rothkehligen Frühlingsvögeln bei uns. S 15 u., 18 m., 112 o.

--->:◦:·:◦:·:◦:<---

CPSIA information can be obtained
at www.ICGtesting.com
Printed in the USA
BVOW04s1323200917

495419BV00006B/40/P